GUIDO CALABRESI

Ideale, Überzeugungen, Einstellungen und ihr Verhältnis zum Recht

Schriftenreihe zur
Rechtssoziologie und Rechtstatsachenforschung

Begründet von Prof. Dr. Dr. h. c. Ernst E. Hirsch
Herausgegeben von Prof. Dr. Manfred Rehbinder

Band 70

Ideale, Überzeugungen Einstellungen und ihr Verhältnis zum Recht

Von

Guido Calabresi

Aus dem Amerikanischen übersetzt
von Sigmund P. Martin

Duncker & Humblot · Berlin

Die Originalausgabe ist unter dem Titel „Ideals, Beliefs, Attitudes, and the Law. Private Law Perspectives on a Public Law Problem“ mit dem Hinweis: *Copyright © 1985 by Syracuse University Press, Syracuse, New York 13210. All rights reserved. First edition* in den U.S.A. erschienen.

CIP-Titelaufnahme der Deutschen Bibliothek

Calabresi, Guido:
Ideale, Überzeugungen, Einstellungen und ihr Verhältnis zum Recht / von Guido Calabresi. Aus d. Amerikan. übers. von Sigmund P. Martin. — Berlin: Duncker u. Humblot, 1990
(Schriftenreihe zur Rechtssoziologie und Rechtstatsachenforschung; Bd. 70)
ISBN 3-428-06858-0
NE: GT

Satz: Klaus-Dieter Voigt, Berlin 61
Druck: Berliner Buchdruckerei Union GmbH, Berlin 61
Printed in Germany

ISSN 0720-7514
ISBN 3-428-06858-0

Inhalt

Vorwort zur deutschen Ausgabe

I.

Überzeugungen, Einstellungen, Ideale – welchen Stellenwert haben sie im Recht? Guido Calabresi geht dieser Frage mit dem Rüstzeug des erfahrenen Rechtstheoretikers und zugleich mit dem plastischen Anschauungsmaterial des Schadens- und Unfallrechtes des common law auf den Grund. Straf- und verfassungsrechtliche Beispiele werden im letzten Kapitel aufgegriffen. Sie dienen zur Erprobung und Bestätigung der sich im Lauf der Erörterung herausschälenden allgemeinen Thesen über die möglichen juristischen Arbeitsweisen mit jenen Innen-Tatsachen, von denen der Titel spricht.

Dem deutschen Leser ist Guido Calabresi, Dekan der weitbekannten Yale Law School, vor allem durch seine bahnbrechenden Arbeiten über den Einfluß volkswirtschaftlicher Kosten auf das Recht der unerlaubten Handlungen bekannt geworden. 1961 erschien aus seiner Feder der epochemachende Aufsatz, in dem die Frage nach dem Zusammenhang rechtlicher Risiken und sozialer Kosten gestellt wurde.[1] Außer mit dem Deliktsrecht und der ökonomischen Analyse des Rechts hat sich Calabresi mit der Erörterung von Rechtsquellen und Methodenfragen der Rechtswissenschaft beschäftigt.[2] In die Lehre von Notstand und Güterabwägung hat Calabresi, zusammen mit P. Bobbitt, den Begriff der „tragischen Entscheidung“ (tragic choice) eingeführt.[3] Unter einer „tragischen Entscheidung“ verstehen Calabresi und Bobbitt solche des Gesetzgebers oder Rechtsanwenders, die nur in unbefriedigender, das Rechtsgewissen in jedem Fall belastender Weise getroffen werden können. Wer bekommt die künstliche Niere, wenn mehrere benötigt werden, aber nur eine vorhanden ist? Wie entscheidet man überhaupt in solchen Fällen über das Vorhandensein einer Mangelsituation? Wer wird für eine begrenzte militärische Aktion eingezogen, eine Militäraktion, bei der es wesentlich sicherer ist, zuhause zu bleiben als an die Front zu gehen? Calabresi beginnt sein neues, hier in deutscher Sprache vorgelegtes Buch über die

---

[1] Calabresi, G.: Some Thoughts on Risk Distribution and the Law of Torts, 70 Yale Law Journal 499 - 553 (1961); die Abhandlung erschien praktisch gleichzeitig mit der ebenso berühmt gewordenen von Coase, R. H.: The Problem of Social Cost, 3 Journal of Law and Economics 1ff. (1960), erschienen 1961; eine Quersumme durch die sich anschließende Diskussion zieht Calabresi in seinem Buch: The Costs of Accidents: A Legal and Economic Analysis, New Haven, Conn. 1971: Yale University Press.

[2] z.B.: Calabresi, G.: A Common Law for the Age of Statutes, 1982.

[3] Calabresi, G.: Tragic Choices, 1978 (mit P. Bobbitt).

Rolle der Ideale und Überzeugungen im Recht mit einem anknüpfenden Hinweis auf die tragischen Entscheidungen: Jede Wertung, die in der Berufung auf Überzeugungen und Ideale verborgen ist, vermag den Vertreter der unterlegenen Überzeugung in Not und Unglück zu bringen. Das ist ein tiefer Gedanke: daß alles menschliche Stellungnehmen Leid verursacht oder verursachen kann. Wie soll der Jurist damit fertig werden? Er muß Regeln finden, wie das Leiden verteilt oder getragen werden soll, das daraus entsteht, daß „eine böse Gottheit" *(„evil deity")* dem Menschen Annehmlichkeiten bietet um den Preis, daß Unschuldige, die an diesen Annehmlichkeiten vielleicht noch nicht einmal teilhaben, sterben oder Verletzungen erdulden müssen. Es macht keinen Unterschied, ob es das Auto ist, dessen Bequemlichkeit man für „ideal" hält, oder das Ausleben einer politischen Überzeugung, etwa zur Abtreibungsfrage: Unschuldige sterben an solchem „Dafürhalten".

II.

Calabresi behandelt Probleme, die sich der amerikanischen wie der deutschen (und jeder anderen) Rechtsordnung stellen. Von diesem gemeinsamen Ausgangspunkt aus ist der Vergleich reizvoll, wo unterschiedliche kulturelle Bedingtheiten und andere Lösungsansätze, insbesondere deren dogmatische Einordnung und unterschiedliche Argumentationshaltungen, bestehen.

Viele der angesprochenen Probleme stellen sich für die USA als ursprüngliches und klassisches Einwanderungsland, als Prototyp einer multikulturellen Gesellschaft, mit größerer Dringlichkeit als für die Bundesrepublik. Ungeachtet dessen lassen sich aber auch Ansätze und Anstöße für eine deutsche Diskussion dieser Problemstellungen übernehmen.

Die zentrale Thematik des Buches erfaßt hier Konstellationen, die auch ihr jeweiliges Gegenstück im deutschen Recht finden. Da Calabresi „torts teacher" ist (so die bescheidene Selbst-Charakterisierung auf S. 17), nimmt seine Argumentation zumeist im Deliktsrecht ihren Ausgangspunkt. Bei gleichen Problemlagen kommen die Rechtspraxis in der Bundesrepublik und in den USA zumeist auch zu gleichen Lösungen der Probleme, Ergebnisse, die auch Calabresi zumeist nicht in Frage stellt. Von Interesse erscheint vor diesem Hintergrund der Vergleich des jeweiligen dogmatischen Weges zu diesen Ergebnissen.

Im zweiten Kapitel geht es um die Frage, ob innere Einstellungen zu unterschiedlicher Behandlung im Schadensrecht führen. Dürfen Versicherungen – entgegen dem verfassungsrechtlichen Gleichheitsgebot – Hoch- und Niedrigrisikogruppen auf der Grundlage innerer Einstellungen unterscheiden? In der Bundesrepublik kennt man das Problem der Leichtsinns-, Abenteuer- und „Balkantarife".

Im dritten Kapitel seines Buches geht Calabresi von der Grundkonstellation des Deliktsrechts aus: Jemand (Verletzer) fügt einem anderen (Verletzter) einen Schaden zu. Im folgenden variiert der Autor diesen Ausgangspunkt dahingehend, daß entweder auf Verletzer- oder auf Verletztenseite religiöse oder nichtreligiöse Überzeugungen für den eingetretenen Schaden mitursächlich sind. Es stellt sich dann jeweils die Frage, ob der „Überzeugte" sich „vernünftig" verhalten, die entstandenen Kosten also nicht zu tragen hat. Für manche dieser Fälle kommt Calabresi zu dem Ergebnis, daß es für die Anerkennung einer Einstellung als „vernünftig" darauf ankommt, daß diese Haltung weitverbreitet ist. In den Fällen, in denen Glaubenshaltungen für Schadensentstehung, Schadensumfang mitursächlich sind, ist dies im amerikanischen Recht ein Problem des „reasonable behavior" und damit ein Prüfungspunkt, bei dem anders als im deutschen Recht zwischen objektivem und subjektivem Fahrlässigkeitsmaßstab nicht unterschieden wird. Auf Seiten des Schädigers wirkt „unvernünftiges" Verhalten haftungsbegründend, auf Seiten des Geschädigten haftungsausschließend (abgesehen davon, daß das Opfer ein Recht haben muß, bestimmte Risiken einzugehen). Im deutschen Recht werden diese Fragen bei den Merkmalen des Vertretenmüssens (§ 276 I BGB), des Mitverschuldens (§ 254 I BGB) oder der Schadensminderungspflicht (§ 254 II 1 BGB) behandelt.

Im vierten Kapitel behandelt Calabresi die umgekehrte Situation, daß auch weitverbreitete Einstellungen deliktsrechtlich nur eingeschränkt Anerkennung finden. Es handelt sich um „fanciful damages", „purely psychic damages", „emotional damages". Auch dazu lassen sich Vergleiche im deutschen Recht finden: „Affektionsinteresse", „Schockschäden", „seelische Reaktionen". Die Fälle, in denen weitverbreitete Einstellungen beeinträchtigt werden, ohne daß im Grundsatz dafür Schadensersatz gezahlt werden muß, werden auch im deutschen Recht im Schadensbereich behandelt, allerdings dort an unterschiedlichen Stellen: Bei der Schadenszurechnung („seelische Reaktionen", „Schockschäden"), beim Schadensbegriff („Affektionsinteresse") und bei der Problematik des Rechtsgüterschutzes im Deliktsrecht (z.B. wird Schmerzensgeld bei psychischen Beeinträchtigungen nur gewährt, wenn eine Verletzung der Rechtsgüter Körper, Gesundheit vorliegt).

In den ersten vier Kapiteln bespricht Calabresi Fälle, in denen die Berücksichtigung von „Glaubenshaltungen" (nur) insoweit von Bedeutung war, als es um die Frage ging, wer den entstandenen Schaden letztlich tragen müsse, ob daher jemand ein Recht besäße, die Kosten für seine Überzeugungen einem anderen aufzubürden. Im fünften Kapitel handelt er darüber hinausgehend von der Konfrontation verschiedener solcher „Glaubenshaltungen", also der Frage, wer im konkreten Fall seine Überzeugungen gegen die der anderen durchsetzen, seinen Glauben den anderen aufdrängen kann. Wie die Abtreibungsproblematik zeigt, die Calabresi als Beispiel für diese Konfrontationssituation diskutiert, ist dies wiederum ein allgemeines, auch im deutschen Recht und allgemein rechtspolitisch umstrittenes Thema. Hier verläßt Calabresi das Deliktsrecht und wendet sich dem Strafrecht und dem Verfassungsrecht zu. Das deutsche Strafrecht behandelt derartige Rechtsgüterkonflikte bei der Prüfung von Rechtfertigungs- (z.B. Notwehr, Notstand, §§ 32, 34 StGB) und Entschuldigungsgründen (z.B. Notstand, § 35 StGB). Die Vorgehensweise, die Calabresi für die Behandlung der Abtreibungsproblematik empfiehlt, nämlich die in der konkreten Situation „unterliegenden" Wertvorstellungen und Rechtsgüter nur soweit zurückzudrängen, als es im konkreten Fall vonnöten ist, ihnen in anderen Situationen und für die Zukunft aber weiterhin Gewicht beizumessen und dadurch diese Wertvorstellungen als „wirklich" und „bedeutend" anzuerkennen, erinnert z.B. an Konrad Hesses Vorschlag für die Lösung von Grundrechtskollisionen, der auf die Herstellung „praktischer Konkordanz" abzielt,[4] bei der die Berücksichtigung beider Grundrechte im Rahmen des Möglichen geboten ist.[5]

III.

Die Problemkreise, die Calabresi erörtert, sind nun zwar grundsätzlich in beiden Rechtsordnungen, in den USA wie in der Bundesrepublik, zu finden. In den USA indes als traditionellem Einwanderungsland sind diese Konflikte zumeist von größerer Brisanz. Nicht nur in ethnischer Hinsicht, sondern auch, was religiöse und politische Überzeugungen betrifft, ist in den USA eine umfangreichere Vielfalt gegeben als etwa in der Bundesrepublik.

Vor allem, daß Glaubenshaltungen aufeinandertreffen, ist in einer stark pluralen Gesellschaft schwierig zu handhaben. Aber gerade vor einem solchen Hintergrund ist es auch von großer Bedeutung, die notwendigen Entscheidungen „richtig", d.h. für möglichst viele Beteiligte akzeptabel zu treffen, notwendige Kompromisse so zu schließen, daß alle Gruppen damit und miteinander „leben" können und keine sich „ausgeschlossen" fühlt und nicht das Gefühl hat, kein „Teil der Verfassung" zu sein. Sonst bliebe für solche sich als ausgeschlossen ansehenden Gruppen nur (wenn die betreffende Gruppe nicht zu klein ist) „Rebellion, Flucht, Märtyrertum". Das sind Formulierungen aus dem fünften Kapitel.

Eine derartig „pluralistische Konstellation" ist in der Bundesrepublik zur Zeit wohl noch nicht gegeben. Aber die Auseinandersetzung mit der rechtlichen Behandlung von konfligierenden Überzeugungen vermag Anregungen

---

[4] Konrad Hesse, Grundzüge des Verfassungsrechts der Bundesrepublik Deutschland, 16. Aufl., Rdnr. 317.

[5] Hesse, a.a.O., Rdnr. 319.

zu geben und das deutsche Rechtsbewußtsein für die Problematik einer multikulturellen Gesellschaft zu sensibilisieren.

Damit kann diese Auseinandersetzung helfen, sich auf den Umgang mit einer möglichen künftigen kulturen-toleranten Gesellschaft in der Bundesrepublik vorzubereiten. Weiterhin erscheint eine verstärkte Diskussion der rechtlichen Behandlung widerstreitender Denk- und Gefühlstraditionen sinnvoll im Hinblick auf die im Werden begriffene europäische Einheit.

IV.

Calabresi bleibt am Fall, am entschiedenen oder hypothetisch gebildeten. Daraus gewinnt das Buch seine – bei allem tiefen Ernst des Gegenstandes – humorvolle und packende Anschaulichkeit. Es mag im Blick auf die deutsche rechtstheoretische Tradition gestattet sein, Calabresis Anregungen folgend, aber über sein eigentliches Anliegen hinausgehend, versuchsweise die „Gefühle und Ideale" rechtstheoretisch zu verorten:

Wenn man vom allgemeinen zum besonderen fortschreitet, drängt sich auf, daß die Frage nach der Stellung der Ideale und Überzeugungen im deutschen Recht einen dreifachen Stellenwert hat: einen wissenschaftstheoretischen, einen rechtsmethodischen und einen rechtsdogmatischen.

Am allgemeinsten stellt sich die Frage nach der Rolle der Wertungen im Recht im wissenschaftstheoretischen Rahmen. Darf es das Recht überhaupt mit Wertungen zu tun haben, oder wird es, wenn es sich wertungsbezogenen Subjektivitäten zuwendet, zu einem unwissenschaftlichen Ratespiel, zu einem Entscheidungs-Poker? Helmut Coing sagt, es sei falsch, „anzunehmen, daß außerhalb der deduktiven Erkenntnis und des experimentellen Verfahrens keine Erkenntnis möglich sei und jenseits ihrer Grenzen das Feld willkürlich-sujektiver Meinungen begänne".[6] Calabresis Thesen stützen diesen Wissenschaftlichkeitsanspruch wertenden Denkens: Gefühle zählen im Recht, und man kann mit ihnen wissenschaftlich arbeiten, aus ihnen rechtswissenschaftlich folgern. Sie sind nicht nur rechtserhebliche Daten, in all ihrer Fülle und Widersprüchlichkeit, sondern dienen dem Richter zur Grundlage der Fortbildung des Rechts. Eindrucksvoll in diesem Zusammenhang ist Calabresis Votum gegen die „melting pot society", die alle Überzeugungen in einem Topf „halbsäkularer Lebenshaltungen" zusammenrühren möchte.

Aus deutscher Sicht spielen Wertungen nicht nur im Hinblick auf Wesen und Gegenstand der Rechtswissenschaft eine Rolle, sondern – schon konkreter – als rechtsmethodisches Problem. Der deutsche Jurist ist gewohnt, die

---

[6] Coing, Helmut: Grundzüge der Rechtsphilosophie, 3. Aufl. 1976, 96.

Rechtsentwicklung der letzten 150 Jahre in der Abfolge von Begriffs-, Zweck-, Interessen- und Wertungsjurisprudenz zu sehen. Die Wertung von Interessen wurde zum Thema, nachdem Philipp Heck erkannte, daß die bloße Analyse von Interessen nicht zu tragfähigen Entscheidungen führen kann. Die US-amerikanische Rechtsentwicklung kennt ähnliche Phasen. In den gleichen 150 Jahren müßte man für die USA die analytische Jurisprudenz, die soziologische Jurisprudenz, den Rechtsrealismus, die Ansätze zu einer naturrechtlichen Gegenströmung, die ökonomische Analyse des Rechts und die Phase der Rückbesinnung auf die Werte im Recht aneinanderreihen. Calabresis Buch ist ein bedeutsamer Beitrag zu diesem letztgenannten, dem aktuellen Stand der methodischen Entwicklung entsprechenden Abschnitt zeitgenössischer Rechtsgeschichte. Auf einen „Materialismus" in den Sozialwissenschaften folgt gegenwärtig in den USA eine verstärkte Beschäftigung mit Ideengehalten *(ideationalism)*.

Für den Juristen am wichtigsten ist natürlich der Standort, den Ideale, Überzeugungen und Wertungen in der rechtlichen Dogmatik einnehmen. Hier weicht die deutsche Tradition von der US-amerikanischen seit mehr als hundert Jahren in einem grundsätzlichen Punkte ab. 1855 äußert sich Rudolph von Jhering an seinen Freund K. F. Gerber kritisch zu dem von Theodor Mommsen entwickelten Interessenbegriff. Er hält es für unrichtig, daß Mommsen den „kausalen Nexus" für die Begründung eines Anspruchs auf das Interesse ausreichen läßt. Jhering suchte darüber hinaus nach einem zusätzlichen Kriterium für die Begründung des vertraglichen Schadenersatzanspruchs.[7] Zwölf Jahre später entwickelt Jhering aufgrund einer genauen Analyse von culpa-Fällen die Unterscheidung von objektivem Unrecht und subjektiver Vorwerfbarkeit.[8] Seitdem wird im deutschen Recht (Zivilrecht, Strafrecht, öffentliches Recht) zwischen dem Verstoß gegen eine Verhaltensnorm und der subjektiven Zurechenbarkeit unterschieden. Wenig später führt Karl Binding für das Strafrecht, an Jherings Zweiteilung von objektiver und subjektiver culpa anknüpfend, den dreigliedrigen Tatbestandsbegriff (Tatbestand – einschließlich subjektiver Tatbestandsmerkmale, z.B. Absicht –, Rechtswidrigkeit und Schuld) ein (auch der Übergang von der Vorsatz- zur Schuldtheorie im Strafrecht durch die Entscheidung BGHSt. 2, 194 aus dem Jahre 1952 hat nur an der Zuordnung des Vorsatzes als subjektives Merkmal zum Tatbestand, aber nichts an der Dreiteilung geändert). Dann übernahmen die Zivilrechtler den dreigliedrigen Tatbestandsbegriff in ihr Schadensrecht.

Die Trennung von Rechtswidrigkeit und Schuld erlaubt die weitere Einteilung der Schuld in Schuldfähigkeit, Schuldmaßstab und Entschuldi-

---

[7] Rudolph von Jhering in Briefen an seine Freunde, hrsg. von Helene Ehrenberg, Leipzig 1913, 54.

[8] von Jhering, Rudolph: Das Schuldmoment im römischen Recht, eine Festschrift, Gießen 1867, 9ff.; die Festschrift ist Johann Michael Franz Birnbaum gewidmet.

gungsgründe. In den USA hat dieser Normaufbau nur bei einigen Strafrechtsvergleichern (z.B. Fletcher) Anklang gefunden. Calabresi folgt der klassischen Lehre des common law, die nicht trennt. Fragen in diesen Bereichen bearbeitet Calabresi in seinem zweiten Kapitel, das von der verkehrserforderlichen Sorgfalt und partiell deliktsunfähigen Personen handelt. Der Autor neigt dazu, trotz des amerikanischen „Schmelztiegels" kulturell unterschiedliche Sorgfaltsmaßstäbe auch im amerikanischen Privatrecht zugrundezulegen. Er sieht hinter diesen kulturell unterschiedlichen Sorgfaltsvorstellungen kulturelle Werte, die man nicht ohne Not aufgeben sollte und die auch für die rechtliche Bewertung eines Handelns zu berücksichtigen sind.

Vom deutschen dreigliedrigen Haftungstatbestand ist es nur ein Schritt zur Gefährdungshaftung: Es wird auch ohne Verschulden dort gehaftet, wo jemand erlaubterweise eine gefährliche Tätigkeit ausübt, die sich dann – ohne seine Schuld – in einer Schadenszufügung realisiert. Josef Esser hat für das deutsche Recht diesen wichtigen Schritt getan und auf klassische Weise begründet.[9] Für das amerikanische Recht, das den Ansatz der nonfault liability nicht im dreigliedrigen Tatbestandsbegriff verankern kann, stellen sich die Probleme natürlich anders. Folgerichtig arbeitet es auch in den Bereichen, die in Deutschland der Gefährdungshaftung zugerechnet werden, mit einer Haftung wegen negligence, also Schuld (was Calabresi in rechtspolitischer Hinsicht mißbilligt). Anschaulich bringt Calabresi die Thematik der Gefährdungshaftung (in deutscher Ausdrucksweise) auf den Nenner der „bösen Gottheit" *(evil deity),* als Thema des ersten Kapitels. Es geht dort um den Konflikt von Privatautonomie und *neminem laedere:* Wer an den Segnungen der modernen Technik teilnimmt, z.B. Auto fährt, gefährdet dadurch notwendig andere. Die Gottheit, die den Menschen beglückt, belastet damit willkürlich herausgegriffene Opfer. Im Ideal des technischen Fortschritts steckt der Fluch des Leidens Unschuldiger. Vielleicht machen es sich die Deutschen mit ihrer Zauberformel von der „Gefährdungshaftung" in moralischer Hinsicht zu leicht?

Wo geht es noch um Überzeugungen und Wertvorstellungen im Recht? Selbstredend bei den Generalklauseln, etwa bei den „guten Sitten" in §§ 138 und 826 BGB, in § 1 UWG, oder – im allgemeinen Verwaltungsrecht – bei den wertungsbedürftigen Tatbeständen der Verhältnismäßigkeit, der Erforderlichkeit und der pflichtgemäßen Ausübung des Ermessens. Das US-amerikanische Recht kennt entsprechende ausfüllungsbedürftige Begriffe wie Vernünftigkeit, unmittelbar drohende Gefahr, öffentliches Interesse. Um das Problem der Generalklauseln geht es im dritten Kapitel. Calabresi legt dar, daß amerikanische Gerichte dazu neigen, dem Täter das Risiko aufzulasten, es mit einem Anhänger der Christlichen Wissenschaft (Christian

---

[9] Esser, Josef: Grundlagen und Entwicklung der Gefährdungshaftung, 1941 (2. Aufl. 1969).

Science) zu tun zu haben, dessen Verhalten – Unterlassung ärztlicher Behandlung aus religiösen Gründen – den Schaden noch größer macht. Calabresi zieht den Vergleich zwischen dem Christlichen Wissenschaftler und dem Menschen mit der papierdünnen Schädeldecke, auf den ein Täter – insoweit unschuldig – ebenfalls treffen kann. Es liegt auf der Hand, daß sich in diesem Bereich gravierende Probleme im Hinblick auf die Trennung von Staat und Kirche in den USA stellen. Aus deutscher Sicht würde es hier um den noch weithin offenen rechtstheoretischen Zusammenhang von privatrechtlichen Generalklauseln und verfassungsrechtlichen Wertungen gehen.

V.

Eine Zusammenfassung spricht noch einmal die drei Hauptthesen aus, die Rolle der Überzeugungen, die Wertungskonflikte und die große Bedeutung des Wertepluralismus in der amerikanischen Gesellschaft. Die Ergebnisse sind, im Überblick, daß ideale Überzeugungen und Lebenshaltungen aus Gründen gesellschaftlicher Pluralität für das Recht eine Rolle spielen und daß die Kunst der Juristen gerufen ist, auf sie mit dem rechten Maß und in richtiger Weise einzugehen. Als Hilfsmittel kann sich eine „Ausflüchtetheorie" anbieten, die die Härte des unvermeidlichen Konflikts mildern hilft. Schließlich aber gibt es eine Grenze für die Berücksichtigung subjektiver Überzeugungen. Calabresi nennt dies das „Ausgrenzungs"-(emarginating) Problem: Wer überzeugt ist, er habe das Recht, andere Rassen zu unterdrükken oder auszulöschen, wessen religiöse Überzeugung zum Kampf gegen andere Religionen aufruft, in einem Wort, wessen Wertentscheidungen darauf hinauslaufen, den Pluralismus zu beseitigen, hat keinen Anspruch darauf, daß das Recht seine Wertung honoriert. Rechtstheoretisch klingt hier das Freiheitsparadox an, das man auch das Pluralismusparadox nennen könnte. Calabresi vertieft es nicht mehr.

VI.

Dem Autor ist es zu danken, daß er sein Buch für eine deutsche Übersetzung zur Verfügung gestellt hat. Dem Übersetzer, Herrn Sigmund P. Martin, LL.M (Yale), gebührt Dank für seine einfühlsame und genaue Übertragung sowie Herrn Prof. Manfred Rehbinder für die redaktionelle Überarbeitung. Auch dem Gruter Institute for Law and Behavioral Research, Portola Valley (California) sei an dieser Stelle gedankt für die Gewährung eines Druckkostenzuschusses sowie Herrn Rechtsreferendar Markus Gruber, der die Übersetzung gegenlas und Gedanken zu diesem Vorwort beisteuerte.

VII.

Das letzte Wort gebührt dem Autor: Der US-amerikanische Anthropologe Marvin Harris hat einmal mit Nachdruck eine anthropologische Forschungsrichtung kritisiert, die mit wertausfüllungsbedürftigen, subjektiver Einschätzung zugänglichen Felddaten arbeitet. Harris steht für eine – keineswegs auf die USA beschränkte – „materialistische" Haltung in den Sozialwissenschaften, für die Gefühle, Wertungen, Einschätzungen, Bedeutungszuweisungen und ähnliche Forschungsgegenstände, die man nicht messen, zählen und wägen kann, keiner ernstzunehmenden Wissenschaft zugehören können. Es gibt umgekehrt Stimmen wie die des deutschen Strafrechtswissenschaftlers Edmund Mezger, die auf die prinzipielle Gleichwertigkeit „objektiver" und „subjektiver" Tatsachen in den Sozialwissenschaften hingewiesen haben. Für Mezger können Überzeugungen, Absichten, Einstellungen, Haltungen „subjektive Tatbestandsmerkmale" sein, das heißt: Tatsachen wie alle anderen auch, so daß von ihnen (z.B.) strafrechtliche Folgen abhängen. Hier nun liegt das Buch eines US-amerikanischen Rechtsgelehrten vor, in dem die rechtliche und soziale Erheblichkeit solcher subjektiver Tatsachen, Innen-Tatsachen, wie man sie auch nennen könnte, für das amerikanische Recht überzeugend und auf darstellerisch meisterliche Weise nachgewiesen wird. Mehr noch: Es wird gezeigt, wie man mit diesen Innentatsachen juristisch umgehen kann. Calabresi schließt:

„Überzeugungen, Ideale und Einstellungen stellen einen integralen Teil unseres Rechts dar. Ob sie auf verbreiteten Glaubensbekenntnissen, säkularisierten Versionen früherer Glaubensüberzeugungen oder auf nichtreligiösen Überzeugungen basieren – sie formen in jedem Fall das, was in unserer Gesellschaft erwartet und was in den unterschiedlichsten Bereichen unseres Rechts als ‚vernünftig' bewertet wird. Ihre Rolle in den verschiedenen Rechtsgebieten wird zum einen von den Bedürfnissen und Funktionen des betreffenden Gebietes und zum anderen von dessen Verhältnis zum übrigen Recht bestimmt ... Im Mittelpunkt des Deliktsrechts steht die Notwendigkeit, einen fundamentalen Konflikt unter Werten zu lösen, mit ihm zurechtzukommen – dem Verlangen, das Leben als ‚heilig' zu behandeln, und dem Wunsch, dem Bedürfnis sogar, Dinge zu tun, die unsere Art zu leben bereichern und doch zugleich Menschenleben gefährden und letztlich auch fordern. ... [Es] fällt auf, daß ehrliche und offene Lösungen, die klar vorzugswürdig sind, nicht immer einfach zu realisieren sind. Sie sind eher erfolgreich, wenn (a) sie den Überzeugungen aller am Konflikt Beteiligten (besonders derer, die in dem konkreten Fall unterlegen sind) Respekt erweisen, (b) der Respekt nicht nur die Überzeugung – die Moralvorstellung – der Unterlegenen erhält und stärkt, sondern die Zeit im Auge behält, wenn die obsiegende und die unterlegene Überzeugung zugleich gewahrt werden können, und (c) viele von denen, die selbst eine der umstrittenen Überzeugungen vorziehen, das Ideal der anderen Seite auch teilen oder zumindest Sympathien dafür empfinden. Der vielleicht wichtigste Punkt besteht viertens darin, daß man lange und angestrengt nachdenken sollte, bevor man Überzeugungen, die in unserer Gesellschaft weit verbreitet sind, ausgrenzt oder als wertlos behandelt."

München, im September 1989 Wolfgang Fikentscher

Einleitung

In meiner Eigenschaft als Lehrer für Deliktsrecht habe ich mich hauptsächlich mit Unfällen und ähnlichem zu beschäftigen. Von diesem Arbeitsgebiet scheinen die Fragestellungen dieses Buches, die sich mit Idealen, Einstellungen und ihrem Verhältnis zum Recht befassen, weit entfernt zu sein. Und doch führte mich vor einigen Jahren meine Beschäftigung mit dem Deliktsrecht und der Frage, wie unser Recht mit Unfällen umgeht, dazu, darüber zu schreiben, wie das Recht bzw. verschiedene Gesellschaften und Rechtsordnungen Entscheidungen in diesem Bereich treffen – Entscheidungen, die kaum auf annehmbare Art und Weise, geschweige denn sachgerecht, getroffen werden können. Ich nannte diese Entscheidungen „tragisch".[1] Wer bekommt die künstliche Niere, wenn nicht genügend vorhanden sind? Und wie treffen wir die Entscheidung, nicht genügend zur Verfügung zu haben? Wer wird ausgewählt, um in einem „begrenzten Krieg" zu dienen – einem Krieg, in dem es wesentlich sicherer ist, zu Hause zu bleiben als an die Front geschickt zu werden? Wer darf noch Kinder haben, wenn eine Gesellschaft implizit oder explizit entscheidet, daß unbegrenzte Fortpflanzung nicht länger akzeptabel ist? Alle diese Fragen wurden jedoch nicht abstrakt behandelt, sondern stellten ein Ergebnis des Nachdenkens über das Deliktsrecht bzw. darüber dar, wie unser Recht darüber zu entscheiden scheint, wieviele Personen – und welche am ehesten – in Unfällen ums Leben kommen.[2]

In den letzten Jahren begann ich die Rolle der Gerichte und des Fallrechts des Common Law in einem Zeitalter, in dem Gesetze und geschriebenes Recht dominieren, zu untersuchen. Den Ausgangspunkt dieser Überlegungen bildete wieder das Deliktsrecht und die Beobachtung, daß Gesetze mehr und mehr dieses traditionelle Gebiet des Common Law durchdringen. Alles das führte zu einem Buch über den Wandel in unserem politischen System, der von dieser Ausweitung der legislativen Rechtsetzung herbeigeführt

[1] Vgl. Calabresi, G. / Bobbitt, P.: Tragic Choices, 1978. Der Begriff der „tragischen Entscheidungen" wurde gemeinsam mit meinem Koautor, Philip Bobbitt, geprägt. Wenn ich hier und auch im folgenden nicht das Pronomen „wir" benutze, geschieht dies aus rein stilistischen Gründen.

[2] Mein Interesse an der Frage, wie „tragische Entscheidungen" getroffen werden, setzte ein, als ich begann, Automobilunfälle mit medizinischen Experimenten an Menschen zu vergleichen. In Calabresi: Reflections on Medical Experimentation in Humans, 98 Daedalus 387 (1969) untersuchte ich, warum eine unverhältnismäßige Verteilung von Lasten und Nutzen bei medizinischen Experimenten moralisch problematischer erscheint als bei Unfällen.

wurde, sowie über die Frage, wie das Verhältnis zwischen den einzelnen rechtsetzenden Institutionen in unserem Land in Anbetracht der zunehmenden Rolle, die Gesetze in unserem Recht spielen, neu zu überdenken ist.[3] Wieder einmal wurde die Diskussion nicht von einer abstrakten politischen Theorie abgeleitet, sondern entwickelte sich vielmehr ausgehend von realen Fällen und Situationen, in denen Gerichte versuchten, mit den Auswirkungen von Gesetzen in Gebieten, die einmal gesetzesfrei waren, fertig zu werden. Weil mein Arbeitsgebiet das Deliktsrecht ist, behandelten viele dieser Situationen Unfälle.

In diesem Buch möchte ich eine weitere „Reise“ beginnen, deren Ausgangspunkt wieder das Deliktsrechts, d.h. der Eintritt von Unfällen, bildet. Was mir vorschwebt, ist zu versuchen, den passenden Ort für Überzeugungen, Einstellungen und Ideale in unserem Rechtssystem zu finden. Aber wie schon zuvor werde ich keine Theorie über den rechten Ort von Überzeugungen in unserem Recht an den Beginn meiner Ausführungen stellen, sondern versuchen, Beispiele darüber, wie unser Deliktsrecht mit verschiedenen Arten von Überzeugungen und Einstellungen umgeht, dafür zu nutzen, einige Einsichten über die Bedeutung dieser Dinge in unserem Rechtssystem zu gewinnen.

Im nächsten Kapitel werde ich eine Betrachtungsweise des Problems von Unfällen beschreiben, die uns mit einem Gerüst ausstattet, das uns helfen wird, die Fälle, die ich später diskutieren werde, zu verstehen. Dies stellt eine Art und Weise des Nachdenkens über die Folgen der Entscheidung dar, bestimmten Unfällen vorzubeugen, während wir andere geschehen lassen. Diese Betrachtungsweise wird selbst im letzten Kapitel, mit dem wir uns in der Tat sehr weit vom Unfallrecht entfernt haben werden, von Nutzen sein. Im zweiten Kapitel werde ich untersuchen, wie unser Recht mit abnormen Wesenseigenheiten und stark abweichenden Einstellungen umgeht, die sich aus sozialen oder physischen Benachteiligungen oder Behinderungen ergeben. Dies wird uns dazu führen, im dritten Kapitel zu überlegen, wie das Unfallrecht mit abnormen Wesenseigenheiten umgeht, die direkt aus Überzeugungen heraus erwachsen. In diesem Zusammenhang werde ich einige sonderbare Fälle behandeln, die mancher amüsant finden mag, obwohl in allen diesen Fällen Personen Verletzungen erlitten. Alle diese Situationen betreffen unmittelbar Überzeugungen, d.h. Situationen, in denen Leute Dinge tun, die uns nicht als vernünftig oder gar oft als ziemlich verrückt erschienen, wäre da nicht die Tatsache, daß die Handlungen dieser Leute durch ihre Überzeugungen zu rechtfertigen bzw. zu erklären sind.

Im vierten Kapitel werde ich mich mit weiteren Erscheinungsformen von Einstellungen und Überzeugungen befassen: mit solchen, die nicht abnorm

---

[3] Calabresi, G.: A Common Law for the Age of Statutes, 1982 [zit.: Calabresi: A Common Law].

sind, sondern die wir vielmehr zu einem gewissen Grade alle teilen und die dennoch vom Recht relativ ungnädig behandelt zu werden scheinen. So werde ich zum einen die Schmerzgefühle behandeln, die wir alle empfinden, wenn wir sehen, wie jemand auf der Landstraße überfahren wird, oder wenn wir auch nur von einem furchtbaren Unfall hören. Zum anderen werde ich das Gefühl des besonderen Verlustes erörtern, den ich bei der Zerstörung meiner Uhr deshalb erleiden würde, weil sie mir von meiner Großtante Amnesia Calabresi, an deren Angedenken mir sehr viel liegt, geschenkt wurde.

Ich hoffe, von all diesem genügend Ideen und Impressionen zu gewinnen, so daß ich dann auf allgemeinere Weise die Rolle, die Ideale, Einstellungen und Überzeugungen in unserem Rechtssystem spielen, diskutieren kann. Im letzten Kapitel werde ich versuchen, diese Ideen mit einigen Ansichten, die ich aus meinem früheren Buch über tragische Entscheidungen gewann, zu kombinieren, um die komplizierteste und zugleich brennendste Streitfrage unterschiedlicher Glaubens- und Rechtsüberzeugungen, mit der wir gegenwärtig konfrontiert sind, d.h. die Abtreibungsproblematik, zu untersuchen. Ich vermag nicht zu hoffen, mit irgendwelchen Lösungen der Abtreibungsproblematik aufzuwarten, aber ich werde versuchen zu zeigen, wie die Dinge, die wir in früheren Kapiteln diskutiert haben werden, zu diesem Problem in Beziehung stehen. Wenn diese Dinge etwas über diese widerspenstige Frage zu sagen haben, so mögen sie von größerem Nutzen auf weniger komplizierten und weniger schwierigen Gebieten sein.

Es ist eine lange Reise, und viele andere Rechtsgebiete haben viel zu den Fragen, um die es hier geht, zu sagen. Aus diesem Grund wird dieses Buch nur eine mögliche Sichtweise der diskutierten Probleme darstellen. Andere, die diese Probleme von anderen Rechtsgebieten aus angehen, werden andere Vorgehensweisen wählen. Das wird insbesondere auf das letzte Kapitel, das sich mit Abtreibungen beschäftigt, zutreffen. Dennoch fühle ich mich wohler, wenn ich ein Thema wie dieses auf die Art und Weise des Common Law angehe, indem ich versuche, auf hypothetische und reale Fälle aufzubauen, anstatt Ableitungen von großen Prinzipien zu treffen. Ich möchte die Streitfragen lieber von einem bestimmten Rechtsgebiet – das selbst von anderen Rechtsgebieten genauso beeinflußt wird wie von seinen eigenen Problemen und Fragen – aus angehen und sehen, wohin uns dies führt, als zu versuchen, das Thema so zu behandeln, als ob ich – oder sonst irgend jemand – das ganze Recht kennen würde und vorbereitet wäre, es in den Worten einer abstrakten Theorie zu beschreiben. In einem derartigen Vorgehen liegen Gefahren begründet – nennen wir sie Common Law oder Kasuistik –, denn die Ergebnisse sind eher dazu geeignet, eine Aufsatzreihe darüber, wie ein Problem in einem bestimmten Rechtsgebiet behandelt wird, zu bilden bzw. zu rechtfertigen, als ein Buch, das breite Verallgemeinerungen unterstützt. Es besteht die Gefahr, daß man sich zu sehr von der Art und Weise, wie bestimmte Fälle entschieden wurden, beeindrucken läßt, während diese Entscheidungen in Wahrheit nicht mehr widerspiegeln als das Befassen mit bestimmten doktrinären Anforderungen eines Rechtsbereichs. Man neigt dann zu der falschen Annahme, daß es um allgemeine Themen geht.[4] Die Gefahren, bei der Behandlung von Fragen wie diesen von allgemeinen Begriffen auszugehen, sind jedoch genauso groß und werden zu oft ignoriert.[5] Dagegen können die Einblicke einer mit Vorsicht angewandten Common Law-Methode ein hilfreiches Gegenmittel gerade gegen diese Gefahren darstellen.[6] Schon allein aus diesem Grunde rechtfertigt sich diese Vorgehensweise aus sich selbst heraus.

---

[4] Siehe Calabresi: A Common Law (Fn. 3); Coffin: Book Review, 91 Yale L.J. 827 (1982).

[5] Vgl. Braybrook, D. / Lindblom, C.: A Strategy of Decisions: Policy Evaluation as a Social Process, 1963.

[6] Vgl. Levi, E. H.: An Introduction to Legal Reasoning, 1948, S. 8ff.; vgl. auch Clardy v. Levi, 545 F.2d 1241 (1976).

I. Das Geschenk der bösen Gottheit

Nach einem Monat des Studiums von Fällen stelle ich meinen Erstsemestern im Deliktsrecht eine Reihe hypothetischer Fragen. Die erste bezieht sich auf eine „böse Gottheit“.[1] „Stellen Sie sich vor“, fordere ich meine Studenten auf, „daß solch eine Gottheit Ihnen als Präsident dieses Landes oder als ‚Beherrscher‘ unserer Rechtsordnung erschiene und ein Geschenk, eine Wohltat, offerieren würde, die das Leben wesentlich angenehmer machte, als es heutzutage ist. Dieses Geschenk kann ein beliebiges etwas sein, das Sie haben möchten – sei es so idealistisch, so obszön oder so habgierig, wie sie wollen – mit der einen Ausnahme, daß das Geschenk kein Leben zu retten vermag.“ (Später werde ich sogar diese Einschränkung aufgeben.) „Die böse Gottheit bringt vor, daß sie dieses Geschenk im Austausch für ein anderes Opfer übergeben kann – die Gegengabe besteht in den Leben von eintausend per Zufall von ihr ausgewählten jungen Männern und Frauen, die jedes Jahr einen schrecklichen Tod zu sterben haben.“

Auf meine Frage: „Würden Sie das Angebot der Gottheit annehmen?“ antworten meine Studenten nahezu einstimmig: „Nein“. Sie sind von der bloßen Möglichkeit, daß jemand überhaupt diese Frage zu stellen vermag, schockiert. Ich frage dann vorsichtig weiter, worin der Unterschied zwischen diesem Geschenk und dem Automobil besteht, das etwa fünfundfünfzigtausend Leben pro Jahr fordert. Meine Studenten führen sofort die verschiedensten Unterschiede ins Feld, von denen einige wert sind, weiter untersucht zu werden.

Der erste Unterschied, auf den sie verweisen, besteht darin, daß niemand das Automobil für die ganze Gesellschaft wählt. Es ist nicht der Präsident oder gar unsere Rechtsordnung, die uns das Automobil aufzwingen. Eine böse Gottheit mag es offerieren, aber der Präsident entscheidet nicht, es im Austausch für tausend Menschenleben pro Jahr anzunehmen. Vielmehr entscheiden die einzelnen Individuen für sich selbst, ob sie Auto fahren wollen oder nicht; und wenn sie sich entscheiden, zu fahren und dabei ums Leben kommen, nun ja, dann ist es ihre Entscheidung und nicht die der Gesellschaft als solcher. Die böse Gottheit würde dem jedoch entgegenhalten, daß dies keine überzeugende Antwort darstellt. Denn schließlich kann der Präsident oder unsere Rechtsordnung Autos verbieten und mit dieser Verweh-

[1] Ich entschied mich dafür, die Gottheit als „böse“ zu bezeichnen. Ob sie es tatsächlich ist, stellt jedoch eine höchst komplizierte philosophische Frage dar.

rung der Entscheidung des einzelnen alle diese Leben retten. „Tatsächlich", würde die Gottheit sagen, „besteht alles, um was ich Dich als Präsident bitte, darin, den einzelnen Bürgern zu erlauben, für sich selbst zu entscheiden, ob sie das von mir angebotene Geschenk annehmen wollen. Du mußt das Geschenk nicht aufoktroyieren, gib' den Leuten einfach die Freiheit, es anzunehmen. Das ist alles, was ich von Dir als Präsidenten oder Rechtssystem benötige."

„Ich sollte Dich jedoch in aller Aufrichtigkeit darauf hinweisen," fährt die Gottheit (die trotz aller Bosheit ehrlich ist) fort, „daß diejenigen, die die Wohltat nicht annehmen, nichtsdestoweniger als Opfer ausgewählt werden können." Nicht nur Leute, die Auto fahren, kommen in Autounfällen ums Leben, sondern auch Fußgänger. Und obwohl auch diese einen Teil des Geschenkes angenommen haben (ihre Lebensmittel etc. sind wahrscheinlich per Kraftfahrzeug angeliefert worden), haben sie doch nicht dieselbe Akzeptanzentscheidung wie die Autofahrer getroffen. Natürlich sind die Risiken der Fußgänger, als Opfer ausgewählt zu werden, erheblich geringer, aber letztlich besteht für niemanden ein besonders hohes Risiko, ausgewählt zu werden. Und überhaupt kommen aufgrund der vorgeschlagenen Wohltat nur eintausend Leute pro Jahr ums Leben. „Eine ganze Kleinigkeit, ein ganz klein wenig", flüstert sie.

„Doch wenn ich bedrängt würde, wäre ich sogar bereit, all diejenigen, die das Geschenk insgesamt ablehnen, Sicherheit vor der Auswahl zum Opfer zu gewähren", fährt die Gottheit fort, „obwohl ein derartiges Zugeständnis bei Autounfällen nicht möglich ist. Vergessen Sie aber eines nicht: Das Geschenk ist zwar wunderbar und macht das Leben für fast jedermann (im Nachhinein betrachtet, mit der Ausnahme derjenigen, die als Opfer ausgewählt werden) besser. Und doch haben sich zumindestens die Lebensbedingungen derjenigen, die das Geschenk ablehnen, während die meisten Leute es akzeptieren, im Vergleich zur Zeit vor der Annahme des Geschenks wesentlich verschlechtert!" Mit anderen Worten, man kann relativ annehmbar in einer Welt ohne Autos leben, aber es ist außerordentlich schwierig, auf erträgliche Weise in einer Gesellschaft, deren Organisation vom Automobil geprägt ist, zu leben und alle Wohltaten, die Autos mit sich bringen, zurückzuweisen. Man braucht sich nur den Effekt vor Augen zu führen, den die allgemeine Akzeptanz von Automobilen auf die öffentlichen Transportmittel und auf die Standorte von Geschäften hat. Es ist relativ einfach zu sehen, daß die Entscheidung des einzelnen, das Automobil und all seinen Pomp zurückzuweisen, schwieriger ist, als man denken mag.

Mit anderen Worten, obwohl im Fall der Autos eine gewisse Wahlmöglichkeit besteht, der zu entsprechen die böse Gottheit jetzt nur allzu bereit ist, handelte es sich dabei doch um eine knifflige Entscheidung. Die Frage, wie real die Wahlmöglichkeit tatsächlich ist, bleibt im Fall des Automobils wie im Fall des Geschenks der bösen Gottheit ebenso weit von einer Antwort entfernt wie die Frage, ob wir Verantwortung für das Erlauben von „nichtrealen Entscheidungen" vermeiden können. Auf der moralischen Ebene kann man in diesen Situationen argumentieren, daß der Präsident und unser Rechtssystem das Geschenk für uns in dem Moment akzeptieren, in dem sie entscheiden, dessen Angebot zu gestatten.

Zwei Beispiele dieses Entscheidungsproblems, die allerdings etwas einseitig erscheinen, deuten an, daß der Schlüssel zu dem Problem weniger in der Existenz einer nominalen Entscheidung als vielmehr darin besteht, was hinter der Entscheidung auf dem Spiel steht. Im ersten Beispiel geht es um ein medizinisches Experiment.[2] Ein angesehener Tumorspezialist behandelte einige inoperable Krebsfälle, deren einzige Hoffnung in dem chemotherapeutischen Medikament bestand, das er anwendete. Da dieses Mittel noch nicht für den allgemeinen Gebrauch freigegeben war, war dieser Arzt die einzige verfügbare Person, die diese Patienten mit dem Medikament behandeln konnte; der Arzt hatte ihr Leben gewissermaßen in der Hand. Soweit man es zu dieser Zeit beurteilen konnte, bestand die angemessene Behandlung darin, eine Woche das Medikament einzunehmen und es dann für vier Wochen abzusetzen. Bis hierhin stellten sich keine Entscheidungsprobleme.

Später jedoch befanden die Forscher, daß eine gute Chance dafür bestände, daß sich dieses Medikament als die erste systematische Behandlung für Viruserkrankungen erweisen würde. Viren waren zwar auch zuvor erfolgreich lokal behandelt worden, jedoch niemals mit Erfolg für den ganzen Körper. Eingehende und sorgfältig durchgeführte erste Experimente waren natürlich zuvor erfolgt. Diese Experimente erlaubten es dem Tumorspezialisten, seine Schlußfolgerungen über die möglicherweise erfolgreiche Behandlung einiger Viruserkrankungen zu ziehen. Lassen Sie mich hinzufügen, daß der Nachweis, daß dieses Medikament einige Viruserkrankungen heilen könnte, von großer Bedeutung wäre. Unter den Krankheiten, von denen der Tumorspezialist glaubte, daß sie mit dem Medikament behandelbar wären, befanden sich Pocken (obwohl dies angesichts der Existenz eines

---

[2] Im juristischen Schrifttum hat sich eine Tradition herausgebildet, den Ausdruck „medizinisches Experiment" nur für solche Experimente zu benutzen, bei denen die Testpersonen einer möglichen Schädigung ausgesetzt werden, während es unwahrscheinlich ist, daß die Testpersonen von irgendeinem Ergebnis des Experiments profitieren. Vgl. Katz, J.: Experimentation with Human Beings, 1972. Hier wird der Ausdruck „medizinisches Experiment" demgegenüber in seinem traditionellen Sinn gebraucht. Danach wird mit diesem Ausdruck jede medizinische Forschung bezeichnet, die eine direkte Einwirkung auf einen Faktor, den die Forscher für ursächlich wichtig halten, betrifft und bei der (zumindest implizit) eine Kontrollgruppe anwesend ist. Das erste hier besprochene Experiment stellt nur in diesem weniger restriktiven Sinn ein medizinisches Experiment dar, da die Testpersonen direkten Nutzen aus dem Experiment zogen. Es warf daher keine der mit dem zweiten Experiment verbundenen ethischen Fragen auf, die das juristische Schrifttum sehr beschäftigten. Vgl. unten Fn. 3.

Impfstoffes eine sehr teure Art der Pockenbekämpfung gewesen wäre) und – wesentlich wichtiger – die Erkrankung mit herpes meningitis, die zu dieser Zeit bei daran erkrankten Kleinkindern in nahezu 100% tödlich verlief, sowie eine Vielzahl anderer Krankheiten, für die zu dieser Zeit keine Behandlungsmöglichkeit verfügbar war. Wahrscheinlich von wesentlich größerer Bedeutung war, daß im Falle der erfolgreichen Behandlung dieser Viren-„Familie“ mit dem Medikament der Beweis erbracht gewesen wäre, daß die mit dem Medikament behandelbaren Krebsarten mit der betreffenden Virenklasse zusammenhingen. (Diese Auswirkung wurde zuvor in der Tat angedeutet, aber niemals bewiesen.)

Der Forscher dachte sich dann ein Experiment aus.[3] Die Mehrzahl der Patienten bestand aus älteren Leuten, die entweder niemals oder Jahrzehnte zuvor gegen Pocken geimpft worden waren. Falls er sie einer Infektion mit Kuhpocken aussetzen (d.h., sie gegen Pocken impfen) könnte, während sie mit dem Medikament behandelt wurden, und die Impfung nicht ansprechen würde, so wäre dies ein guter Beweis für die Wirksamkeit des Medikaments gegen den Kuhpockenvirus. Der Beweis wäre in der Tat sehr überzeugend geführt, wenn bei einer nochmaligen Impfung der Patienten, während sie nicht unter der Behandlung mit dem Medikament standen, die Impfung anspräche. Das einzige Problem mit dieser Vorgehensweise bestand natürlich darin, daß eine Impfung dieser Personen auf keine denkbare Weise in ihrem Interesse lag. Die Wahrscheinlichkeit, daß ältere, an inoperablem Krebs erkrankte Personen in den Vereinigten Staaten sich mit Kuhpocken infizierten, war praktisch gleich null. Die Impfung war daher nutzlos und darüber hinaus gefährlich. Lassen Sie uns annehmen, daß eine von tausend älteren Personen infolge der Impfung sterben würde. Unter diesen Umständen konnte der Forscher nicht ohne die Zustimmung der Patienten mit der Behandlung beginnen, und so überlegte er sich, ihnen eine Wahlmöglichkeit anzubieten.

Er erklärte ihnen sowohl die Bedeutung des Experiments als auch dessen Gefahren für sie und fragte sie, ob sie bereit wären, an dem Experiment ohne Hoffnung auf einen Nutzen teilzunehmen. Er versicherte ihnen, daß sie eine Teilnahme ablehnen konnten und daß er sie selbstverständlich weiter behandeln würde. (Hätte er dies nicht gesagt, so hätten sie keine Wahl gehabt, da das Risiko des Todes von eins zu tausend verglichen mit einem sicheren Tod nicht viel an Wahlmöglichkeit läßt.) Ich fragte ihn, ob sie seiner Zusicherung glaubten. Seine Antwort war frostig. „Ja, sie glaubten mir“, sagte er. „Sie glaubten mir sogar mehr, als die meisten Leute einem glauben, wenn sie sagen, ‚ich glaube Ihnen‘, weil ich über große Überzeu-

[3] D.h., er dachte sich ein Experiment aus, das das juristische Schrifttum besorgte und beschäftigte. Siehe oben Fn. 2. Die Testpersonen werden einem identifizierbaren Risiko ausgesetzt, während die experimentelle Manipulation keinen Nutzen für die Testpersonen hat.

gungskraft verfüge." (Er ist tatsächlich sehr überzeugend.) Er fügte jedoch hinzu: „Doch wenn Sie mich fragen würden, wie hoch diese Patienten trotz ihres Vertrauens mir gegenüber die Chance einschätzten, daß ich sie möglicherweise belog, muß ich wohl sagen: zumindest eins zu hundert. Denn selbst wenn man jemandem von ganzem Herzen Glauben schenkt, rechnet man doch auch immer mit der Möglichkeit, daß die Person lügt. Und ich muß dasselbe für diese Patienten annehmen." „Mit anderen Worten", sagte ich, „in den Augen dieser Patienten bestand eine Wahrscheinlichkeit zu sterben von eins zu tausend, wenn sie sich mit dem Experiment einverstanden erklärten, während sie zumindest eine Chance von eins zu hundert hatten, wenn sie es ablehnten. Das läßt keine große Wahlmöglichkeit, nicht wahr?" „Ja", sagte er, „das ist wahrscheinlich richtig, doch das Experiment war eines Versuches wert, und ich tat alles, was ich konnte, um ihnen eine echte Wahlmöglichkeit zu geben."

Das Experiment war ein großer Erfolg. Alle erklärten sich bereit teilzunehmen. Niemand wurde verletzt. Das Medikament sprach an, und einige der mit herpes meningitis erkrankten Kleinkinder konnten nun überleben. Alles nimmt ein gutes Ende in der besten aller möglichen Welten. Dennoch bleibt die Frage bestehen, ob das, was von allen Beteiligten (einschließlich dem Krankenhauskomitee für Experimente, welches das Experiment genehmigte)[4] als freie Wahl angesehen wurde, wirklich eine freie Wahl darstellte. Oder handelte es sich vielmehr um eine Entscheidung, die zu treffen sich zwar lohnte, die aber durch den Forscher und das Komitee getroffen wurde – um eine Entscheidung also, bei der die individuelle Wahl allein zur Bestätigung der Tatsache diente, daß der Forscher „das beste, was er konnte", getan hatte und es sich um ein ehrenwertes Experiment handelte.[5]

Lassen Sie mich diese „Nicht-Wahl" mit einer Wahl vergleichen, die in den sogenannten „Ärzte-Prozessen" von Nürnberg nach dem zweiten Weltkrieg untersucht wurde.[6] Den „Ärzten" wurde vorgeworfen, einige Frauen

[4] 1966 etablierte das amerikanische Gesundheitsministerium eine Politik, derzufolge der Public Health Service solange keine Zuschüsse zur Unterstützung medizinischer Forschung gewährte, wie diese nicht von einem Kontrollkomitee überwacht wurde. Viele Institutionen und Krankenhäuser, an denen medizinische Forschung betrieben wird, haben daraufhin derartige Komitees geschaffen. Seit 1969 erlaubt der Public Health Service derartigen Komitees allein die Zulassung solcher Forschung, bei der die potentiellen Vorteile der Forschung gegenüber den Risiken für die Testpersonen klar überwiegen. Katz, J. / Capron, A. M.: Catastrophic Diseases: Who Decides What?, 1975, S. 124 - 129.

[5] In der Literatur wird die Ansicht vertreten, daß es sich bei derartigen Entscheidungen des einzelnen, sich gefährlichen medizinischen Forschungen zu unterziehen, in den seltensten Fällen um eine rationale Abwägung zwischen den potentiellen Kosten und dem Nutzen von alternativen Wahlmöglichkeiten handelt. Katz / Capron (Fn. 4), S. 90 - 108; vgl. Ofshe / Chrisman: A Two-Process Theory of Social Behavior, in: Harris, A. (ed.): Advances in Social Psychology, 1985.

[6] United States v. Karl Brandt, et al., Nuremberg Military Tribunals, 1 & 2 Trials of War Criminals. Der sog. Ärzteprozeß wird ausführlich in Mitscherlich, A. / Mielke, F.: Doctors of Infamy: The Story of Nazi Medical Crimes, 1949, behandelt.

absolut furchtbaren sexuellen Experimenten ausgesetzt zu haben.[7] Eine Frau, die überlebte und die angeblich in die Teilnahme an diesen Experimenten eingewilligt hatte, wurde von einem der Angeklagten gefragt, warum sie sich „freiwillig" für das Experiment gemeldet hatte. Ihre Antwort war: „Lieber ein halbes Jahr in einem Bordell als ein halbes Jahr in einem Konzentrationslager." Die Ankläger argumentierten, daß unter diesen Umständen keine der Opfer der von den Angeklagten begangenen Scheußlichkeiten „Freiwillige" waren.[8] Die „Ärzte" wurden natürlich verurteilt.[9] Die Entscheidung selbst mag „frei" erfolgt sein, und doch konnten sich die „Ärzte" nicht der Verantwortung für die Situation entziehen, die diese „freie" Wahlmöglichkeit schaffte. In dem zuvor diskutierten Fall mag diese Art von Verantwortung jedoch rechtfertigen, daß wir die von dem Forscher offerierte sehr beschränkte Wahlmöglichkeit als freie Entscheidung behandeln. Ganz entsprechend können sich unser Präsident bzw. unsere Rechtsordnung nicht der Verantwortung dafür entziehen, daß sie die Annahme des Geschenks der bösen Gottheit erlauben. In dem Moment, in dem der Präsident weiß, daß die Ablehnung des Geschenks durch einige Bürger (während die meisten anderen Bürger es annehmen) eine intolerable Situation für diejenigen schafft, die das Geschenk ablehnen, muß er bzw. sie entscheiden, ob das Angebot auch vom Standpunkt der Moral her erlaubt werden kann, wobei er bzw. sie sich nicht hinter der Illusion einer individuellen freien Entscheidung verstecken kann.

Die zweite Antwort, die meine Studenten geben, besteht in dem Argument, daß wir schon Automobile haben und daß – als wir uns für das Automobil entschieden – wir nichts von dem tödlichen Unheil wußten, das es uns später brachte. Das Geschenk der bösen Gottheit dagegen konfrontiert uns nun mit einer klaren Wahlmöglichkeit zwischen Leben und Bequemlichkeit. Aber in Wahrheit ist diese Wahl ständig präsent – selbst wenn das Geschenk bereits zuvor angenommen wurde. Wir können Automobile verbieten – auch wenn sie jetzt bereits existieren. Die Einbuße an Bequemlichkeit mag größer sein, doch stellt dies lediglich ein Feilschen über den Preis dar. Wir haben in der Tat Feuerwerke verboten – die bei weitem weniger Menschenleben

---

[7] Bei dem Experiment, um das es hier geht, handelte es sich um eine besondere Form der allgemeinen Unterkühlungsexperimente, bei denen die Versuchspersonen bis zu 3 Stunden in einem mit Eiswasser gefüllten Tank zu verbleiben hatten, um die besten Techniken der Behandlung von Unterkühlungen zu erforschen. Zur Erforschung der Effizienz des Einsatzes „tierischer Wärme" zur Wiederbelebung der fast toten männlichen Unterkühlungsopfer hatten sich die Frauen nackt zu diesen Versuchspersonen zu legen. United States v. Karl Brandt, et al., Nuremberg Military Tribunal, 1 Trial of War Criminals at 68 - 71.

[8] United States v. Karl Brandt (Fn. 7), S. 70 - 71.

[9] Von den 23 Angeklagten wurden 16 der ihnen vorgeworfenen Kriegsverbrechen und Verbrechen gegen die Menschlichkeit für schuldig befunden; 7 wurden zum Tode durch den Strang verurteilt und die anderen 9 erhielten Haftstrafen zwischen 10 Jahren und lebenslanger Haft.

kosten als Automobile – obwohl sie über eine lange Zeit hinaus erlaubt waren.[10] In England verbot vor einigen Jahren die Regierung Arzneiflaschen, die nicht mit einem kindersicheren Verschluß ausgestattet waren. Sie tat dies mit der „wunderlichen" Begründung, daß nichtkindergesicherte Arzneiflaschen den staatlichen Gesundheitsdienst (National Health Service) wegen der durch sie verursachten Unfälle zu viel kosteten. Infolgedessen verbot die Regierung, die nicht für die Kosten aufkommen wollte, das zuvor als annehmbar Erschienene und schrieb kindersichere Arzneiflaschen vor.[11]

Genausowenig trifft es zu, daß wir uns niemals für eine neue Technik entscheiden, wenn sie den Verlust von Menschenleben mit sich bringt. Als wir die Entscheidung fällten, die friedliche Nutzung der Atomenergie zu gestatten, wurde auf diese Frage ziemlich ausdrücklich hingewiesen – obwohl sie dann ein wenig in den Hearingsberichten eines Kongreßausschusses verlorenging.[12] Ein Abgeordneter fragte, wie viele Unfälle sich während der frühen Kernenergieforschung ereignet hatten. Die Antwort lautete, die Unfallrate sei relativ bescheiden gewesen. Tatsächlich war die Reaktion des Kongresses: „Oh, ist das alles? Dann ist es in Ordnung."[13] Leider können wir damit die Unterscheidung zwischen dem Auto und der Wohltat der Gottheit nicht darauf gründen, daß das eine schon vorhanden ist, während das andere eine Entscheidung für die Zukunft darstellt.

Die dritte Antwort, die meine Studenten geben, geht tiefer. Sie besteht darin, daß Automobile „statistische" Leben rauben, während die Gottheit „wirkliche" Leben fordert. Ich bin niemals irgendwo einem „statistischen" Leben begegnet – weder in meinem Auto noch sonstwo. Aber es ist sicherlich zutreffend, daß ein wichtiger Unterschied in der Einstellung gegenüber solchen Menschenleben, die lediglich in statistischen Begriffen beschrieben werden, und solchen besteht, die tatsächliche Leute aus Fleisch und Blut zu betreffen scheinen. Vielleicht ist dies so, weil wir hoffen, daß gewöhnliche Unfälle irgendwie nicht auftreten werden, oder vielleicht deshalb, weil wir nicht wissen, wer das Opfer sein wird. Vielleicht behandeln wir auch den Fall einer Geisel, die sterben wird, wenn wir nicht handeln, oder sogar den Fall eines Narren, der sich entscheidet, alleine über den Atlantik zu rudern, anders als einen Durchschnittsunfall, weil wir nicht wissen, wer im letzteren Fall die Opfer sein werden. Wir geben Millionen von Dollar für die

---

[10] Vor dem ersten Weltkrieg gab es in keinem amerikanischen Einzelstaat eine Regulierung der Benutzung oder des Verkaufs von Feuerwerk. Transportation of Fireworks in Interstate Commerce: Hearing on S. 1722 and S. 2245 Before a Subcomm. of the Senate Comm. on the Judiciary. 83rd Cong., 2nd Sess. 22 (1954) [zit.: Senate Hearing]. Die Mehrzahl der Einzelstaaten verabschiedete jedoch Gesetze zur Untersagung von Feuerwerk während der 40er Jahre. Senate Hearing, a.a.O., S. 5 - 6.

[11] The Guardian (Manchester), 27. Febr. 1981, S. 5, Spalte 5.

[12] Atomic Power Development and Private Enterprise: Hearings before the Joint Committee on Atomic Energy, 83rd Congress 1st Sess. (1953).

[13] Ebd., S. 32.

Lebensrettung von klar identifizierten Individuen aus, die sich in unmittelbarer Gefahr befinden – Geld, das, wenn es in die allgemeine Sicherheit investiert würde, wesentlich mehr Menschen beschützen und vor Unfällen bewahren würde. In der Tat hatte ich in Tragic Choices einiges darüber zu sagen, warum sogar die Entscheidung, den Narren im Ruderboot zu retten, korrekt ist, d.h., warum die Gesellschaft etwas davon hat, die, die einer bekannten Gefahr ausgesetzt sind, selbst auf Kosten von wesentlich zahlreicheren – jedoch unbekannten – Leben zu retten.[14]

Und doch sind im „Tempel der Wahrheit" alle Leben real – unabhängig davon, ob sie ursprünglich in statistischen Begriffen beschrieben wurden oder nicht. Es besteht in der Tat kein Unterschied zwischen den fünfundfünfzigtausend Personen, die in Autounfällen ums Leben kommen, und den tausend Menschenleben, die von der bösen Gottheit begehrt werden. Im Nachhinein könnten wir die Bilder der Unfallopfer genauso in den Zeitungen veröffentlichen, wie wir es mit den Bildern der Opfer der bösen Gottheit täten. Wir könnten ebenso leicht den Kummer der Familien der Unfallopfer beschreiben. Auch können wir sicher sein, daß solche Unfälle auftreten und daß sie entsprechende Leben kosten.[15] Wir sind z.B. sehr sicher, daß beim Bau eines Tunnels eine bestimmte Anzahl von Arbeitern pro Kilometer ums Leben kommen wird (in bezug auf Wolkenkratzer war man gewohnt, von einer bestimmten Zahl von Opfern pro Stockwerk zu sprechen), und auch diese Opfer, fürchte ich, betreffen reale Leben.[16]

Die böse Gottheit wünscht darüber jedoch keinen Streit. Wenn die Unsicherheit des Schadenseintritts und Statistiken für uns von Bedeutung sind, so kann ihr Geschenk entsprechend angepaßt werden. „Wenn Ihr eine solch sichere Zahl von Leben nicht mögt, werde ich daraus eine statistische Zahl machen. Ich werde zwischen achthundert und zwölfhundert Menschenleben pro Jahr verlangen. Die Abweichung kann sogar größer sein, wenn Ihr dies wünscht. Die Zahl wird entsprechend einer Vorgehensweise, die ich Euch in Kürze vorschlagen werde, abweichen, um die Entscheidung noch schmack-

---

[14] Calabresi / Bobbitt (Einl. Fn. 1), S. 38 - 41; vgl. auch ebd., S. 137 - 141.

[15] Ich habe mich darauf beschränkt, von nur 1000 geopferten Menschenleben zu sprechen, weil diese Zahl viel kleiner ist als die tatsächliche Zahl der gegenwärtig jährlich dem Straßenverkehr zum Opfer fallenden Menschenleben, die in den letzten Jahren ungefähr 55 000 betrug. Wir können daher mit Sicherheit davon ausgehen, daß die mit der Nutzung des Automobils verbundenen Kosten auf absehbare Zeit die Kosten des hypothetischen Geschenks unserer bösen Gottheit erreichen oder übersteigen werden.

[16] Große Bauprojekte bringen unvermeidbar eine große Zahl von Todesopfern und Verletzten mit sich. Vgl. z.B. The View from Mont Blanc, Newsweek, 19. Juli 1965, S. 74 (17 Tote und 800 Verletzte beim Bau des Mont Blanc Autobahntunnels); McCullogh, D.: The Great Bridge and the American Imagination, N.Y. Times, 27. März 1983, Magazine, S. 28, 34 (26 Tote und eine unbekannte Zahl von Verletzten), vgl. auch Shulman, H. / James, F. / Gray, O.: Cases and Materials on Torts, 3. Aufl. 1976, S. 161, Fn. 9.

hafter zu machen. Aber im Durchschnitt wird die Zahl sich immer noch auf ungefähr eintausend belaufen."

An diesem Punkt brachten meine Studenten eine Unterscheidung auf, die sich als die entscheidende dieses Buches erweisen wird. Nicht die Autos töten Menschen, sondern das individuelle schlechte Fahrverhalten. Die böse Gottheit fordert ihre Opfer ungeachtet der Verhaltensweise der Personen; Automobile bewirken den Tod von Menschen dagegen nur dann, wenn sich Personen falsch verhalten. Wenn jeder vorsichtig führe, Autos ordentlich gebaut würden und jeder vernünftig (eine entscheidende Formulierung) handelte, hätten wir keine Unfälle. Niemand bräuchte im Straßenverkehr umzukommen, wenn die Leute nur so handelten, wie sie sollten – d.h. vernünftig (wieder dieses Wort).

Sich verhaltend, als ob sie glaubte, daß dies in bezug auf Automobile zutraf, doch mit einem Ausdruck auf ihrem bösen Gesicht, der andeutete, daß sie es besser wußte,[17] sagte die böse Gottheit: „Ich kann auch diesem Einwand begegnen. Ich werde Euch ein Spiel überlassen, das wir ‚Guidos Roulette' nennen werden. Davon abhängend, wie gut Ihr das Spiel spielt und welche Art von Rad Ihr benutzt – je nachdem, ob es billig und minderwertig oder teuer und hochwertig ist, wird das Risiko, als Opfer ausgewählt zu werden, variieren. Dieses Verfahren wird in der Tat bestimmen, ob in einem jeden Jahr fünfzig oder eintausendneunhundertundfünfzig Menschenleben geopfert werden. Aber bedenkt, daß um so teurer das Rad ist und um so vorsichtiger Ihr das Spiel spielt, Ihr um so weniger Freude an der von mir offerierten Wohltat haben und um so weniger von dem Geschenk erhalten werdet. Doch bleibt Euch damit eine gewisse ‚Wahlmöglichkeit' erhalten – vielleicht eine Chance, das Übel insgesamt zu vermeiden."

Es besteht kein Zweifel, daß diese Art der Unsicherheit solche „Wohltaten" akzeptabler macht. Wir alle bevorzugen „perfektionierbare" Standards, d.h. Dinge, die sich – indem sie uns zur Annahme verleiten, daß wir das Geschenk der bösen Gottheit nicht annehmen – so darstellen, als könnten sie zu keinerlei Schaden führen.[18] Wenn wir natürlich durch die Annahme eines „perfektionierbaren" Standards Ergebnisse erzielen, die offenkundig schlechter sind als unter einem mathematischen oder einem sonstigen sicheren Standard, so geraten wir in Schwierigkeiten. Wenn sich herausstellen würde, daß die Formel „jenseits eines vernünftigen Zweifels" („beyond a reasonable doubt") – d.h. der Grundsatz, daß im amerikanischen Strafverfahren die Schuld des Angeklagten für die Verurteilung jenseits

[17] Wir wissen genauso gut, daß selbst wenn alle Leute vorsichtig führen, nicht alle dem Auto und dem Straßenverkehr inhärenten Gefahren ausgeschaltet wären. U.S. Department of Transportation: Driver Behavior and Accident Involvement: Implications for Tort Liability, 1970, S. 123 - 171.

[18] Vgl. Calabresi / Bobbitt (Einl. Fn. 1), S. 73 - 77.

eines vernünftigen Zweifels feststehen muß – bedeuten würde, daß eine von hundert verurteilten Personen eindeutig unschuldig wäre, so mögen wir (ich sage bewußt nicht: „würden wir“) einen Standard vorziehen, der offen bekanntgeben würde, daß ein Unschuldiger pro tausend Schuldigen verurteilt würde.[19]

Auf einer Konferenz in Boston trat Dr. Henry Beecher das erste Mal für den Hirntod, d.h. ein flaches EEG, als Definition des Todes ein.[20] Jemand fragte ihn, wie oft ein flaches EEG eine falsche Prognose mit dem Ergebnis zeitigen würde, daß ein Mensch lebendig begraben würde, der zu einem Zustand hätte zurückkehren können, den wir alle als Leben bezeichnen würden. Er gab unmittelbar eine Antwort. Ich erinnere mich nicht an die Zahl und vermag nicht zu sagen, ob sie korrekt war. Sie war auf jeden Fall ziemlich niedrig. Und doch war jeder der Konferenzteilnehmer darüber schockiert, daß diese „neue“ Methode es erlauben würde, Menschen in einer so deutlichen, wenn auch beschränkten Zahl von Fällen lebendig zu begraben. Wir waren so schockiert, daß jemand eingreifen mußte, um die Spannung zu lösen. Dies geschah dadurch, daß jemand berichtete, daß Menschen heutzutage nicht mehr lebendig begraben würden. Menschen lebendig zu begraben, stellte eine große Sorge im neunzehnten Jahrhundert dar, und alle möglichen Vorsichtsmaßnahmen wurden getroffen, um dies zu vermeiden. Das Einbalsamieren jedoch „heilt“ alle zuvor begangenen Fehler. Wenn nun Personen fehlerhaft für tot befunden werden, so töten wir sie durch die Einbalsamierung und beerdigen sie somit niemals lebendig.

Dann fragte jemand: „Aber was ist eigentlich die gegenwärtige Todesdefinition, und wie oft führt sie zu Irrtümern?“ Natürlich wandten sich alle den Juristen zu, die erhaben feststellten, daß der Tod eintritt, wenn Ärzte den Todeseintritt bescheinigen. Daraufhin wurden die Ärzte gefragt. Sie sprachen – weniger erhaben – von „Lebenszeichen“ und davon, „wenn jemand augenscheinlich tot ist“. Sie fügten hinzu, daß dies in der Praxis oft bedeutet, daß der Tod als festgestellt gilt, wenn die Krankenschwestern sagen, daß der Patient tot ist, und daß dieses System sehr gut funktioniert, solange jeder vorsichtig ist. Wir wandten uns also an die Krankenschwestern und fragten erneut: „Wie oft erweist sich dieser impressionistische Test Ihrer

---

[19] Inwieweit ein solcher ausdrücklich quantifizierbarer Standard wünschenwert wäre, ist Gegenstand einer bemerkenswerten Debatte gewesen. Siehe Finkelstein / Fairley: A Bayesian Approach to Identification Evidence, 83 Harv. L. Rev. 489 (1970); Tribe: Trial by Mathematics: Precision and Ritual in the Legal Process, 84 Harv. L. Rev. 1329, 1374 (1971); ders.: A Further Critique of Mathematical Proof, 84 Harv. L. Rev. 1810, 1818 - 1819 (1971); Finkelstein, M.: Quantitative Methods in Law, 1978, S. 78 - 104; Brilmayer / Kornhauser: Review: Quantitative Methods and Legal Decisions, 46 U. Chi. L. Rev. 116, 135 - 148 (1979).

[20] Vgl. Proceedings of the Conference on the Ethical Aspects of Experimentation on Human Subjects, 3. - 4. November 1967 (Boston, Massachusetts). Eine spätere Ausgabe von Daedalus, die sich nur mit dieser Frage befaßte, entstand aus dieser Konferenz und spiegelt die dort aufgetauchten Fragen wieder. 98 Daedalus, No. 2 (1969).

Meinung nach als falsche Prognose?" Die Zahl, die sie nannten (und die ich wieder vergessen habe), war – obwohl unsicher, da sie auf menschlichen Irrtümern basierte – wesentlich höher als die Zahl, die Beecher für die flache EEG-Kurve angab. Wir fühlten uns verloren. Wir hatten die Frucht vom Baum der Erkenntnis gegessen und konnten uns – so schien es – nicht länger selbstgefällig hinter einem falschen „perfektionierbaren" Standard verstecken.

Tatsächlich ist dies kein gutes Beispiel, weil es einem Gebiet entstammt, in dem man Verbesserungen erzielen und doch die Illusion der Perfektionierbarkeit aufrechterhalten kann. Ein flaches EEG kann zu einer notwendigen, jedoch nicht zu einer hinreichenden Bedingung des Todes gemacht werden, und ein impressionistischer, nominell perfektionierbarer Test der „Lebenszeichen" kann als eine weitere Anforderung vor der Bescheinigung des Todes angefügt werden. In jenem Moment jedoch standen wir unter zwei Schocks. Der erste Schock bestand darin, mit einem Test konfrontiert zu werden, der uns sagte, daß wir in einer präzisen Zahl von Fällen jemanden töten würden – etwas, das wir nicht als erträglich akzeptieren konnten. Zum anderen standen wir unter dem Schock der Erkenntnis, daß wenn wir dies nicht akzeptierten, wir uns mit einem „perfektionierbaren" Standard abzufinden hätten, was in der Praxis zu noch schlimmeren Konsequenzen führen würde.

Das von der bösen Gottheit gestellte Problem ist sogar noch schwieriger; obwohl wir wünschen mögen, „Perfektionierbarkeit" zu erlangen (um die Illusion zu nähren, daß wir das Geschenk der bösen Gottheit nicht angenommen haben), wünschen wir uns tatsächlich keine Perfektion. Die Gottheit würde uns in aller Ehrlichkeit sagen: „Ich werde Euch ein Roulettespiel geben, bei dem es, wenn Ihr genug Geld für das Rad ausgebt und es vorsichtig genug spielt, theoretisch möglich ist, daß die Menschenleben, die ich fordern könnte, merklich auf Null zurückgehen würden. Dennoch kann ich Euch – ausgestattet mit meinem Wissen über die menschliche Natur – versichern, daß im Schnitt die Zahl der Opfer bei diesem Roulettespiel doch um eintausend herum schwanken wird. Ich kann dies behaupten, weil ein gut hergestelltes Rad sehr viel kosten würde und weil ein derart vorsichtig gespieltes Spiel die Spieler aller Freude des von mir offerierten Geschenks berauben würde." Wir könnten Autos bauen, die wie Panzer gebaut sind oder die genauso wie Rennwagen (in ihrer Eigenschaft, Fahrer und Mitfahrer zu schützen) gebaut sind, jedoch nicht schneller als fünfzehn Stundenkilometer fahren können. Derartige Autos würden eine Menge kosten, jedoch hätten wir mit ihnen praktisch keine ernsten Autounfälle mehr. Wir könnten derartige Autos bauen, doch wir wollen es nicht.

In der Tat bleibt das meiste an unfallverursachendem Verhalten für dessen Verursacher nicht kostenlos; Stichwort: Sicherheitskosten! Und wenn wir nicht den sichersten Wagen ungeachtet seiner Kosten wählen, tun wir gerade das, wovon die böse Gottheit die ganze Zeit über wußte, daß wir es tun würden. Wir nehmen einiges von der Wohltat, die sie offeriert, an. Indem wir jedoch bestreiten, daß wir das Geschenk annehmen und die Schuld für die „Opfer" auf diejenigen abwälzen, die „sich schlecht benehmen" (als ob ein korrektes Verhalten alle Unfälle ohne unakzeptierbare Kosten vermeiden könnte), täuschen wir nicht nur uns selbst darüber, daß wir das Geschenk angenommen haben, sondern frönen darüber hinaus einem schlimmen Sündenbockdenken.[21] So sprechen wir z. B. von fehlender Sorgfalt beim Autofahren, von gut und schlecht konstruierten Wagen und von Geschwindigkeitsübertretungen. Doch gerade die Definition jedes dieser Fehlverhalten steht tatsächlich für eine Entscheidung darüber, wieviel wir von dem Geschenk der bösen Gottheit bereit waren anzunehmen und wieviel wir zurückgewiesen haben. Denn je mehr wir die Sicherheitsstandards erhöhen, desto mehr verringern wir die Freude – bzw. erhöhen wir die Kosten – und desto mehr verringern wir die Zahl der eingeforderten Opfer.

In diesem Buch geht es mir um Überzeugungen und Einstellungen, und doch habe ich bislang wenig oder nichts über sie gesagt. Ich möchte mich diesem Thema mit dem Vorschlag nähern, solche Überzeugungen und Einstellungen selbst als Geschenke der bösen Gottheit zu sehen. Überzeugungen und Einstellungen verkörpern Werte unserer Gesellschaft – entweder weil sie in sich selbst einen Wert verkörpern oder weil es als wichtig angesehen wird, das Recht zu schützen, solchen Überzeugungen unbelastet von besonderen Zwängen anzuhängen, denen andere nicht unterworfen sind. Und doch werden infolge dieser Überzeugungen einige Leute verletzt oder getötet werden, und es wird einiges Leid geben. Wir werden deshalb eine Entscheidung in bezug auf Ideale, Überzeugungen und Einstellungen zu treffen haben, und zwar in dem Umfang, in dem wir uns wünschen, sie zu fördern bzw. von ihnen als „unvernünftigen" Entscheidungen – als unerwünschten Entgegennahmen des Geschenks der bösen Gottheit – abzuschrecken.

Letztendlich müssen wir (nicht zynisch, sondern betrübt) den Schluß ziehen, daß es nicht darum geht, ob wir das Geschenk der bösen Gottheit – nennen Sie es Fortschritt, wenn Sie zynisch klingen wollen – annehmen, sondern welche und wieviele von den angebotenen Geschenken wir annehmen und welche und wieviele wir zurückweisen werden. Dies wirft dann unmittelbar Fragen darüber auf, wer infolge unserer Akzeptanz bzw. Zurückweisung dieser Geschenke gewinnen und wer verlieren wird, sowie darüber, wer deren Last zu tragen haben wird und wie wir die Wahl zwischen Akzep-

[21] Calabresi / Bobbitt (Einl. Fn. 1), S. 73 - 77.

tanz und Zurückweisung so verfeinern können, daß die Ergebnisse annehmbarer werden.

Ein Teufel bleibt jedoch noch auszutreiben. Wenn man das Geschenk den „technischen Fortschritt" nennt und sagt, daß wir dieses Geschenk angenommen haben, scheint es einfach, den Schluß zu ziehen, daß ungeachtet all der Leben, die die böse Gottheit verlangt hat, wir uns doch in bezug auf gerettete Leben letztlich besser stehen. Trotz all der frühen Tode, die von Automobilen verursacht werden, trotz der umweltbedingten Krebserkrankungen, der Industrieunfälle und ähnlichem, hat die Lebenserwartung ständig zugenommen. Man könnte also sagen, daß das Geschenk mehr Leben rettete, als es forderte! Selbst umweltbedingter Krebs und pro Jahr fünfundfünfzigtausend Unfalltote im Straßenverkehr erscheinen als ein unbedeutender Preis für eine technologisch fortschrittliche Gesellschaft, die – gerade weil sie einem solchen Fortschritt verschrieben ist – Diphtherie und Lungenentzündung sowie eine Menge vergangener Plagen und Unfälle überwunden hat. Kann man angesichts dessen selbstgefällig in den Glauben verfallen, daß wir das Spiel gewonnen, die böse Gottheit übertölpelt haben?

Unglücklicherweise stellt dies jedoch eine zu simple Sicht der Dinge dar, und zwar werden drei Überlegungen nicht in Betracht gezogen, die man nicht ignorieren sollte. Die erste ist, daß die Lebensqualität (ein abgedroschener, doch immer noch zutreffender Ausdruck) entscheidend ist, vielleicht so entscheidend wie das Leben selbst. Die zweite Überlegung besteht darin, daß wir fähig sind, innerhalb des Fortschritts auszuwählen; wir brauchen uns nicht notwendigerweise einen Kampf mit umweltverursachtem Krebs zu liefern, um lebensrettendes Penicillin zu entwickeln. Die dritte Überlegung ist schließlich, daß Gewinner und Verlierer nicht dieselben Personen sind und daß wir der Frage, wer an Lebensjahren oder Lebensqualität gewinnt und wer verliert, nicht gleichgültig gegenüberstehen mögen, wenn wir gewisse Teile einiger von der bösen Gottheit offerierter Wohltaten akzeptieren bzw. zurückweisen.

Lassen Sie mich ein wenig mehr über jede dieser Überlegungen sagen. Zunächst gibt es wirklich Dinge, die wir höher bewerten als das Leben. Dies zeigt sich in der Tatsache, daß wir einige Wohltaten der bösen Gottheit akzeptieren (seien es materielle – wie gefährliche Autos – oder geistige – wie kostspielige Freiheitsrechte). Doch abgesehen davon hat – da wir alle sterben müssen – die Frage zu lauten: Sind uns einige Arten zu leben genügend wichtig, daß wir dafür einige Lebensjahre opfern würden? Beim Akzeptieren und Zurückweisen des Geschenks sowie bei der Entscheidung, ob wir bei dem Spiel besser abschneiden oder nicht, kann die bloße Berücksichtigung von Lebenserwartungen nicht genügen. Haben wir die Geisteskranken – auf Kosten einiger Menschenleben – anständig behandelt? Erwiesen sich die Menschenleben, die wir verlängerten, auf irgendeine Weise als fruchtvoll und lohnend (wenn sie auch schrecklich behindert waren)? Haben wir an diesen Überzeugungen, Idealen und Einstellungen (eingeschlossen dem Ideal, die Leute ihre eigenen versponnenen Ideale beibehalten zu lassen) festgehalten, die uns teurer sein mögen als ein zusätzlicher Monat auf dem Gabentisch der Lebenserwartung? Dies sind die Fragen, denen wir uns – ebenso wie der Zahl der von uns tatsächlich geretteten Leben und Lebensjahre – bei der Entscheidung, ob wir bei dem Angebot der Gottheit besser abgeschnitten haben, stellen müssen.

Zweitens brauchen wir nicht die Vorstellung zu akzeptieren, daß Fortschritt „technologisch" oder auf andere Weise unteilbar ist. Wenn wir Autos akzeptieren, brauchen wir daher nicht gleichzeitig erschreckend unsichere Autos, d.h. solche zu akzeptieren, die zu jeder Geschwindigkeit fähig sind oder die keine „air bags" oder Sicherheitsgurte haben. Daß wir uns darauf festgelegt haben, der Wissenschaft freien Lauf zu lassen, um neue lebensrettende Erfindungen zu entwickeln, bedeutet nicht notwendig, daß wir nichts gegen gefährliche Abfälle unternehmen können. Selbst wenn die Maximierung der Lebenserwartung unser einziges Ziel wäre, so bestünden doch noch Wahlmöglichkeiten innerhalb des „Fortschritts", und einige der Angebote der bösen Gottheit würden entprechend zurückgewiesen werden. Die Lebenserwartung ist gestiegen, doch wären wir in unseren Geschäften mit der bösen Gottheit vorsichtiger gewesen, so könnte sie noch weiter zugenommen haben, denn Fortschritt ist, zumindestens bis zu einem gewissen Grade, teilbar.

Schließlich sorgen wir uns sehr darum, wer infolge unserer Annahmen und Ablehnungen der Angebote der bösen Gottheit gewinnt oder verliert. Eine große Zunahme an Lebensjahren für die sehr Reichen, die auf Kosten einer Brutalisierung und Verkürzung des Lebens der sehr Armen erreicht würde, wäre kein Gewinn – selbst wenn die Gesamtzahl an zusätzlichen Lebensjahren „in schwarzen Zahlen geschrieben" werden könnte.[22] Dies ist der Punkt, den ich im Rest dieses Kapitels weiter vertiefen möchte. Ich werde dies eingedenk der Tatsache tun, daß ich viele andere Unterschiede zwischen dem Geschenk der bösen Gottheit und dem Automobil nicht diskutiert habe. Die Zeit reicht nicht aus, um jeden dieser Unterschiede – selbst solche, die meine Studenten regelmäßig zur Sprache bringen – zu erörtern, insbesondere weil die Gottheit „Antworten" für alle diese hat und weil diese Antworten sich nicht sehr von den bereits gegebenen unterscheiden.

---

[22] Es ist an dieser Stelle nicht nötig, uns zu der Forderung zu bekennen, daß technologischer Fortschritt auch für die am wenigsten begünstigten Mitglieder der Gesellschaft einen Gewinn bringen muß, um als gerecht angesehen werden zu können. Vgl. Rawls, J.: A Theory of Justice, 1971, S. 75 - 83, der eine derartige Forderung aufstellt. Es reicht aus zu sagen, daß wir uns sicherlich um einen sozialen Wandel Sorgen machen sollten, bei dem die Reichen immer reicher und die Armen immer ärmer werden.

Um unsere Überlegungen auf die Frage, wer gewinnt und wer verliert, sowie auf die Beziehung zwischen dieser Frage und der Frage zu konzentrieren, wann wir die Geschenke der Gottheit annehmen und wieviele von ihnen wir annehmen, möchte ich zu der zweiten hypothetischen Situation übergehen, mit der ich meine Studenten konfrontiere. In dieser Situation werden die Studenten zu Richtern des Common Law bzw. zu Gesetzgebern, und ein Witwer oder eine Witwe „erscheint" vor ihnen. Der hinterbliebene Ehegatte wird von dreizehn Kindern begleitet und sagt: „Mein verstorbener Ehegatte und ich nahmen die Wohltat der bösen Gottheit an. Vielleicht hatten wir kaum eine Wahl, da alle mitmachten, aber ich gebe doch zu, daß wir die Wohltat annahmen und daraus Nutzen zogen. Die Vorteile waren ungefähr dieselben, wie sie alle die anderen, die die Wohltat annahmen, erhielten – nicht mehr und nicht weniger. Aber nun ist es geschehen, daß mein Ehegatte als eines der Opfer ausgewählt wurde. Warum sollen ich und meine Kinder den Hauptanteil des Verlustes tragen, obwohl wir bei dem Geschäft mit der Gottheit nur das gewannen, was jeder andere gewann." „Warum", fragt der Hinterbliebene, „soll der gesellschaftliche Gewinn allein auf meine Kosten erfolgen?" Mit anderen Worten, der überlebende Ehegatte bittet um eine Sozialversicherung für die Hinterbliebenen der Opfer der bösen Gottheit und möchte wissen, warum Common Law-Richter bzw. die Gesetzgeber (die im jeweiligen Fall die entsprechenden Rechtsnormen schaffen) ihnen diese Versicherung nicht gewähren sollten. Und so macht der Hinterbliebene geltend: „Laßt alle diejenigen, die von dem Geschenk der bösen Gottheit profitieren, einiges von der Last tragen – nicht nur diejenigen, die von der Gottheit ausgewählt wurden und die schon einen unkompensierbaren Verlust erlitten haben!"

Die traditionelle Antwort auf dieses Ersuchen wurde von Oliver Wendell Holmes gegeben. Er deutete an, daß eine derartige Sozialversicherung alle dazu zwingen würde, sich zu versichern. Es wäre jedoch besser, statt dessen diejenigen, die eine Versicherung gegen die böse Gottheit abschließen wollten, dies tun zu lassen, und es denen, die dies nicht täten, freizustellen, das Risiko, das sie zu tragen wählten, zu „genießen". Jeder, der die Wohltat annimmt, könnte sich auf den „freien Markt" begeben und von einer ortsansässigen Versicherungsgesellschaft eine entsprechende Versicherungsabdeckung gegen die Gefahr, als Opfer ausgewählt zu werden, erwerben. Die Hinterbliebenen dieser Person würden die Versicherungssumme erhalten, wenn die Gottheit zugeschlagen hätte, und alles wäre gut. So oder so ähnlich scheint Holmes gedacht zu haben.[23]

[23] Holmes, Oliver Wendell: The Common Law, 1963, S. 77 - 78. Ein ähnliches Argument wurde in Blum, W. / Kalven, H.: Public Law Perspectives on a Private Law Problem – Auto Compensation Plans, 1965, entwickelt.

Wenn dies die einzige Antwort auf das Vorbringen des Hinterbliebenen wäre, würde dies jedoch heutzutage nicht als sehr befriedigend erscheinen. Wenn der einzige Gegenstand des sich mit Unfällen beschäftigenden Deliktsrechts darin bestünde, Opfer für Verluste zu entschädigen, die – da sie von bösen Gottheiten herrühren – unvermeidbar sind, dann würden die meisten Leute heutzutage (ob zu Recht oder Unrecht) für eine Zwangsversicherung eintreten. Dies läßt sich nicht unbedingt auf eine Vorherrschaft des Paternalismus zurückführen – wobei Paternalismus in dem Sinne verstanden wird, daß andere wissen, was das beste für einen ist, und einen dann zwingen, sich zu versichern.

Es mag vielmehr von etwas herrühren, das ich „Selbst-Paternalismus" nenne und das etwas darstellt, das selbst diejenigen, die in dem Geisteszustand leben, der Chicago genannt wird, akzeptabel finden mögen.[24] D.h., „ich wünsche mir, gezwungen zu sein, eine Versicherung gegen die böse Gottheit abzuschließen, weil ich weiß, daß ich, wenn ich nicht gezwungen werde, zu sehr versucht sein werde, statt dessen andere Dinge zu kaufen, und ich dann bereuen werde, mein Geld für kurzlebige Vergnügungen statt für langfristige Sicherheit ausgegeben zu haben. Ich möchte mich zwingen, auf lange Sicht meine Wohlfahrt zu maximieren, weil ich weiß, daß ich, wenn ich keinem derartigen Zwang unterliege, meinen Wünschen nach kurzlebigen Maximierungen nachgeben werde, die mich letztlich weniger befriedigen. Und ich habe, lieber Freund aus Chicago, genausoviel Recht, für Langzeit-Maximierung zu optieren und sie mir selbst aufzuzwingen, wie Du das Recht hast, für kurzfristige Maximierung zu optieren, wenn Du dies wünschst." Als Odysseus sich an den Mast kettete, um zu vermeiden, dem Gesang der Sirenen zu erliegen, haben die intellektuellen Vorväter der Chicagoer Schule sich nicht darüber beklagt (und konnten es in der Tat auch nicht), daß die Entscheidungsfreiheit behindert war.

Das Problem ist jedoch, daß man oft nicht das tun kann, was das Beste für einen ist, ohne daß man einen anderen zwingt, dasselbe zu tun. Ich kann mich nicht an den Mast fesseln, ohne die anderen gleichzeitig ebenso zu fesseln. Wenn die anderen ihren Willen bekommen, verliere ich meine Freiheit, mich anzuketten; wenn ich hingegen diese Freiheit habe, verlieren die anderen ihre Freiheit, nicht angekettet zu sein. Die Behauptung meiner langfristigen Entscheidungen nimmt den anderen die Freiheit, ihre kurzfristigen zu bewerkstelligen und umgekehrt. In jedem Fall ist Zwang unvermeidbar.

Ein Beispiel mag helfen: Sollen wir Verträge, die von Betrunkenen abgeschlossen werden, als gültig behandeln? Es gibt Leute, die gerne trinken und

[24] Die in Chicago angesiedelte Schule der „Economics of Law" nimmt eine feindselige Haltung gegenüber dem Paternalismus ein. Siehe z.B. Kronman, A. / Posner, R.: The Economics of Contract Law, 1979, S. 253 - 267; vgl. aber Kronman: Paternalism and the Law of Contract, 92 Yale L.J. 763 (1983).

die schreckliche Verträge abschließen, wenn sie betrunken sind. Es gibt andere, die entweder nicht trinken oder aber im volltrunkenen Zustand hervorragend Verträge aushandeln können. Diejenigen, die im trunkenen Zustand schlechte Vertragsverhandlungen führen, mögen sich sehr wohl ein Recht wünschen, das solche Geschäfte unwirksam macht.[25] Diejenigen, die dagegen betrunken gut verhandeln, würden sich natürlich das Gegenteil wünschen. Solange nicht erkennbar ist, wer im betrunkenen Zustand gut und wer schlecht verhandelt, müßte das Recht alle diese Verträge entweder als gültig oder alle als ungültig ansehen. Mit anderen Worten: eine Gruppe würde ihren Willen unvermeidbar der anderen aufzwingen, wie auch immer das Recht sich in dieser Frage entschiede. Welche Gruppe ihren Willen letztlich der anderen aufzwingen könnte, würde in unserer Gesellschaft wahrscheinlich sowohl von der Zahlenstärke der Gruppe wie von der Intensität der betroffenen Gefühle abhängen.

Dasselbe würde auf die Zwangsversicherung gegen die böse Gottheit zutreffen. Meine Vermutung ist, daß, wenn alles, um das es ginge, die Frage der Verlustverteilung und der privaten Wahl beim Kauf von Versicherung wäre, in der heutigen Gesellschaft (jedoch nicht notwendigerweise zu Holmes' Zeiten) sich genügend Leute wünschen würden, sich selbst zu zwingen, von der Versicherung erfaßt zu sein, so daß eine Sozialversicherung gegen die böse Gottheit die Regel wäre und die Hinterbliebenen automatisch eine Kompensation erhielten.[26] Dies träfe ungeachtet irgendwelcher anderer Gründe (eingeschlossen paternalistischer Gründe sowie Gründen der Verteilungsgerechtigkeit) zu, die einige dazu bewegen würden, diese Versicherung vorzuziehen.

Leider ist dies nicht alles, was es dazu zu bemerken gilt. Das Problem besteht darin, daß die Sozialversicherung, die aus allgemeinen Steuern aufgebracht wird, von geringem oder keinem Nutzen ist, wenn es darum geht, einzelne Entscheidungen zu veranlassen, die zu einer Beschränkung der Wohltat führen würden. Eines der Dinge, die das Deliktsrecht erreicht, ist, daß es Druck auf die Leute ausübt, darüber zu entscheiden, wieviel sie fahren, welche Autos sie fahren, und zu einem gewissen Grade vielleicht sogar, wie vorsichtig sie fahren. D.h., es formt den Preis, den die böse Gottheit für das Geschenk fordert, in finanzielle Anreize um und hilft damit den Leuten, etwas weiser darüber zu entscheiden, ob die Annahme einer bestimmten offerierten Wohltat ihren Preis wert ist.[27] Weiter oben habe ich mich über

---

[25] Im großen und ganzen kommt ein durchsetzbarer Vertrag nicht zustande, wenn eine Partei weiß oder Grund für die Annahme hat, daß die andere Vertragspartei betrunken ist. Siehe Restatement (Second) of Contracts, 1981, § 16.

[26] Ich werde von der Tatsache, daß die meisten Staaten eine Haftpflichtversicherung für Kraftfahrzeuge gegenüber Dritten zwingend vorschreiben, zu dieser Schlußfolgerung geführt. Siehe unten Kap. 2 Fn. 56.

[27] Calabresi, G.: The Costs of Accidents, 1970, S. 39 - 67 [zit.: Calabresi: Costs].

den Beschluß der englischen Regierung lustig gemacht, kindersichere Medizinfläschchen vorzuschreiben, weil es den staatlichen Gesundheitsdienst zu viel kosten würde, sie nicht zu verlangen.[28] Während dies auch hier immer noch ein wenig wie ein Scherz klingt, ist es jedoch ernst gemeint zu sagen, daß der Hersteller des Roulette-Rads der bösen Gottheit, wenn er für die Leben der im Falle der Herstellung „billiger" Roulette-Räder anfallenden zusätzlichen Opfer schadensersatzpflichtig wäre, sehr darüber besorgt wäre, welche Art von Roulette-Rädern auf den Markt geworfen würden. Zumindest würde er die „billigen" Räder verteuern, um die zusätzlichen Schadensersatzkosten abzudecken, die diese Räder mit sich brächten.[29]

Ganz ähnlich wird oft gesagt, daß die Heranziehung des Schädigers oder des Opfers für die Kosten des Unfalls (statt die Kosten aus allgemeinen Steuern durch einen Sozialversicherungsfond zahlen zu lassen) alle Arten von Entscheidungen, die von dieser Person getroffen werden, in Richtung auf vermehrte Sicherheit hin beeinflussen wird.[30] Die Unfallkosten bzw. die mit der Auswahl zum Opfer der bösen Gottheit verbundenen Kosten einem oder mehreren der Beteiligten aufzubürden, führt diese Personen zwar nicht notwendig dazu, das Geschenk insgesamt abzulehnen, jedoch werden sie zumindest erwägen, welche der offerierten Geschenke es wert sind, angenommen zu werden und welche nicht. Es führt sie dazu, intelligenter – d.h. basierend auf klareren Informationen – zu wählen, ob sie „billige" oder teurere Roulette-Räder verwenden, ob sie mit 16 oder 80 so oft spielen wie mit 45 und vielleicht ob sie „vernünftig" (wieder dieses Wort) spielen oder es „d'rauf ankommen lassen."[31] Es mag sogar (um zu Unfällen zurückzukehren) den potentiellen Schädiger dazu anreizen, sich wie ein großer englischer Lord Chancellor, Lord Westbury, zu verhalten, der sich, als seine Pferde durchgingen, aus der Kutsche lehnte und seinen Reitknecht anwies, „etwas billiges anzufahren".[32]

Wenn wir dagegen eine Sozialversicherung akzeptieren, werden Entscheidungen des einzelnen darüber, ob und wieviele von den Geschenken der bösen Gottheit anzunehmen sind, viel an Bedeutung verlieren. Dann fällt die Entscheidung, welche Geschenke anzunehmen sind, sogleich in die Hände der Verwaltung zurück, d.h. wir befänden uns wieder bei der ersten

---

[28] Siehe oben Fn. 11.

[29] Vgl. Calabresi: Product Liability: Curse or Bulwark of Free Enterprise?, 27 Cleve. State L. Rev. 313 (1978).

[30] Posner (Fn. 24), S. 119 - 123.

[31] Siehe Calabresi: Costs (Fn. 27), Kapitel 5; Calabresi: First Party, Third Party, and Product Liability Systems: Can Economic Analysis of Law Tell Us Anything About Them?, 69 Iowa L. Rev. 833 (1984) [zit.: Calabresi: First Party].

[32] Lord Westbury war ein prominentes Mitglied der englischen Rechtsanwaltskammer, ein liberaler Parlamentsabgeordneter und von 1861 bis 1865 Lord Chancellor von England. Für Einzelheiten seiner Karriere siehe Nash, T.A.: The Life of Richard Lord Westbury, 1888, Band 1 u. 2.

hypothetischen Situation, in der die böse Gottheit dem Präsidenten oder den Gesetzgebern erscheint und sie bittet, das Geschenk anzunehmen oder abzulehnen – auf Kosten von eintausend Menschenleben. Wenn wir keine weit gestreuten, individuellen Methoden zur Entscheidung dafür, wann und in welchem Umfang Sicherheit ihre Kosten wert ist – Methoden wie die, die uns das Deliktsrecht gibt – mehr haben, dann muß diese selbe Entscheidung vom Staat getroffen werden. Der Staat wird entscheiden, welche Sicherheitsstandards es „lohnt" zu haben und welche nicht. Doch die letztere Entscheidung würde unvermeidbar eine klare Wahlentscheidung des gesamten Staatswesens darüber, daß einige Menschenleben nicht der Rettung wert sind, darstellen, d.h., es wäre genau die Art von Entscheidung, die meine Studenten ablehnten, als die Situation zuerst vorgestellt wurde.

Natürlich ist der Staat, wie ich später argumentierte, immer in der Lage, selbst wenn er nur eine marktwirtschaftliche Wirtschaftsordnung – oder, wenn Sie wollen, das Deliktsrecht – zuläßt, das Sicherheitsniveau, das sich letztlich durchsetzt, zu beeinflussen. Der Staat könnte immer ein „Mehr" an Sicherheit verlangen. Und doch stellt sich das Versäumnis des Staates, mehr an Sicherheit vorzuschreiben, mehr Leben zu retten, als es vom Markt informierte Individuen tun würden, nicht so eklatant als eine Entscheidung des Staates gegen das Leben dar, wie es eine völlige Annahme des Angebots der bösen Gottheit wäre. (Meine Studenten argumentierten, daß Autos sich dadurch von dem Geschenk der bösen Gottheit zu unterscheiden schienen, daß die Wahl des Staates, individuelle Entscheidungen über Autos zu erlauben, sich nicht so eklatant als eine Entscheidung gegen das Leben darstellte.) Beim Umgang mit der bösen Gottheit, beim Annehmen ihrer Angebote, ist die Klarstellung der Situation äußerst gefährlich.

Eines meiner Lieblingsbeispiele für diese Erkenntnis ereignete sich, als der Fall der Pentagon Papers vor dem Supreme Court verhandelt wurde.[33] Mein verstorbener Kollege Alexander Bickel vertrat den Fall auf seiten der Befürworter einer Veröffentlichung der Papers. Justice Potter Stewart fragte Bickel, ob er auch dann noch gegen eine vorherige Unterlassungsanordnung, die die Publikation verhinderte, streiten würde, wenn der Fall so läge, daß bei der Publikation der Papers einhundert junge Männer und Frauen mit Sicherheit sterben würden. Justice Stewart deutete an, daß das Gestatten der Publikation durch ein Gericht unter solchen Umständen einem gerichtlichen Todesurteil für diese jungen Männer und Frauen gleich-

[33] Der die Pentagon Papers betreffende Fall betraf die von der New York Times und anderen Zeitungen vorgenommene Veröffentlichung von Auszügen einer geheimen Regierungsstudie über die Anfänge und die Führung des Vietnamkrieges bis zum Jahre 1968. Die Nixon-Administration versuchte, diese Veröffentlichung zu unterbinden. Die Frage, ob die Regierung eine Veröffentlichung untersagen konnte, gelangte in der Entscheidung New York Times Co. v. United States, 403 U.S. 713 (1971) vor den Supreme Court.

käme. Alex begann auszuführen, daß er in einem solchen Fall nicht für eine Publikation eintreten würde – doch er machte einen Rückzieher. Er erinnerte sich, daß er hier in seiner Eigenschaft als Rechtsanwalt, nicht als Professor, auftrat, und sagte in der Tat: „Das ist nicht unser Fall, Mr. Justice. Also sorgen Sie sich nicht jetzt darum."[34] Justice Stewart nahm diesen Rat an und schrieb ein Urteil, das die Publikation erlaubte, ohne sich über solche möglichen „tragischen" Entscheidungen zu sorgen, die zu dieser Zeit nicht entscheidungsrelevant waren.[35]

Justice Hugo Black, für den ich als Clerk arbeitete, würde etwas ganz anderes gesagt haben. Tatsächlich wurde mir erzählt, daß er es privat, jedoch nicht in dem von ihm verfaßten eleganten, kurzen Urteil sagte, das sich als sein letztes erweisen sollte.[36] Seine Position war die, daß das Problem gerade in dem „gerichtlichen Todesurteil" bestand, nicht in den hundert verlorenen Menschenleben. In unserer Gesellschaft werden hundert Menschenleben ständig für Werte aufgegeben, die – seiner Meinung nach – wesentlich weniger wertvoll sind als die Pressefreiheit. Wäre Justice Stewarts hypothetischer Fall tatsächlich vorgekommen, so wäre er schon allein deshalb nur zugunsten der Nichtveröffentlichung und damit der Menschenleben beantwortbar gewesen, weil wir selten tolerieren können, daß der Staat in der Lage ist, klar, kalt und unzweideutig zu entscheiden, daß hundert Leben keinen „zu hohen Preis darstellen" und „geopfert werden können".

Justice Black zog eine recht schreckliche Schlußfolgerung. Er glaubte, daß es eine absolute Regel geben sollte, die jede und alle vorherigen Beschränkungen für Publikationen verböte, und daß solch eine Regel in einem Fall, bei dem keine Leben auf dem Spiel stünden, verkündet werden sollte. Wenn dies getan worden wäre und irgendwann einmal eine Situation aufträte, bei der es um Menschenleben ginge, so wären die Menschenleben verloren, bevor der Fall an ein Gericht gelangte. Das Gericht käme niemals in die Lage, entweder offen oder kalt zu beschließen, daß hundert Leute sterben müssen oder das, was Black für den größeren Wert hielt – die Pressefreiheit –, zu beschränken. Wenn man einmal Geiselnahmen erlaubt, ist man dazu verurteilt, schlechte Ergebnisse zu erzielen. Es ist dann besser, daß die potentiellen Geiseln getötet werden, bevor eine Lösegeldforderung gestellt werden kann!

Ich beabsichtige nicht anzudeuten, daß ich notwendigerweise Justice Blacks Position akzeptiere. Ich wünsche nur – vielleicht ein wenig drama-

[34] Transcript of Oral Argument in Time and Post Cases before the Supreme Court, N.Y. Times, 27. Juni 1971, S. 25, Spalten 4 u. 5.

[35] New York Times Co. v. United States, 403 U.S. 713, 730 (1971) (Stewart, J., concurring).

[36] Ebd., S. 714 (Black, J., concurring).

tisch – zu betonen, daß, wenn die Wahlentscheidung der bösen Gottheit klar auf den Staat übertragen wird, sich nicht nur die Frage stellt, ob die Wohltat die Menschenleben wert ist, sondern auch, wie es den Staat und uns alle – für den Rest unserer Existenz – verändert, wenn wir so kalt, offen und kollektiv Menschenleben opfern.

All dies soll nicht besagen, daß die staatliche Regulierung von Sicherheit – das staatliche Verbot einiger der Geschenke der bösen Gottheit – unbedeutend wäre. Tatsächlich treffen alle Gesellschaften viele dieser Entscheidungen auf einer kollektiven Ebene, d.h. meist auf Regierungsebene.[37] Wir erlauben Zweijährigen nicht das Autofahren, selbst wenn ihre Eltern es der Mühe wert finden und bereit sind, die immensen Versicherungsprämien zu bezahlen, die zur Deckung der möglichen Unfälle der Kinder erforderlich sind. Auf der anderen Seite erlauben wir in der Tat Sechzehnjährigen das Fahren; doch die Entscheidung wird durch die Tatsache getrübt bzw. abgemildert, daß das Deliktsrecht und die Versicherungsprämien die Häufigkeit ihres Fahrens und die Art von Autos, die sie fahren, beeinflussen und begrenzen. Die Entscheidung, sie fahren zu lassen, kann nicht einfach als eine Stellungnahme des Staates gesehen werden, daß man, wenn man sechzehn ist, das Recht hat, eine bestimmte Zahl von Opfern zu beanspruchen. Umgekehrt kann die Entscheidung, das Fahren der Unter-Sechzehnjährigen zu untersagen (selbst wenn das illusorisch ist), als das Verlangen des Staates nach mehr Sicherheit gesehen werden, wobei der Staat mehr für das Leben eintritt, als der einzelne Bürger es von sich aus täte.

Als Ergebnis kehren wir zu der Tatsache zurück, daß die Antwort, die der Common Law-Richter bzw. der Gesetzgeber den Hinterbliebenen gibt, nicht nur den Wunsch zu beachten hat, den Hinterbliebenen ihren Verlust erträglicher zu machen und alle Gewinner auf gleiche Weise zu belasten, sondern auch den Wunsch, mögliche Empfänger der Gabe der bösen Gottheit zum achtsamen Handeln zu veranlassen, wenn sie die Wahl treffen, ob und wieviel sie von dem Geschenk annehmen. Wenn dieser Anreiz allen potentiellen Empfängern gegeben wird, wird die Wahlentscheidung – der gesamten Gesellschaft – darüber, wieviel von dem Geschenk der bösen Gottheit angenommen wird, automatisch und unter Einfluß des Anreizes erfolgen. (Leider läuft dieser Wunsch, die Entscheidungen auf intelligente Weise zu beeinflussen, natürlich unserem anderen Wunsch entgegen, die Lasten auf die zu verteilen, die vom Standpunkt der Wohlstandsverteilung bzw. vom Gesichtspunkt anderer Werte unserer Gesellschaft aus gesehen am besten geeignet sind, die Lasten zu tragen. Es behindert uns in unserem Bestreben, die Notlage der Hinterbliebenen erträglicher zu gestalten.)[38]

---

[37] Mit „alle Gesellschaften" meine ich hier nur Gesellschaften auf Staatenebene. Gesellschaften, die nicht über die Institution des Staates verfügen, können diese Entscheidungen nicht auf Regierungsebene treffen, da sie über keine Regierung verfügen.

[38] Vgl. aber Calabresi: First Party (Fn. 31).

Es gibt gegenwärtig zwei Wege, solche Anreize zur weisen Entscheidung an einzelne und Gruppen zu geben, ohne gegen die Verteilungsgerechtigkeit zu verstoßen, nämlich die verschuldensunabhängige Haftung und die Verschuldenshaftung. Bei der verschuldensunabhängigen Haftung werden die Kosten der Kompensation des Opfers auf etwas verlagert, das man grob als eine an dem Verlust beteiligte Versicherungskategorie bezeichnen kann, die ungeachtet der Vernünftigkeit des Verhaltens der betroffenen Parteien zum Ansatz kommt. Unter diese Kategorie mag ein Hersteller von Roulette-Rädern der bösen Gottheit fallen, es mag die Kategorie sein, zu der die Opfer gehören, oder die Kategorie, unter die wir diejenigen fassen, die wir im Zusammenhang mit Unfällen als Schädiger definieren.[39] Unter einem solchen System der verschuldensunabhängigen Haftung verteilen wir die Kosten der Opferkompensation auf diese Weise, weil wir wollen, daß die, die wir bereit sind zu belasten – diejenigen, die zu der belasteten Kategorie gehören – entscheiden, ob die Mehrausgabe für sicherere Rouletteräder die dadurch geretteten Menschenleben wert ist, ob das Roulettespielen in einem bestimmten Lebensalter die Freude, die es gibt, angesichts der Kosten von Menschenleben wert ist etc. Wir fragen nicht, ob sich jemand schlecht verhalten hat, unvernünftig war oder schuldhaft handelte. Wir sagen einfach: „Du bist am besten in der Lage, die Wahl zwischen Menschenleben und Bequemlichkeit zu treffen. Indem wir Dich die Kosten tragen lassen, die von Deiner Entscheidung herrühren, geben wir Dir einen Anreiz, nach besten Kräften zu entscheiden. Wie Lord Westbury veranlassen wir Dich, Dich selbst und die, die unter Deiner Kontrolle stehen, dazu zu zwingen, ‚etwas billiges anzufahren'."

Bei der Verschuldenshaftung erlegen wir die Kosten des Schadens – die Last, das Opfer zu kompensieren bzw. unkompensiert zu bleiben – einer der an dem Verlust beteiligten Parteien auf, weil wir glauben, daß diese Partei etwas „Unvernünftiges" getan hat. Diese Partei hat sich dafür entschieden,

---

[39] Mit verschuldensunabhängiger Haftung (strict liability) bezeichne ich sowohl Situationen, bei denen das Tragen des Schadens an Schädigerkategorien anknüpft, wie solche, bei denen es an Opferkategorien anknüpft. Demgegenüber wird „strict liability" oft nur zur Bezeichnung solcher Gebiete der verschuldensunabhängigen Haftung benutzt, bei denen die Schadenszuweisung nur aufgrund von Schädigerkategorien erfolgt. Siehe z.B. Posner: Strict Liability: A Comment, 2 J. Leg. Stud. 205, n. 2 (1973). Das Problem mit diesem restriktiveren Gebrauch der Terminologie besteht darin, daß man für die auf Opferkategorien aufbauenden Schadenszuweisungen dann einen anderen Ausdruck finden muß (z.B. den Begriff „first party, no fault plan", wie er von Keeton, R. / O'Connell, J.: Basic Protection for the Traffic Victim [1965] auf Versicherungssysteme angewendet wird, bei denen sich die Fahrzeugeigentümer selbst gegen Schäden versichern). Ich habe mich daher dafür entschieden, den Begriff „strict liability" unabhängig davon, wo der Schaden liegt, für alle Bereiche des Deliktsrechts mit einer verschuldensunabhängigen Haftung zu benutzen. Siehe Calabresi / Hirschoff: Toward a Test for Strict Liability in Torts, 81 Yale L.J. 1055 (1972). Zur historischen Entwicklung der verschuldensunabhängigen Haftung siehe Rabin: The Historical Development of the Fault Principle: A Reinterpretation, 15 Georgia L. Rev. 925 (1981).

sich selbst oder andere unter Umständen, von denen wir glauben, ein solches Risiko hätte nicht eingegangen werden sollen, dem Risiko eines Schadens auszusetzen. Zu viel von der Wohltat der bösen Gottheit wurde angenommen, und wir – die Richter, Geschworenen oder Gesetzgeber – wollen unsere Mißbilligung dieser Entscheidung zum Ausdruck bringen und andere Leute, die Roulette spielen, bzw. andere Hersteller des Roulette-Rads der bösen Gottheit entmutigen, ähnliche Entscheidungen zu treffen.

Ich habe ausführlich darüber geschrieben, warum ich – in einer Vielzahl von Bereichen – die Verschuldenshaftung ablehne.[40] Ich meine, daß sie auf Entscheidungssituationen abstellt, die oft illusorisch sind, und zudem mit dem Sündenbockdenken arbeitet. Ich glaube, daß die Gesellschaft oft besser mit der bösen Gottheit umgeht, wenn sie sich verschuldensunabhängiger Systeme bedient, um zu entscheiden, wieviel von welchen der angebotenen Geschenke angenommen werden. Und doch hängt auch heute noch vieles im Deliktsrecht von der Schuld und der Vernünftigkeit des Verhaltens ab.[41] Was noch wichtiger ist, viele der Fälle, die am besten dazu dienen, die Bedeutung von Überzeugungen, Idealen und Einstellungen aufzuzeigen, haben ihren Ursprung in einem Verschuldenskontext. Und so werde ich mich – für die Zwecke dieses Buches – so verhalten, als ob die Frage, wer die Last der Geschenke der bösen Gottheit zu tragen hat, mit Begriffen zu lösen ist, die auf die „Schuld" und die „Vernünftigkeit" des Verhaltens der Parteien Bezug nehmen.

Tatsächlich werfen sowohl der verschuldensabhängige wie der verschuldensunabhängige Ansatz analoge Fragen in bezug auf die Bedeutung von Überzeugungen, Einstellungen und Idealen bei der Zuweisung der Lasten von Verletzungen auf. Verschuldensunabhängige Systeme werfen die Fragestellung der Überzeugung auf, weil, bevor wir entscheiden, daß jemand am besten in der Lage ist, zu wählen, ob er etwas tut, was zu Verletzungen bei anderen führen kann, eine der Fragen, die wir uns selbst zu stellen haben, darin besteht, welches Gewicht wir den Überzeugungen und Einstellungen dieser Person geben. Ist diese Person wirklich am besten geeignet, diese Entscheidung zu treffen, oder wird das Überzeugungssystem dieser Person sie daran hindern, sich richtig zu entscheiden? Und ist, wenn die Person aufgrund von Überzeugungen davon abgehalten wird, Entscheidungen für oder gegen die Sicherheit zu treffen, eine andere Partei verfügbar, die konfron-

[40] Vgl. z.B. Calabresi: Costs (Fn. 27).

[41] Symptomatisch ist, daß sich Prosser in seinem einflußreichen Lehrbuch zum Deliktsrecht (Prosser, W.: Handbook of the Law of Torts, 1971) nur in einem von zwölf der deliktsrechtlichen Haftung gewidmeten Kapiteln mit der verschuldensunabhängigen Haftung befaßt. Es wird heute allgemein anerkannt, daß das Verschuldensprinzip erst im 19. Jahrhundert zu einem das Deliktsrecht beherrschenden Prinzip wurde und im 20. Jahrhundert wieder an Bedeutung verlor. Gregory: Trespass to Negligence to Absolute Liability, 37 Va. L. Rev. 359 (1951).

tiert mit den Anreizen eine – wenig oder gar nicht auf Kosten von Überzeugungen gehende – angemessene Entscheidung treffen kann? Macht die Existenz von Überzeugungen aus jemand anderem als dem Überzeugten einen besseren Entscheidungsträger, einen besseren Anwalt der Gesellschaft, wenn es um das Optieren für oder gegen die Annahme des Geschenks der bösen Gottheit geht? Oder stellt die Modifikation von Überzeugungen einen relativ einfachen und billigen Weg dar, den Schaden zu vermeiden, und sollten wir dann nicht die Last gerade deshalb dem Überzeugten aufbürden, weil darin die Möglichkeit der billigsten Vermeidung von Unfallkosten liegt?

Die Art und Weise, wie die Fragestellung von Überzeugungen und Einstellungen in den „Verschuldens"-Ansatz einfließt, unterscheidet sich nicht sehr von dem zur verschuldensunabhängigen Haftung Ausgeführten. Berücksichtigen wir bei der Entscheidung darüber, ob sich jemand vernünftig entscheidet, daß die Person von Überzeugungen bzw. Einstellungen, die aus kulturellen Unterschieden oder aus ökonomischen oder sonstigen Benachteiligungen erwachsen, motiviert war? Sollen wir sagen, daß das, was „vernünftiges" Verhalten darstellt, von dem System unserer Überzeugungen unabhängig ist, oder wird vielmehr die „Vernünftigkeit" selbst von den Überzeugungen und Idealen der Personen beeinflußt? Sollen wir bei der Entscheidung, wieviel wir von dem Geschenk der bösen Gottheit annehmen, den Schaden für Überzeugungen, den die Annahme oder die Zurückweisung mit sich bringen mag, ignorieren oder wollen wir, daß diese Überzeugungen zu einem Teil des Kalküls, zu einem Teil unserer Definition einer „vernünftigen" Entscheidung in bezug auf das Angebot der bösen Gottheit gemacht werden? Wenn wir sie nicht in das Kalkül miteinbeziehen – wenn wir „Vernünftigkeit" als etwas von Überzeugungen Getrenntes ansehen – sagen wir in der Tat, daß wir derartige Überzeugungen, wann immer sie das Risiko eines Schadens mit sich bringen, mit einer Last versehen und damit von ihnen abschrecken wollen. Wir verkünden, daß diejenigen, die bestimmten Überzeugungen anhängen, sie entweder aufgeben oder dafür zahlen sollten, selbst wenn jemand, der keiner Überzeugung anhängt, den Schaden ebenfalls zu relativ niedrigen Kosten hätte vermeiden können.

In den nächsten Kapiteln werde ich die Fragen, die Überzeugungen, Einstellungen und Ideale aufwerfen, so behandeln, als ob die entscheidende Frage mehr eine Frage der Vernünftigkeit darstellt als eine Frage danach, wer die Last einer verschuldensabhängigen oder verschuldensunabhängigen Haftung zu tragen hat. Wie ich bereits sagte, tue ich dies, weil dies das ist, worauf sich die Fälle, die ich diskutieren werde, konzentrieren, und nicht, weil die Frage auf verschuldensabhängige Systeme beschränkt ist. Ich werde Situationen betrachten, in denen Überzeugungen und Einstellungen etwas zu beeinflussen scheinen, was als vernünftig angesehen wird, sowie Situationen, in denen sie dies nicht tun. Ich werde diese Frage nicht allein in bezug auf religiöse Ideale, Überzeugungen und Glauben ansprechen, sondern auch in bezug auf Einstellungen, die von Behinderungen oder Benachteiligungen herrühren, und mit Bezug auf nicht-religiöse Moralsysteme und Gefühle (eingeschlossen den besonderen Wert, den viele von uns einigen Objekten wegen ihrer besonderen sentimentalen Bindung zu ihnen beimessen). Ich werde dies in dem engen Kontext des Deliktsrechts tun, d.h. die Frage aufwerfen, wie Überzeugungen darauf Einfluß nehmen, wieviel wir von dem Geschenk der bösen Gottheit in bezug auf Unfälle akzeptieren. Nichtsdestoweniger hoffe ich, daraus auch einige Ideen über die Rolle abzuleiten, die Überzeugungen in dem weiteren rechtlichen Kontext spielen.

II. Angemessene Umsicht und die Benachteiligten

Ich möchte die Diskussion von Überzeugungen und Einstellungen mit einer Betrachtung solcher Wesenseigenheiten beginnen, die nicht auf religiöse Überzeugungen gestützt sind und denen unsere Gesellschaft bei der Bestimmung dessen, was sie für unvernünftig hält bzw. als ein nicht lohnendes Verhalten ansieht, Gewicht beimißt. Ich werde zunächst physische Behinderungen betrachten, die uns den Weg zu dem Hauptthema dieses Kapitels weisen werden: dem Gewicht, das Einstellungen beigemessen wird, die von sozialen Benachteiligungen herrühren. Diese zuletzt genannten Phänomene sollten als solche von Interesse sein und werden sich auch als ein nützlicher Weg erweisen, sich der Beschreibung der Rolle anzunähern, die von anderen Eigenschaften und Einstellungen gespielt wird – denjenigen, die wir Glauben oder Überzeugung nennen. Diese wiederum werden zu einer Diskussion der Konflikte zwischen Überzeugungen und Idealen führen, insbesondere wenn Vorstellungen über das Leben und den Glauben betroffen sind.

Um die Fälle, die ich diskutieren werde, zu verstehen, wird ein klein wenig an Hintergrundwissen im Deliktsrecht benötigt. Glücklicherweise ist das amerikanische Deliktsrecht jedoch eine einfache Materie. Soweit es um die Doktrin geht, könnte man das meiste des Stoffes an zwei Tagen vermitteln. Deshalb werde ich die Hauptpunkte auf nur einigen wenigen Seiten kurz ansprechen. In dem Umfang, in dem Verluste auf der Basis von Schuld zugewiesen werden (und für die Zwecke dieses Buches bleibe ich bei dieser vorausgesetzten Bedingung), wird von einer Person verlangt, daß sie „vernünftig" handelt, um Verletzungen bei sich selbst und bei anderen zu vermeiden.[1] Wenn sie nicht vernünftig handelt, trifft allein sie der Schaden. Und dies gilt selbst dann, wenn sie von jemandem verletzt wurde, der auch unvernünftig handelte.[2] Das bedeutet, daß, wenn ich ein Unfallopfer wäre

[1] Ein Hauptteil deliktischen Verhaltens wird unter einem am Verschulden orientierten Haftungssystem von fahrlässigem Verhalten gebildet. Fahrlässigkeit wird typischerweise als das Versagen definiert, einen „Standard der angemessenen Umsicht und Vorhersicht" zu beachten, Jarosh v. Van Meter, 105 N.W.2d 531 (1960); Rea v. Simowitz, 35 s.E. 2d 871 (1945). Neben dem weniger häufig auftretenden vorsätzlichen Handeln bildet der Vernünftigkeitsstandard der Fahrlässigkeit den Minimalstandard deliktischer Haftung, so daß das Deliktsrecht – sofern es auf Verschulden ankommt – im wesentlichen mit Fahrlässigkeit befaßt ist. Harper, F. / James, F.: The Law of Torts, Band 2, 1956, § 12.1, S. 744.

[2] Es handelt sich hierbei um die Doktrin des Mitverschuldens (contributory negligence), nach der für den Fall, daß das Verhalten des Opfers nicht dem Standard der Vernünftigkeit entsprach, an dem Fahrlässigkeit gemessen wird, ein Schadensersatz-

und mich unvernünftig verhielte, der ganze Schaden auf mir liegen bliebe, obwohl ich von jemandem verletzt wurde, dessen Verhalten bei meiner Verletzung auch unvernünftig war. Dies war als die Regel vom haftungsausschließenden Mitverschulden (contributory negligence rule) bekannt. Es handelte sich um eine zutiefst törichte Regel, die inzwischen in vielen Einzelstaaten aufgegeben wurde.[3] Sie war jedoch zu der Zeit, aus der unsere Fälle stammen, in Kraft, und wir müssen sie daher, töricht oder nicht, als gegeben für unsere Diskussion voraussetzen.

Darüber hinaus war man nicht nur verpflichtet, vernünftig zu handeln, um das Entstehen von Unfällen zu verhindern, sondern es wurde auch von einem verlangt, sich, nachdem man bereits geschädigt war, vernünftig zu verhalten, um den Schaden klein zu halten, ihn zu mindern. Wenn mein Auto infolge der Sorglosigkeit eines anderen beschädigt wurde, war ich also dafür verantwortlich, mich vernünftig zu verhalten und einen Wagen zu mieten, anstatt ständig Taxis zu benutzen und größere Kosten anfallen zu lassen. Ich konnte natürlich Taxis benutzen, wenn ich es wollte, doch konnte ich den anderen nur für die „vernünftigen" Kosten meines Schadens in Anspruch nehmen, so daß, wenn es für mich vernünftig erschien, ein Auto zu mieten anstatt Taxi zu fahren, die Mietgebühr die Grenze des Schadensersatzes darstellte, den ich von dem anderen beanspruchen konnte.[4]

Vernünftigkeit war somit der Schlüsselbegriff auf ganz verschiedenen Ebenen. Der Vernünftigkeitstest wurde nicht notwendigerweise dann bestanden, wenn man sein Bestes gab bzw. in „gutem Glauben" handelte. Man konnte gutgläubig sein, aber doch unvernünftig, d.h. schuldhaft, handeln.[5] Um vernünftig zu handeln, hatte man mehr zu tun, als sein Bestes zu geben. Man hatte sich zumindest auch so zu verhalten, wie sich ein angemessen umsichtiger Mann (reasonably prudent man) unter den betreffenden Umständen verhalten haben würde.[6] Ich weiß, daß diese Anforderung sexi-

---

anspruch gegen den Schädiger ausgeschlossen ist. Siehe Martin v. George Hyman Const. Co., 395 A.2d 63 (1978); Brownsville & Matamoros Bridge Co. v. Null, 578 S.W.2d 774 (1978); Keller v. Frank Kull, Inc., 398 A.2d 106 (1978). Siehe allgemein Harper / James (Fn. 1), § 22.1, S. 1193 - 1199.

[3] Die klassische Kritik an dieser Mitverschuldensregelung besteht darin, daß „sie die ganze Last des Schadens auf eine Partei lädt, während eigentlich zwei Parteien dafür verantwortlich sind". Prosser: The Law of Torts, 4. Aufl. 1971, S. 433. Siehe auch Schwartz: Contributory and Comparative Negligence: A Reappraisal, 87 Yale L.J. 697 (1978). Im Jahre 1980 folgten 35 amerikanische Einzelstaaten nicht mehr dieser Regel, sondern der sog. comparative negligence rule, nach der die Haftung entsprechend dem Mitverschulden auf das Opfer und den Schädiger verteilt wird. Wade: Comparative Negligence – Its Development in the United States and its Present Status in Louisiana, 40 La. L.Rev. 299, 304 - 305 (1980).

[4] Lange v. Hoyt, 159 A. 575 (1932); Jancuna v. Szwed, 407 A.2d 961 (1978). Siehe allgemein Restatement (Second) of Torts, 1979, § 918.

[5] Vaughan v. Menlove, 132 Eng. Rep. 490 (1837); Hover v. Barkhoof, 44 N.Y. 113 (1870). Siehe allgemein Dooley, J.A.: Modern Tort Law, Liability and Litigation, 1982, § 3.04.

[6] Siehe allgemein Harper / James (Fn. 1), § 16.6.

stisch klingt – und dies, weil sie es wahrscheinlich war. Von dieser Betrachtungsweise aus möchte ich Ihnen mit Nachdruck die Lektüre des in seiner Wirkung „verheerenden“ kleinen Essays von A. P. Herbert (der so wundervolle andere Dinge wie Holy Deadlock[7] über das Recht schrieb, worin er eine Reform des englischen Scheidungsrechts forderte und kein bißchen sexistisch war) nahelegen, in dem die Frage erörtert wird, warum man nicht glaubte, daß es im Recht so etwas wie eine angemessen umsichtige Frau gäbe.[8] Auf jeden Fall benutze ich den Begriff auf seine traditionelle Art als „angemessen umsichtiger Mann“, anstatt – wie es viele heute tun – von einer angemessen umsichtigen Person zu sprechen.[9] Ich tue dies gerade deshalb, weil dies einen Teil der Geschichte darstellt, die ich erzählen möchte. D.h. ich werde später in diesem Kapitel mehr darüber zu sagen haben, ob das Recht mit dem in der englischen Sprache zweideutigen Gebrauch des Wortes „man“ (Mann, Mensch) tatsächlich über die Gattung „Mensch“ sprach, wenn es „man“ sagte, und dann unter dieser sexistischen Sprache unsexistische Verhaltensstandards anwendete oder ob das Recht keinen Gattungsnamen benutzte, sondern in der Tat einen männlichen Standard dessen, was vernünftig war, Männern wie Frauen gleichermaßen auferlegte.

Wir sprechen schließlich in diesem Buch über Einstellungen, über Methoden zu erkennen, was vernünftig ist und was nicht. Diese leiten sich unvermeidbar von der Sichtweise derjenigen ab, die die Rechtsetzung in der betreffenden Gesellschaft bestimmen. Dies vorausgesetzt, wäre es töricht, einfach anzunehmen, daß wenn das Recht von jemand „angemessen Umsichtigen“ sprach, es eine „angemessen umsichtige Person“ meinte. Man sollte zumindest die Frage untersuchen, ob Vernünftigkeit – wie die gewählten Worte es nahelegen – in bezug auf rein männliche Standards des angemessenen Verhaltens definiert wurde.

Der angemessen umsichtige Mann wurde unvermeidbar relativ vage beschrieben, jedoch immer in männlichen Begriffen. In England wurde er als der Mann im Clapham Omnibus definiert[10]. Diese Definition hat mich immer völlig kalt gelassen, da ich niemals den Clapham Omnibus oder irgendeinen Mann in ihm getroffen habe und mir nicht vorstellen kann, warum Vernünftigkeit insbesondere jenen männlichen Geschöpfen anhaften soll, die mit dieser Linie fahren. Im römischen Recht (und durch Rezeption in den meisten Ländern der kontinentaleuropäischen Rechtsfamilie) bestand die entsprechende Figur im „guten Vater der Familie“.[11] Ich habe

---

[7] Herbert, A. P.: Holy Deadlock, 1934.

[8] Herbert, A. P.: Fardell v. Potts, The Reasonable Man, in: Misleading Cases in the Uncommon Law, 2. Aufl. 1927, S. 1.

[9] Z.B. Casey by Casey v. Russell, 188 Cal. Rptr. 18, 20 (1982); Di Cosola v. Kay, 450 A.2d 508 (1982).

[10] Hall v. Brooklands Auto Racing Club, [1933] 1 K.B. 205, 224.

[11] Siehe Lawson, F. H.: Negligence in the Civil Law, 1950, S. 40, 77. Dieses Konzept des „bonus paterfamileas“ oder „diligens paterfamileas“ hat auch den von einem ver-

viele gute Familienväter während meines Lebens getroffen und nehme an, daß einige von ihnen sogar vernünftig waren. In Amerika wurde von Gerichten und Kommentatoren die vielleicht überraschendste Definition von allen gegeben: Der angemessen umsichtige Mann ist danach „der Mann, der zu Hause Zeitschriften liest und am Abend in einem kurzärmeligen Hemd den Rasenmäher schiebt".[12] Ich muß gestehen, ich habe niemals verstanden, was dies (ebenso wie das Fahren mit dem Clapham Omnibus) mit der Vernünftigkeit eines Verhaltens zu tun hat – stereotype Maskulinität vielleicht, aber Vernünftigkeit? Man muß sich über den Heiligenschein des Rechts wundern! Wie dem auch sei, alle diese Leute, deren Eigenschaften in Europa und Amerika Vernünftigkeit zu definieren scheinen, sind unverwechselbar männlich. Es wäre danach also nicht überraschend, wenn mit dem „reasonable man" im anglo-amerikanischen Recht der vernünftige Mann und nicht die vernünftige Person gemeint wäre.

Das Opfer hatte darüber hinaus mehr zu tun, als sich vernünftig zu verhalten. Es war auch verpflichtet, keine Schadensrisiken einzugehen, zu deren Eingehen es kein Recht hatte.[13] Ungeachtet der Frage, ob es vernünftig war, sich auf diese Weise zu verhalten, gab es Risiken, zu deren Eingehen man kein besonderes Recht besaß und die man deshalb nur auf eigene Gefahr einging. Natürlich war der Schlüssel zu alledem das Wort „Recht": Welche Risiken einzugehen, hatte man ein Recht, ohne dadurch das Risiko einer Verletzung zu „übernehmen", ohne auf sich selbst im Falle eines Schadenseintritts die Last zu laden? Es kam also gänzlich darauf an, wie die Rechte des einzelnen definiert wurden.[14] Wie mit so vielen Dingen im Recht erwies sich diese Definition und die ganze Übung als zirkulär – es ist, als ob jemand einen Hasen in einen Hut täte, ihn herauszöge und herumschwenkte und scheinbar überrascht sagte: „Schaut, hier ist ein Hase!"[15]

---

nünftigen Mann geschuldeten Sorgfaltsstandard in Ländern der kontinentaleuropäischen Rechtsfamilie bestimmt. Lawson, F. H.: Tortious Liability for Unintentional Harm in the Common Law and the Civil Law, Band 1, 1982, S. 76.

[12] Hall v. Brooklands Auto Racing Club, [1933] 1 K.B. 205, 224 (Greer L.J. quoting unnamed „American author"). Siehe Harper / James (Fn. 1), S. 902.

[13] Diese Doktrin wird „assumption of risk" genannt. Man nimmt an, daß ein Opfer das Risiko einkalkuliert hat, wenn es sich der einer bestimmten Situation inhärenten Gefahr bewußt war oder hätte bewußt sein müssen und sich dennoch dafür entschied, sich der Situation zu stellen. Siehe Dooley (Fn. 5), §§ 6.05 - 6.07.

[14] Vgl. James: Assumption of Risk: Unhappy Reincarnation, 78 Yale L.J. 185 (1968). Der einzelne kann sich freiwillig bestimmten Risiken aussetzen und dennoch nicht von der Doktrin des „assumtion of risk" erfaßt werden, wenn er ein „Recht" hat, sich diesen Risiken auszusetzen. Siehe dazu allgemein Harper / James (Fn. 1), § 21.1, sowie den Fall Eckert v. Long Island Railroad Co., 43 N.Y. 502, 506 (1871).

[15] Die Doktrin des „assumption of risk" schließt jeglichen Regreßanspruch gegen einen fahrlässigen Schädiger aus. Aus diesem Grund habe ich diese Doktrin als einen Test der verschuldensunabhängigen Haftung (strict liability) bezeichnet, bei dem der Schaden dem Opfer zugewiesen wird. Calabresi / Hirschoff: Toward A Test for Strict Liability in Torts, 81 Yale L.J. 1055, 1065 - 1066 (1972). Die Doktrin wurde scharf kritisiert – siehe z.B. James (Fn. 14) – und in einigen Jurisdiktionen aufgegeben, z.B. in New Jersey.

Dies führt uns zur Hauptfrage dieses Kapitels zurück. Was gilt nach diesen Regelungen für Personen, die nicht „gewöhnliche vernünftige Männer" sind? Was passiert mit jemandem, der sich, weil er oder sie kein normaler vernünftiger Mann ist, auf eine Weise verhält, die sich von der unterscheidet, die man von einem gewöhnlichen vernünftigen Mann erwarten kann? Was gilt für eine Person, die wegen einer physischen oder geistigen Behinderung oder wegen ihres Alters, Geschlechts, sozialen Status oder sonstiger Benachteiligung nicht zu tun vermag, was der Mann im Clapham Omnibus unter den gleichen Umständen getan hätte?

Es ist wichtig, eine derartige Person als Opfer von einer entsprechenden Person als Schädiger zu unterscheiden. Die Prämisse ist, daß unvernünftiges Verhalten ein Opfer von jeder Schadensersatzleistung ausschließt und zugleich die Grundlage der Haftung der Schädiger gegenüber unschuldigen Opfern darstellt. Daraus folgt jedoch nicht, daß das, was vernünftig oder unvernünftig ist, für Schädiger wie Opfer das gleiche sein wird. In der Tat haben einige (aber nicht alle) der Abweichungen vom Standard des vernünftigen Mannes unterschiedliche Wirkungen, die davon abhängen, ob die Person von dem Standard derart abweicht, daß sie andere verletzt oder nur so, daß sie sich selbst verletzt. Einige Wesenseigenheiten, die bei einem Schädiger als unvernünftig gelten, werden bei einem Opfer nicht so behandelt.

Im Recht wird dieses Konzept durch die Formulierung ausgedrückt, daß „man sein Opfer nimmt, wie es kommt". Daher trifft es nicht nur mich körperlich schwer, wenn ich dadurch, daß mir jemand aggressiv auf die Schulter klopft oder mich fahrlässig anfährt, deshalb schlimm verletzt werde, weil ich eine dünne Schädeldecke, eine schwache Schulter oder ein schwaches Bein habe, sondern es trifft auch den Schädiger finanziell entsprechend hart. Der Schädiger muß für meinen Schaden aufkommen.[16] Er oder sie muß mich so nehmen, wie ich bin. Dabei ist es nicht möglich zu sagen, daß, wenn der Schädiger jemand anderen (der über eine normal dicke oder starke Schädeldecke, Schulter etc. verfügte) auf dieselbe Weise getroffen hätte, viel weniger Schaden entstanden wäre. Ebensowenig stellt es rechtlich eine passende Antwort dar, daß ich hätte zu Hause bleiben oder eine stählerne Yarmulka oder gepanzerte Unterwäsche hätte tragen können, um zu vermeiden, daß ich ernster verletzt wurde als das durchschnittliche Opfer. Es wird nicht als vernünftig angesehen, von Opfern zu verlangen, daß sie sich selbst vor den Auswirkungen dieser besonderen Wesenseigenheit schützen. Und so ist der Schädiger darauf verwiesen, die Opfer so zu nehmen, wie er oder sie sie findet.

---

[16] Diese „Dünne-Schädel-Doktrin" („thin skull" doctrine) rührt angeblich von einem obiter dictum in der Entscheidung Dulieu v. White & Sons, [1901] 2 K.B 669, 679 her. Nachweise zu amerikanischen Fällen finden sich bei Dooley (Fn. 5), § 10.08, n. 1.

Diese Auffassung hat allerdings auch Grenzen. Nehmen Sie zum Beispiel an, daß ich ein großer Komponist von Violinkonzerten bin. Ich möchte die große proletarische Symphonie schreiben und gehe, um dies zu tun, in einem Stahlwerk zur Arbeit. Dies zu tun, ist für mich notwendig, damit ich selbst eins mit den Arbeitern sein kann und dadurch angemessen inspiriert werde. Ich kann den Arbeitern oder den Eigentümern des Werkes nicht sagen, daß ich ein Violinist bin, weil dies die proletarische Beziehung, die für meine Inspiration und damit für das Schreiben des Werkes so essentiell ist, ruinieren würde. Mich so zu verhalten, mag daher völlig vernünftig erscheinen.[17] Und doch ist es, wenn meine Hand im Stahlwerk verstümmelt wird, unwahrscheinlich, daß ich mehr als den Wert einer gewöhnlichen Arbeiterhand ersetzt bekomme, obwohl meine Hand aufgrund der Tatsache, daß ich ein großer Violinist bin, eine vielfach höhere Summe wert ist.[18]

In diesem Fall nimmt mich der Schädiger nicht so, wie er mich findet, sondern vielmehr so, als ob ich ein gewöhnlicher Arbeiter – frei von meiner teuren musikalischen Empfindsamkeit – wäre. Dies wäre nicht der Fall, wenn ich – noch immer als großer Violinist – durch die Stadt führe und infolge der fahrlässigen Fahrweise eines anderen eine verstümmelte Hand davontrüge. Dann hätte mich der Schädiger so zu nehmen, wie er mich findet, und wäre für meine sehr teure Hand haftbar.[19] Irgend etwas ist in dem Stahlwerksfall anders – der Wesenseigenheit wird auf eine andere Weise begegnet. In dem Stahlwerk werde ich so behandelt, als ob ich das Risiko meines Handikaps (meiner wertvollen Hand) übernommen hätte. Ich kann in diesem Fall einiges tun. Ich kann am besten entscheiden, ob – angesichts des Wertes meiner Hand – dort zu arbeiten wirklich das Risiko wert ist, um das große proletarische Opus zu schreiben. Auf der Straße hingegen wird angenommen, daß ich wenig tun kann, um meine Hand zu schützen (und gleichzeitig ein normaler Bürger zu bleiben). Im Ergebnis ist es daher am besten, Schädigern (dadurch, daß man sie haftbar macht) bewußt zu machen, daß zuweilen die

---

[17] Mit „vernünftig" meine ich nur, daß der Violonist vernünftigerweise zu dem Schluß gelangt, daß die Vorteile eines derartigen Verhaltens gegenüber den potentiellen Nachteilen überwiegen. Dem Recht zufolge ist ein Verhalten unvernünftig, wenn das Risiko eines Schadens größer ist als der Nutzen des Verhaltens. Siehe Restatement (Second) of Torts, 1965, § 291. Zu diesem sog. Learned Hand Test, der zuerst von Judge Learned Hand in Conway v. O'Brien, 111 F.2d 611 (1940) angewandt wurde, siehe unten Kap. 3 Fn. 20ff.

[18] In den speziellen Gesetzen zur Entschädigung bei Arbeitsunfällen gilt ein fester Satz für die Verletzung einer Hand. Siehe z.B. Cal. Lab. Code §§ 4658, 4660, 4662(b) (West, 1917, Supp. 1983). Auch nach allgemeinem Deliktsrecht käme für unseren Violinisten wohl nur der Schadensersatz für eine „Standardhand" in Betracht. Vgl. Prosser, W. / Keeton, P.: Torts, 5. Aufl. 1984, § 68; Restatement (Second) of Torts, 1965, § 496(C) comment i.

[19] Siehe Smith v. London & Southwestern R. Co., 6 L.R.-C.P. 14, 22 - 23 (Ex. Ch. 1870) (Blackburn, J., dictum). Siehe auch Restatement (Second) of Torts, 1965, § 461, comment b.

Hand, die sie beim sorglosen Autofahren verstümmeln, eine billige, zu anderen Zeiten jedoch eine immens teure sein wird.

Aus diesem Grund wird, wenn sich Verletzungen an gewöhnlichen Orten wie auf einer Straße ereignen, die Frage üblicherweise so gestellt: „Habe ich mich angesichts meines Handikaps vernünftig benommen?" Sie wird nicht etwa so gestellt (wie sie für den in dem Stahlwerk verletzten Violinisten gestellt wurde): „Waren meine Eigenschaften und mein Verhalten diejenigen eines gewöhnlichen, angemessen umsichtigen Mannes?". Im Ergebnis fällt Exzentrisches dieser Art also typischerweise nicht mir zur Last, sondern vielmehr denen, die mich fahrlässig schädigen.

Dasselbe läßt sich im großen und ganzen auch für das Alter sagen. Kinder unterhalb einer bestimmten Altersgrenze werden oft rechtlich eines Mitverschuldens für unfähig gehalten.[20] Alter und Reife können auch bei der Entscheidung in Rechnung gestellt werden, ob sich Kinder, deren Alter sich zwischen dem der Schuldfähigkeit und dem Erwachsensein bewegt, als Unfallopfer vernünftig verhielten.[21] Am anderen Ende paßt der Vergleich nicht so gut. Es ist nicht genau klar, ab welchem Punkt Alter als ein Handikap mit Auswirkungen auf die Frage angesehen werden kann, ob Handlungen, die bei einem jüngeren Opfer unvernünftig wären, dennoch bei einem älteren akzeptabel sein können.[22] Derselbe Mangel an Klarheit existiert in bezug auf geistige Behinderungen[23]. Doch im großen und ganzen bleibt die Herangehensweise dieselbe. Die Frage im Bereich des Mitverschuldens lautet: „Verhielt ich mich angesichts meines Handikaps und meiner Grenzen vernünftig?" und nicht: „Habe ich meine Begrenzungen überwunden und

---

[20] Cusick v. Clark, 360 N.E.2d 160 (1977); Rios v. Sifuntes, 347 N.E.2d 337 (1976). Siehe allgemein Dooley (Fn. 5), § 4.08.50; Harper / James (Fn. 1), § 16.8.

[21] Hardy v. Smith, 378 N.E.2d 604 (1978); siehe allgemein Dooley (Fn. 5), § 4.08.50; Harper / James (Fn. 1), § 16.8. Eine wachsende Zahl von Gerichten hat entschieden, daß Geschädigte, die sich an Aktivitäten von Erwachsenen – wie dem Autofahren – beteiligen, denselben Erwachsenenstandards unterliegen wie Kinder, die selbst Schädiger sind. Siehe Prosser / Keeton (Fn. 18), § 32. Siehe auch unten Fn. 37.

[22] In einer kleinen Zahl von Fällen wurden betagte Kläger ausdrücklich an einem geringeren Sorgfaltsmaßstab gemessen – z. B. Kitsap County Transp. Co. v. Harvey, 15 F.2d 166 (1927). Es wurde jedoch auch entschieden, daß nicht das Alter per se, sondern nur von einem hohen Alter herrührende Schwächen den Sorgfaltsmaßstab beeinträchtigen können. LaCava v. New Orleans, 159 So.2d 362 (1964).

[23] Im großen und ganzen werden sowohl Geisteskranke wie geistig Behinderte bei der Frage, ob Fahrlässigkeit gegeben ist, am Standard des vernünftigen Mannes gemessen. Ragan v. Cox, 194 S.W.2d 681 (1946); Schumann v. Crofoot, 602 P.2d 298 (1979). Siehe allgemein Comment: The Tort Liability of Insane Persons for Negligence: A Critique, 39 Tenn. L. Rev. 705 (1972). Geisteskranke werden jedoch allgemein des Mitverschuldens für unfähig gehalten, wenn sie nicht fähig sind, die Gefahren für sich selbst zu erkennen. De Martini v. Alexander Sanatorium, Inc., 13 Cal. Rptr. 564 (1961). Siehe allgemein Turton: Hospital Liability for Negligence to Mentally Incompetent Patients, 23 Baylor L. Rev. 517 (1971). Lediglich geistig behinderte Kläger tragen jedoch die Beweislast für die Darlegung ihrer Unfähigkeit, dem allgemeinen Sorgfaltsmaßstab zu genügen, z. B. Miller v. Trinity Medical Center, 260 N.W.2d 4 (1977).

mich entsprechend dem Standard des Mannes im Clapham Omnibus verhalten, der – welch glücklicher Mann – frei von allen meinen Handikaps ist?"

All dies erscheint verständlich oder sogar offensichtlich. Überhaupt, warum sollen wir den „Beschränkten" eine größere Last aufladen? Warum sollen wir ein überlegenes Verhalten von denen verlangen, die physisch oder geistig behindert oder einfach zu jung sind, um es besser zu wissen? Warum sollen wir sie mit schweren Ausgaben belasten, wenn sie es nicht schaffen, den Standards gerecht zu werden, die den Reiferen und Begabteren angemessen sind? Warum sollen wir diesen „Unbedeutenden" der Gesellschaft mehr an Schaden und weniger von der Wohltat des Geschenks der bösen Gottheit zuweisen? Es erschiene einsichtig, wenn es nicht den Anschein hätte, daß sich im Recht diese Regel dann nicht einhalten läßt, wenn das Handikap von einer leicht anderen Art ist oder wenn die benachteiligte Person selbst der Schädiger ist. In dieser Situation besteht die typische Regel darin, die Schädiger zu belasten, obwohl sie angesichts ihrer körperlichen oder geistigen Begrenzung das Beste, was sie tun konnten, getan haben.[24]

Lassen Sie uns jedoch bei den sogenannten Benachteiligten als Opfer bleiben und überlegen, was passiert, wenn das untersuchte Verhalten nicht das eines Kindes oder einer körperlich behinderten Person ist, sondern vielmehr das einer Frau, eines Farbigen oder eines Angehörigen einer anderen Minderheitengruppe. Wird der Vernünftigkeitstest den kulturellen Eigenschaften des speziellen Opfers angepaßt, oder ist es ein Test, der diese ignoriert und lediglich fragt, was der rasenmähende Mann im Clapham Omnibus täte? Mit anderen Worten, gelangt bei diesem Test der Standard einer vernünftig klugen Person mit all der ethnischen, geschlechtsspezifischen und kulturellen Unterschiedlichkeit, die eine solche Formulierung impliziert, zur Anwendung, oder geht es tatsächlich um den Standard eines vernünftig klugen weißen angelsächsischen Mannes? (Für die Zwecke dieses Kapitels werde ich „Protestant" aus der üblichen Formulierung „White Anglo-Saxon Protestant" herauslassen. Die Frage, ob Vernünftigkeit in Begriffen der traditionellen Glaubensüberzeugungen bzw. des „Unglaubens" oder des „respektablen" amerikanischen Protestantismus definiert ist oder ob statt dessen Vernünftigkeit die Ansichten von vielen anderen sonderbaren Sekten umfassen kann oder muß, bildet einen Schwerpunkt der in diesem Buch untersuchten Problematik. Ich werde im nächsten Kapitel zu der Frage zurückkehren, ob solche „nichtetablierten" Glaubensüberzeugungen irgendwie außerhalb des in unserer Gesellschaft Erlaubten liegen – einer Gesellschaft, die in ihrer Verfassung jegliche Etablierung des Glaubens untersagt! Wir wollen dennoch diese Frage der Religionen im Moment beiseite lassen.)

---

[24] Siehe oben Fn. 23 und unten Fn. 45. Siehe auch Roberts v. Ring, 173 N.W. 437 (1919); Prosser / Keeton (Fn. 18), § 32.

Soweit körperliche Eigenschaften betroffen sind, braucht das Opfer nicht die physischen Charakteristika des weißen männlichen Angelsachsen zu haben – bzw. sich so zu verhalten, als ob es sie hätte –, um für vernünftig gehalten zu werden. Es stellt z.B. für einen Italiener, der klein ist, kein Mitverschulden dar, wenn er dabei versagt, etwas zu tun, das eine Person von durchschnittlicher Größe (in einer von englischen Abkömmlingen geprägten Gesellschaft) leicht tun könnte und von der es unvernünftig wäre, wenn sie es nicht täte. Ähnlich würde eine kleine Frau, die körperlich unfähig ist, etwas zu tun, das Verletzungen nach einem Unfall verringern würde, bei der Schadensminderung nicht bloß deshalb versagt haben, weil der „Durchschnittsmann" es getan haben könnte und ihm wahrscheinlich Unvernünftigkeit vorgeworfen würde, sollte er versagen, es zu tun und den Verlust zu mildern. Der Standard ist also, soweit körperliche Eigenschaften betroffen sind, ein ziemlich individualisierter und demnach kaum sexistisch oder rassistisch.[25]

Die Problematik wird jedoch undurchsichtiger, wenn man sich jenseits körperlicher Eigenschaften begibt. Wenn die Schlüsselfrage darin besteht, wessen Einstellungen vernünftig sind, dann ist die vom Recht gegebene Antwort viel weniger eindeutig. Wird Vernünftigkeit von den Einstellungen und Gesichtspunkten der dominanten ethnischen, rassischen oder geschlechtlichen Gruppen in unserer Gesellschaft definiert, oder sind diejenigen, die diese Ansichten nicht teilen, an ihren eigenen Standards zu messen? Und davon noch unterschieden: Sind die Standards, obgleich einheitlich und auf alle angewendet, eine Mischung aus denen aller Gruppen – aller vernünftigen Personen und nicht lediglich der weißen vernünftigen Väter, die mit dem Clapham Omnibus fahren und gleichzeitig ihren Rasen im kurzärmeligen Hemd mähen? Und falls die Unterschiede in den Einstellungen sich als so groß erweisen, daß eine solche Mischung unmöglich ist (wie es auf physischer Ebene zwischen dem Blinden und dem Sehenden der Fall ist), so stellt sich die Frage, welche Einstellungen sollen überhaupt – und für wen – als vernünftig angesehen werden?

Lassen Sie uns annehmen, daß aus kulturellen Gründen Frauen anders als Männer Auto fahren. Dies ist nicht völlig undenkbar – obwohl ich es bezweifle. Meine Frau fährt viel besser, als ich es tue, doch sie fährt gut auf eine Art, die sich irgendwie von meiner Art, Auto zu fahren, unterscheidet. Ich glaube, daß weder ihre größere Fertigkeit noch ihr unterschiedlicher Stil beim Autofahren davon herrühren, daß sie eine Frau ist und ich ein Mann bin. Es scheint mir wahrscheinlicher, daß diese Unterschiede denen zu verdanken sind, die sie und mich das Fahren lehrten, ganz zu schweigen von den Unterschieden in unseren Persönlichkeiten. Und doch wäre es nicht allzu überraschend, wenn es tatsächlich zuträfe, daß Frauen als Frauen

---

[25] Memorial Hospital of South Bend, Inc. v. Scott, 300 N.E.2d 50 (1973).

anders als Männer Auto führen. Wenn eine Gesellschaft sexistisch ist – und unsere ist es sicherlich –, wäre es nicht verwunderlich, daß Leute, die innerhalb dieser Gesellschaft als anders charakterisiert werden und anders behandelt werden, auf diese andersartige Behandlung damit reagierten, daß sie sich in einem weiten Spektrum täglicher Zusammenhänge anders verhielten. Beim Autofahren handelt es sich um einen solchen Zusammenhang, so daß es nicht außerhalb des Bereichs des Möglichen sein sollte, daß in unserer sexistischen Gesellschaft die Gruppe der Frauen anders Auto führe als die Gruppe der Männer. Wenn dies so wäre, wäre es dann nicht angemessen, bei der Entscheidung, ob eine Frau, deren Fahrweise sie zu einem Unfallopfer machte, sich vernünftig verhielt, zu überlegen, wie vernünftig Frauen Auto fahren? Oder sollte der Teststandard statt dessen an der Fahrweise vernünftiger Männer oder einer Kombination der vernünftigen Fahrweise bei Männern und Frauen orientiert sein?

Um unsere Blickrichtung nur ein wenig zu verschieben: Ist es vernünftig, so zu fahren, wie es Italienern stereotyp nachgesagt wird? Wieder braucht man kein Rassist zu sein, um die Möglichkeit einzugestehen, daß Stereotype einen Funken Wahrheit enthalten. Ich glaube nicht an das Bestehen von Rassenunterschieden, doch wenn Leute in einer rassistischen Gesellschaft aufgrund einer irrelevanten Eigenschaft wie Hautfarbe oder Sprache schlecht behandelt werden, sollte es nicht überraschen, wenn sie auf diese Behandlung in ihrem alltäglichen Verhalten reagieren. Ist es dann gerecht oder gar anständig, sie für dieses Verhalten deshalb zu bestrafen oder zu belasten, weil es von dem Verhalten derjenigen abweicht, die sie zuvor als „andersartig" behandelt haben? Ist es fair, eine Gruppe als andersartig zu bezeichnen und dann von den Angehörigen dieser Gruppe zu verlangen, sich so zu verhalten, als ob sie niemals so eingestuft wurden?

Vielleicht noch wichtiger: Verhalten ist auch das Produkt kultureller Unterschiede, die – selbst wenn unsere Gesellschaft nicht rassistisch oder ethnisch voreingenommen wäre – von Wert sind und Bestand haben mögen (und nebenbei auch sehr erstrebenswert sein können). So ist es durchaus möglich, daß das Stereotyp der schnell fahrenden Italiener, die sich zwischen Autos hindurchschlängeln und sich so verhalten, als ob sie dauernd an einer Sportveranstaltung beteiligt sind, solch ein kulturelles Attribut darstellt. Einige Italienreisende scheinen nicht müde zu werden, dies zu erzählen. Ist solch ein Fahren vernünftig, oder ist der Standard, den wir anlegen würden, derjenige einer anderen Kultur, einer anderen Gruppe, deren Werte stereotyp langweiliges, schwerfälliges Autofahren entstehen lassen? Wenn wir leichtherzig Standards einer anderen Kultur anlegen können, was geschieht dann mit den Kulturen ethnischer Gruppen in Amerika? Sind sie dazu bestimmt, im Namen der Gleichheit der Standards in eine einzige Kultur zu verschmelzen, die üblicherweise von den Attributen und Einstellungen derjenigen dominiert wird, die hier zufälligerweise früher ankamen?

Dies ist, so möchte ich vorbringen, eine entscheidende Frage im heutigen Amerika. Die Tradition unserer Gesellschaft war diejenige eines Schmelztiegels. Es handelt sich um eine gute Tradition, insofern als sie Gleichheit verspricht (auch wenn sie sie nicht bringt). Aber selbst das Versprechen der Gleichheit ist nur zu einem bedeutsamen Preis erhältlich. Der Begriff „Schmelztiegel" impliziert, daß Gleichheit solange nicht gewährt werden wird, wie die nach Gleichheit strebende Gruppe nicht in einem Tiegel verschmolzen ist. Gleichheit ist daher auf die Lernfähigkeit der neu ankommenden Gruppe gegründet, sich so wie die zuvor dominante Gruppe zu verhalten.[26] Dies bloß festzustellen, heißt schon die damit verbundenen schwierigen Probleme anzudeuten. Denn Gleichheit wird dann zu einem Geschenk, das für die Eliminierung der Vielfalt kultureller Eigenschaften vergeben wird. Dies ist in einer Gesellschaft, die wünscht, pluralistisch zu sein, eine sehr beunruhigende Vorstellung. Überlegen Sie für einen Moment, was das für die Religion bedeutet. Besteht der für Gleichheit zu entrichtende Preis in der Bereitschaft, bedeutende religiöse Verschiedenheiten aufzugeben? Die Verfassung sagt „nein", doch unsere gewöhnlichen Gesetze und Sitten sind in dieser Angelegenheit weniger eindeutig.

Dieses Problem ist heute sogar noch bedeutender und dramatischer, weil es für die Frage der Emanzipation der Frauen von fundamentaler Bedeutung ist. Dabei stellt sich die Frage, ob Gleichheit zu einem angemessenen Preis erreicht wird, wenn man von dem „angemessen umsichtigen Mann" zu der „angemessen umsichtigen Person" übergeht. Falls alles, was sich getan hat, nur einen Wechsel im Ausdruck darstellt und von Frauen nun erwartet wird, sich so zu verhalten, wie vernünftige Männer es zuvor taten (um sich als vernünftige Personen zu qualifizieren), anstatt daß von Männern erwartet wird, zumindest teilweise so zu handeln, wie es vernünftige Frauen taten, dann mag zwar Gleichheit erreicht sein, doch auf Kosten einer kulturellen Unterjochung.

Ich glaube nicht, daß ich diese Tendenz der zuvor dominanten Gruppe übertreibe, Gleichheit nur dann zu offerieren, wenn die Gruppe, die Gleichheit erstrebt, die Kultur der die Gleichheit gewährenden Gruppe akzeptiert. Fragen Sie sich z.B. selbst, warum, wenn ein Einwand gegen die Bezeichnung von Toiletten als „Men's Room" und „Ladies' Room" erhoben wird, der Unterschied normalerweise durch einen Wechsel zu „Men's Room" und „Women's Room" anstatt zu „Gentlemen's Room" und „Ladies' Room" korrigiert wird. Es mag natürlich sein, daß der Grund dafür darin liegt, daß wir Vornehmheit bei Toiletten nicht mögen und daß daher beide Ausdrücke „ladies" und „gentlemen" eine uns unangenehme Bedeutung entfalten. Das wäre in Ordnung. Es mag aber auch sein, daß Gleichheit nur zugestanden

---

[26] Siehe z.B. Child, I.: Italian or American: The Second Generation in Conflict, 1943, S. 39 - 44.

wird, wenn wir bereit sind, uns den männlichen Stereotypen anzupassen, und daß deshalb das weibliche Stereotyp der Vornehmheit unakzeptabel wird, selbst wenn es das bessere Ideal darstellt, das Männer und Frauen gleichermaßen erstreben sollten.

Ganz ähnlich lassen sich in unserer Gesellschaft traditionell zwei unterschiedliche Standards für akzeptables Sexualverhalten beobachten. Zu guter Letzt bewegen wir uns von einem solchen Doppelstandard weg, doch hat die Tendenz stets darin bestanden, den Doppelstandard dadurch zu unterminieren, daß alle in eine Art von Promiskuität getrieben wurden, die allzu oft stereotyp männliches Verhalten charakterisiert.[27] Wieder mag das in Ordnung sein; es mag sexuelle Freiheit bedeuten. Demgemäß mag es für Frauen wünschenswert sein, so offen mit der Größe, Form und Sichtbarkeit der Geschlechtsteile von Filmschauspielern beschäftigt zu sein, wie es Männer stereotyp mit denen der Filmschauspielerinnen waren.[28] Aber es mag auch möglich sein, daß ein vorheriges ziemlich billiges Stereotyp männlichen Verhaltens den Frauen als der Preis für Gleichbehandlung aufgedrängt wird. Männer sagen in der Tat: „Wir werden uns nicht ändern, und wir sind sozial mächtig genug, daß Ihr uns, selbst wenn Ihr die Art unseres Benehmens nicht mögt, nicht zu einer Änderung zwingen könnt. Wenn Ihr Gleichheit wollt, ist die Antwort einfach. Vielleicht könnt Ihr sie haben, doch Ihr müßt Euch so wie wir benehmen.“ Die Ironie besteht natürlich darin, daß, wenn man diesen Weg geht, die Frauen diejenigen sein mögen, die um Erlaubnis für die Aufgabe dessen, was stereotyp weibliches Verhalten darstellte, zu fragen haben, um in den Genuß der Gleichheit zu gelangen. Und dies selbst, wenn sie glauben, daß es an den Männern wäre, ihre kulturellen Einstellungen zu ändern.

Geradeso wie Italienern tatsächlich erzählt wurde, daß sie in der amerikanischen Gesellschaft akzeptiert werden könnten, wenn sie aufhörten, Wein zu trinken, und „Hispanics“ und Schwarzen erzählt wird, daß das Erlernen von „gutem Englisch“ als primärer Sprache der Preis der Gleichheit ist,[29] so mag es sein, daß Frauen Gleichbehandlung in gehobenen Beschäftigungen nur bekommen können, wenn sie bereit sind, so zu handeln, sich so zu kleiden, so zu kämpfen und die Arbeitszeit (ungeachtet der Familie) einzuhalten – gerade so, wie es die Männer vermutlich tun. Wenn dies so geschieht, wird es dazu kommen, daß diejenigen kulturellen Werte, die Frauen traditionell

---

[27] Siehe Weis / Slosnerick: Attitudes Toward Sexual and Nonsexual Extramarital Involvement Among A Sample of College Students, 43 J. Marriage and the Family 349 (1981).

[28] Siehe The Incredible Hunks: America has a new crop of bodies beautiful to Worship, and they're male, Newsweek, Nr. 101, 23. Mai 1983, S. 48.

[29] Siehe z. B. Editorial, Black Nonsense, 78 Crisis (Magazine of the NAACP) 78 (1971); Glazer: Black English and Reluctant Judges, 62 Social Policy 40, 52 - 53 (1981).

in unserer sexistischen Gesellschaft genährt und geschützt haben, zur Erlangung der Gleichheit aufgegeben werden. Dies wird selbst dann geschehen, wenn einige dieser kulturellen Werte höchst wünschenswert sind und von Männern und Frauen gleichermaßen genährt und geschützt werden sollten.

All dies ist nicht schrecklich wichtig, wenn die einzige Folge davon ist, daß wir damit enden, männliche Stripper und Burleskshows für Frauen zu bekommen, weil die Männer nicht bereit sind, auf weibliche Stripper zu verzichten.[30] Gefährlicher wird es jedoch, wenn das Versorgen der Kinder zur Debatte steht. Wenn Gleichheit beim elterlichen Umsorgen durch das Akzeptieren der Vorstellung erzielt wird, daß sowohl Männer wie Frauen sich in bezug auf Kinder so verhalten sollten, wie es stereotype amerikanische Männer taten, dann mögen wir etwas von großem Wert um der Gleichheit willen verloren haben.[31] Lassen Sie mich erneut betonen, daß ich nicht für einen Moment sage, wir sollten die Idee der Gleichheit aufgeben. Die Frage ist vielmehr: Gleichheit zu welchen Bedingungen, unter welchem Standard? Wenn stereotype amerikanische Männer ihre Kinder ignorierten, um lange arbeiten zu können, dann sollte Gleichheit vielleicht dadurch gewonnen werden, daß Männern (und ihren Arbeitgebern) ein Anreiz gegeben wird, ein anderes Stereotyp anzunehmen, in dem sie zu dem treusorgenden Elternteil werden, was traditionell die Rolle der Frau war. In diesem Bereich sollte der Schmelztiegel ein Amalgam entstehen lassen, bei dem die Werte der Frauen obsiegen, statt des gewöhnlichen Schmelzprodukts, bei dem es für gegeben angesehen wird, daß die Werte der zuvor dominanten Gruppe die Standards für alle setzen!

Die Zerstörung von praktisch jedem beliebigen kulturellen Wert bedeutet in einer pluralistischen Gesellschaft einen Verlust. Wir sind dadurch ärmer geworden, daß wir die armen Einwanderer des neunzehnten und zwanzigsten Jahrhunderts zu bereitwillig, zu gefühllos und zu umfassend „amerikanisierten". Von der mediterranen Einstellung zum Leben, zu anderen Menschen, kann man in der heutigen amerikanischen Kultur trotz der enormen Zahl von Immigranten, die einst diese Betrachtungsweise pflegten, nur wenig finden. Einmal verloren, ist es nichts, das man leicht wieder etablieren kann. Als die dritte Generation dieser Immigranten versuchte, ihre kul-

---

[30] Wie es jetzt überall im Lande geschieht, selbst im ruhigen Connecticut. Howe: Area disco caters to entertainment trend, New Haven Journal Courier, 14. Jan. 1980, S. 8, Spalte 1.

[31] Es wird vielfach angenommen, daß amerikanische Väter verglichen mit Vätern in anderen Gesellschaften relativ wenig Zeit mit ihren Kindern verbringen. Mackey / Day: Some Indicators of Fathering Behavior in the United States: A Crosscultural Examination of Adult Male-Child Interaction, 41 J. Marriage and the Family 287, 287 - 288 (1979). Auf jeden Fall steht fest, daß in unserer Gesellschaft Väter weniger Zeit mit ihren Kindern verbringen als Mütter. Booth / Edwards: Fathers: The Invisible Parent, 6 Sex Roles 445 (1980).

turellen Wurzeln zu finden, konnte sie diese grundlegenden Einstellungen nicht wiederbeleben und gab sich dann zu bereitwillig mit Pasta, Pizza und gutem Wein zufrieden.[32] Und während diese trivialen, doch nicht unwichtigen Dinge zu einem Teil der amerikanischen Kultur wurden und uns bereicherten, gingen die tieferen Werte verloren, und wir sind darum alle ärmer.

Auf entsprechende Weise werden wir vielleicht diejenigen Werte verlieren, die in der amerikanischen Gesellschaft traditionell von den Frauen erhalten wurden – doch mit einem fundamentalen Unterschied: Wenn wir diese Werte verlieren, gehen wir ein bei weitem größeres Risiko ein als zu der Zeit, in der wir die mit den Immigrantengruppen assoziierten Werte verloren. Einige Gesellschaften haben ganz gut ohne treusorgende jüdische Mütter und ohne die anarchistischen Ideen der Italiener von der zentralen Stellung des einzelnen innerhalb des Gemeinwesens überlebt.[33] Solche Einstellungen setzten sich in den nordischen Ländern, die im großen und ganzen die amerikanische Kultur formten – und noch formen – nicht durch. Diesen Ländern geht es trotzdem gut.[34] Wesentlich zweifelhafter ist jedoch, ob eine Gesellschaft bislang überleben konnte, ohne jene kulturellen Werte zu erhalten, ohne jenes kulturelle Reisegepäck zu hüten, das in dem betreffenden Land (vielleicht unangemessen und sicherlich auf sexistische Weise) den Frauen zugeschrieben wurde.[35] Das trifft insbesondere auf das elterliche Umsorgen zu, es mag jedoch ebenso auf weniger wichtige Angelegenheiten wie Vornehmheit, Sanftmut und vielleicht sogar ein wenig Zurückhaltung im sexuellen Bereich zutreffen.

Verstehen Sie mich nicht falsch. Es gibt eine Vielzahl von stereotypen männlichen Werten, die ich zu Recht oder zu Unrecht mag und von denen ich wünschte, daß sie sich in einer gleichen Gesellschaft erhielten. Aber ich mag auch in bezug auf diese falsch liegen. Es gibt andere, über die sogar ein vollständig sozialisierter Mann wie ich sich in gedankenvollen Momenten wundern und Zweifel entwickeln muß. Ich möchte vorschlagen, daß wir sehr vorsichtig sind, bevor wir zu einem universellen Stereotyp, zu einem universellen kulturellen Modell übergehen, bei dem es sich um nichts anderes als das vorhergehende männliche Stereotyp handelt. Angesichts dessen, daß die

---

[32] Gans, H. T.: Symbolic Ethnicity: The Future of Ethnic Groups and Cultures in America, 2 Ethnic and Racial Studies 1 (1979).

[33] Ich habe Stereotype angeführt, die auch Vertreter dieser Gruppen selbst für sich in Anspruch nehmen. Siehe z.B. Barzini, L.: The Italians, 1964; Greenburg, D.: How to be A Jewish Mother, 1965.

[34] Das Stereotyp besteht darin, daß persönliche Beziehungen im Vereinigten Königreich auf außerordentlich distanzierte Weise gepflegt werden. Glyn, A.: The Blood of A Britishman, 1970, Kapitel 11 u. 13; Gorer, G.: Exploring the English Character, 1955, Kapitel 4. Und doch überlebte England bislang, was einige Südeuropäer amüsiert, siehe z.B. Barzini, L.: The Europeans, 1983, Kapitel 2.

[35] Levy, M. J.: Modernization and the Structure of Societies, 1952, S. 187 - 191.

Gefahr von solch einem Schritt bei weitem größer ist, als sie es bei der entsprechenden Zerstörung der Kulturen der Immigranten war, würde ich auch vorbringen, daß der Bedarf für einen solchen Schritt zur Etablierung der Gleichheit für Frauen geringer sein mag, als er es im traditionellen Schmelztiegel war. Jede Immigrantengruppe war unausweichlich eine soziale und politische Minderheit. Infolgedessen hatten sie alle die Gleichheit bzw. deren Illusion zu den von der Mehrheit angebotenen Bedingungen zu akzeptieren. Frauen sind keine Minderheit und mögen, wenn sie sich entsprechend besinnen, fähig sein, Gleichheit zu ihren eigenen Bedingungen einzufordern. Sie mögen mit anderen Worten fähig sein, von den Männern die Übernahme zumindest einiger Verhaltensmuster, einiger kultureller Werte zu verlangen, die zuvor stereotyp als die ihren galten.

All dies beweist, daß wir, bevor wir sprachlich zum Standard einer angemessen umsichtigen Person übergehen, sicherstellen müssen, daß das, was wir in diesen Standard hineinlegen, nicht einfach aus einem Hinübernehmen von männlichen Attributen besteht. Wir müssen vorsichtig sein, damit wir nicht einfach sexistische Präzedenzfälle anwenden.[36] Wir dürfen nicht einfach den alten rasenmähenden Mann im Clapham Omnibus heranziehen, ihn als Person bezeichnen und denken, daß wir damit unsere Arbeit getan haben. Wir müssen an der Definition einer angemessen umsichtigen Person arbeiten und dieser Person Eigenschaften zukommen lassen, die – in der Terminologie der vergangenen Stereotypen des richtigen, vernünftigen Verhaltens – in mancher Beziehung männlich sein mögen, in anderer jedoch weiblich sein werden. Wir haben dies nicht deshalb zu tun, weil das Deliktsrecht direkt viel von dem Verhalten bzw. viele der Einstellungen, die für eine Gesellschaft von Bedeutung sind, formt. Wir müssen es vielmehr tun, weil das, was in einem Rechtsgebiet getan wird, andere Rechtsgebiete beeinflußt und weil das, was das Recht im allgemeinen bewirkt, für die Formung grundlegender gesellschaftlicher Einstellungen und Verhaltensweisen entscheidend ist.

Dies soll nicht heißen, daß, wenn die Gesellschaft und ihr Rechtssystem sich zu diesem neuen nicht-sexistischen Standard vorgearbeitet hat, der Standard nicht gleichmäßig über das Spektrum, d.h. auf Männer und Frauen gleichermaßen, anwendbar sein sollte. Es soll nicht bedeuten, daß

[36] Das Recht war z.B. bis vor kurzem nicht bereit anzuerkennen, daß schwangere Frauen für emotionale Schäden anfälliger sein könnten als stereotyp phlegmatische Männer. Siehe Hay or Bourhill v. Young, 1943 A.C. 92, 109 - 110 und allgemein Bernier: Mothers as Plaintiffs in Prenatal Tort Liability Cases: Recovery for Physical and Emotional Damages, 4 Harv. Women's L.J. 43 (1981). Siehe auch unten Kapitel 4. Ein weiteres Beispiel ist die zeitweilige Nichtbereitschaft des Rechts, Schadensersatz für das bloße „Berühren" durch einen bloß fahrlässig handelnden Schädiger zu gewähren, obwohl eine solche Berührung sozial gerade dann als besonders unpassend galt, wenn sie bei einer Frau erfolgte. Siehe Spade v. Lynn & Boston R.R., 47 N.E. 88 (1897) und allgemein Dooley (Fn. 5), § 15.05 - 15.06.

angemessene Umsicht für Männer und Frauen verschieden sein sollte. Dies ist eine völlig andere Frage, und ich bin mehr als geneigt, die Idee zu akzeptieren, daß der Standard für Männer und Frauen derselbe sein sollte. Wir sollten, denke ich, entweder von „men's" und „women's rooms" oder aber von „ladies'" und „gentlemen's rooms" sprechen. (Dennoch mögen wir uns, wenn wir mit anderen kulturellen und religiösen Einstellungen zu tun haben, sehr wohl dafür entscheiden, daß zu gewissen Zeiten ein einzelner, einheitlicher Standard weniger wünschenswert ist als ganz unterschiedliche, auf verschiedene Gruppen Anwendung findende Standards.) Es geht nur darum, daß wir bei der Entscheidung für einen solchen einzelnen Standard nicht einfach und gedankenlos den vorhergehenden männlichen (bzw. den in dieser Angelegenheit vorhergehenden weiblichen) wählen, sondern vielmehr auf einen neuen Standard hinarbeiten sollten, der die besseren Teile beider vergangener Stereotypen zu umfassen vermag.

Bis hierher habe ich Einstellungen und körperliche Eigenschaften insoweit diskutiert, als sie die „Vernünftigkeit" des Verhaltens bei Unfallopfern bestimmten. Ich werde dazu in Kürze zurückkehren, um zu überlegen, wie unsere Rechtsordnung mit einer Einstellung wie der Liebe zum schnellen Fahren umgeht, von der wir annehmen wollen, daß sie kulturell an eine bestimmte Gruppe gebunden ist. Bevor ich dazu komme, muß ich jedoch die Frage behandeln, wie Einstellungen und sogar abnorme körperliche Eigenschaften bei der Definition dessen ins Spiel kommen, was bei einem Unfall für einen Schädiger als vernünftiges Verhalten angesehen wird.

Wenn eine Person, die ein Handikap hat – sei es körperlich, geistig oder einfach altersbedingt – zu einem Schädiger wird, bestand die traditionelle Einstellung darin, mit ihr hart umzuspringen. Die Last, die Opfer zu entschädigen, trifft allein sie.[37] Auf den ersten Blick scheint der Grund für die unterschiedliche rechtliche Behandlung von Handikaps bei Opfern und Schädigern klar genug zu sein. Wenn das Verhalten des Opfers beurteilt wird, ist zumindest hypothetisch ein Schädiger beteiligt, der sich unvernünftig verhielt und der (gewissermaßen) auch zur Zahlung verpflichtet sein sollte. Der Schädiger handelte schuldhaft – sonst würde sich die Entschädigungsfrage gar nicht erst gestellt haben.[38] Die einzige Frage ist dann, ob der Schädiger – ungeachtet des von ihm begangenen Unrechts – vom Ersatz freigestellt werden soll, weil das Opfer selbst Unrecht tat. Wenn es so hingestellt wird, erscheint es fast natürlich, dem unrechttuenden Schädiger eine

---

[37] Schumann v. Crofoot, 602 P.2d 298 (1979); Dellwo v. Pearson, 107 N.W. 2d 859 (1961); Vaughan v. Menlove, 132 Eng. Rep. 490 (1837). Siehe allgemein Harper / James (Fn. 1), § 16.7.

[38] Die traditionelle Position im Deliktsrecht (außerhalb des Bereichs verschuldensunabhängiger Haftung) besteht darin, daß der Schaden eines Unfalls von dem zu tragen ist, den der Unfall trifft – es sei denn, daß ein besonderer Grund besteht, die Lasten anders zu verteilen. Holmes, O. W.: The Common Law, 1881, S. 94.

unberechtigte Begünstigung zu verweigern, da der einzige Grund dafür darin bestände, daß sich das Opfer – lediglich wegen eines Handikaps oder seines Alters – anders als die meisten von uns verhielt. Unter diesen Umständen erschiene es sehr merkwürdig zu sagen, daß das Opfer „es verdient", zu verlieren und nicht entschädigt zu werden.

Geht es um das Verhalten des Schädigers, stellt sich die Lage jedoch wesentlich anders dar. In diesem Bereich stellt sich – wieder qua definitionem – die Frage, ob ein unschuldiges Opfer den Verlust tragen soll oder ob er auf einen Schädiger fallen soll, dessen Verhalten stark abweichend war und sich unterhalb der gesellschaftlichen Durchschnittsstandards bewegte. (Falls das Opfer schuldig gewesen wäre, wäre der Schädiger – unabhängig davon, ob sich der Schädiger vernünftig verhalten hatte – vor der Haftung bewahrt geblieben.)[39] Derart gestellt, ist die Frage, warum das unschuldige Opfer eher leiden sollte als der Schädiger, der – aus welchen Gründen auch immer – dabei versagte, den Erwartungen der Gesellschaft gerecht zu werden, kaum noch zu beantworten. Wir sind in der Tat wieder bei dem Hinterbliebenen angelangt, der fragt, warum er oder sie die mit der Annahme der Wohltat der Gottheit durch die Gesellschaft verbundene Last tragen soll, obwohl er oder sie sich vernünftig verhielt. Warum soll der Verlust nicht dem Schädiger angelastet werden, d.h. der Person, deren Fahrweise oder Arbeit über die Norm hinaus gefährlich war. Warum sollte dies nicht unabhängig von dem Grund, dem Alter, dem Geschlecht, der Behinderung oder einfach der Querköpfigkeit so sein, die das Verhalten des Schädigers so ungewöhnlich gefährlich machte?

Wenn das Ziel darin besteht, einen Weg zur Reduzierung von Unfällen zu finden, dann sollten die Personen mit dem größten Unfallaufkommen entmutigt werden, an den Aktivitäten, die zu den Unfällen führen, teilzunehmen.[40] Diese Geschichte – an die ich, wie ich mich beeilen möchte hinzuzufügen, nicht recht glauben kann – geht weiter. Wenn die Behinderten bei einigen Aktivitäten für Unfälle anfälliger sind, sollten ihnen Anreize gegeben werden, andere Aktivitäten zu ergreifen, bei denen ihre Behinderungen weniger gefährlich sind. Wünschen wir uns nicht, daß jungen und alten Menschen ein Anreiz zu weniger Autofahren geboten wird, da sie mehr als andere Altersgruppen in Unfälle verwickelt sind? Sollten nicht diejenigen, die aus Gruppen kommen, die – aus welchen Gründen auch immer – mehr zu Unfällen neigen, von den Aktivitäten weggelenkt werden, bei denen deren Neigungen die größten Gefahren schaffen?[41] Dies war tatsächlich im großen

---

[39] Siehe Malone: The Formative Era of Contributory Negligence, 41 Ill. L. Rev. 151, 164 - 169 (1946). Für Ausnahmen von der Regel siehe allgemein Harper / James (Fn. 1), S. 1211 - 1227.

[40] Calabresi: Costs (Kap. 1 Fn. 27), S. 69 - 73; Posner, R.: Economic Analysis of Law, 2. Aufl. 1977, S. 142 - 143.

[41] Siehe Harper / James (Fn. 1), § 11.4.

und ganzen die Einstellung des Common Law. Die Gerichte sagten: Wer sich nicht vernünftig verhält – wobei Vernünftigkeit von einem alltäglichen gesellschaftlichen Standard bestimmt wird – und zum Schädiger wird, der (bzw. dessen Versicherungsgesellschaft) muß selbst dann für den Schaden aufkommen, wenn er benachteiligt oder behindert ist oder auf andere Art und Weise unter Einsatz aller seiner beschränkten Fähigkeiten gehandelt hat. Man kann annehmen, daß das Recht auf diese Weise versuchte, die Beteiligung an gefährlichen Aktivitäten für diejenigen, die zu besonders unfallgeneigten Kategorien gehörten, teuer und damit weniger alltäglich zu machen.[42]

Obgleich nachvollziehbar, erscheint dieser traditionelle Ansatz doch recht vereinfachend. Wir mögen nicht wünschen, bestimmte Gruppen von Aktivitäten, die für das „Bürgersein" (in einem weiten Sinn) zentral sind, auszuschließen, selbst wenn die Teilnahme dieser Gruppe an den Aktivitäten für andere gefährlich ist. Die uneingeschränkte Teilnahme von zu derart gefährlichen Kategorien zählenden Personen am Autofahren, bei der Arbeit und an anderen Aktivitäten, die für das Gefühl, ein Teil unserer Gesellschaft zu sein, essentiell sind, mag für die Gesellschaft (und die beteiligten Gruppen) ebenso wichtig sein wie die Menschenleben, die wegen einer solchen Teilnahme geopfert werden mögen. Daß die Behinderten Arbeit haben und die Jugendlichen und die älteren Leute Auto fahren können, mag für uns alle derart wichtig sein, daß deren Freiheit, zu denselben Bedingungen wie jeder andere an den betreffenden Aktivitäten teilnehmen zu können, sich sehr wohl als ein Geschenk der bösen Gottheit erweisen mag. D.h., es handelt sich um ein Geschenk, das wir akzeptieren möchten, obwohl – wie für alle diese Geschenke – ein Preis in Leben und Unfällen zu zahlen ist.

Es ist wichtig, sich zu vergegenwärtigen, daß sowohl die Kosten wie auch der Nutzen einer solchen freien Teilnahme durchaus real sind. Es wäre schön, wenn die Kosten keine echten wären – wenn sie eine Fiktion darstellen (wie es in bezug auf körperlich und geistig Behinderte an vielen Arbeitsplätzen der Fall sein mag), die aus Vorurteilen und Ignoranz erwächst. Aber viel zu oft sind die Kosten sogar noch größer, als man gemeinhin glauben mag. Deshalb meine ich, wenn ich von mehr Unfällen durch Jugendliche spreche, eine Vielzahl von mehr Unfällen. Die Zahlen, die vom amerikanischen Verkehrsministerium in bezug auf tödliche Autounfälle, bei denen einer der Fahrer zwischen 16 und 24 Jahren alt war, angegeben werden, sind erschreckend. Fahrer aus dieser Altersgruppe waren an über 40% aller tödlichen Unfälle beteiligt.[43] Zwar war das Todesopfer nicht immer zwischen

[42] Keller v. DeLong, 231 A.2d 633 (1967); Dellwo v. Pearson, 107 N.W.2d 859 (1961).

[43] Und dies trotz der Tatsache, daß diese Altersgruppe nur 22% der Fahrer ausmacht. National Highway Traffic Safety Administration; Fact Book: Statistical Information on Highway Safety, 1977, Table IV 1.3. Siehe auch Trunkey: Trauma, Scientific American Nr. 249, Aug. 1983, S. 28, 33.

16 und 24, doch war stets der Fahrer eines der beteiligten Fahrzeuge ein solcher Jugendlicher. Wenn wir ehrlich wären, dann würden wir uns auf diese Tatsache konzentrieren und zugeben, daß – während zwar auch Alkohol und andere Dinge, die offensichtlich durch die Gesellschaft schwer zu kontrollieren sind, einen Teil des Problems ausmachen – ein Ansatzpunkt, der sowohl sichtbar wie leicht kontrollierbar ist, in der Massenbeteiligung dieser riskanten Altersgruppe an einer todbringenden Aktivität wie dem Autofahren besteht. Und doch verlangt die Ehrlichkeit nicht von uns, den Schluß zu ziehen, daß Mitglieder dieser Gruppe vom Fahren ausgeschlossen werden oder auch nur in ihrem Fahren dadurch beschränkt werden sollten, daß man sie für die Gewährung der Teilnahme sehr hohe Versicherungsraten zahlen läßt. Sie ohne Diskriminierung einzubeziehen, mag das „Schlachten" auf den Straßen – um es derb auszudrücken – wert sein!

Als Common Law-Gerichte mit diesem Problem konfrontiert wurden, fanden sie sich selbst in einer schrecklichen Klemme. Da es um das Verhalten von Schädigern ging, hätte der einzige Weg, auf dem sie die volle Teilnahme von Hochrisikogruppen hätten sicherstellen können, darin bestanden, einen geringeren Vernünftigkeitsstandard auf Mitglieder solcher Gruppen anzuwenden. Dies zu tun, hätte jedoch bedeutet, daß die Last – d.h. die Kosten, die für den Wunsch der Gesellschaft nach einer Subventionierung von Gleichberechtigung und gleicher Teilnahme zu entrichten sind – allein auf das unschuldige Opfer fallen würde. Das Opfer hätte also – finanziell wie körperlich – für die Wohltat der bösen Gottheit zu zahlen. Der Hinterbliebene bliebe unentschädigt, um den „gleichen Zugang" für die Mitglieder der unfallgeneigten Kategorie sicherzustellen.[44] Dies erschien schon immer unfair, da schließlich das Opfer – während alle von uns dabei gewinnen, Teil einer nicht diskriminierenden Gesellschaft zu sein, – nur sehr wenig davon profitiert und statt dessen damit konfrontiert wird, eine Menge zu verlieren. Warum soll also die ganze Kehrseite des Gewinns der Gemeinschaft das Opfer treffen?

Diese scheinbare Unfairneß mag für das Scheitern der relativ wenigen Versuche der Common Law-Gerichte verantwortlich sein, denjenigen geringere Standards aufzuerlegen, von denen – als Gruppe – nicht erwartet werden konnte, den normalen gesellschaftlichen Vorstellungen von angemessener Umsicht zu entsprechen. So wurde der Versuch von New Hampshire, das Fahren von Minderjährigen danach zu beurteilen, was von ihnen erwartet werden konnte, zwar zu geltendem Recht,[45] doch wurde dieser Versuch

[44] Das Problem besteht hier darin, daß es eine Klasse von potentiellen Schädigern gibt, die wir gerne subventionieren würden. Ein ähnliches Problem wird in Calabresi / Melamed: Property Rules, Liability Rules, and Inalienability: One View of the Cathedral, 85 Harv. L. Rev. 1089, 1116 - 1124 (1972) diskutiert. Vgl. Spur v. Del Webb, 494 P.2d 700 (1972).

[45] Charbonneau v. MacRury, 153 A. 457 (1931); aber siehe auch Hill Transp. Co v. Everett, 145 F.2d 746 (1944).

offensichtlich von den Geschworenen ignoriert. Diese Wächter der populären Moral befanden nämlich Jugendliche nach gewöhnlichen Standards für „schuldig“ und setzten die Haftung entsprechend fest. Nicht überraschend gab New Hampshire den Versuch auf und hielt sich sowohl bei der rechtlichen Ausgestaltung wie im Ergebnis wieder an die allgemeine Vorgehensweise.[46]

Wenn schon die Gerichte das Problem nicht gut angingen, so haben es die Gesetzgeber nicht viel besser getan. Einige haben versucht, gleichen Zugang durch das Verbot von Alters-, Geschlechts- oder Rassendiskriminierung bei Autoversicherungen zu begünstigen.[47] Das hört sich sehr einfach an. Es besagt, daß Versicherungsgesellschaften nicht einigen Leuten mehr berechnen dürfen, weil sie einer bestimmten Rasse bzw. Geschlechts- oder Altersgruppe angehören, die durch eine größere Unfallgeneigtheit als andere Gruppen charakterisiert ist. Sie müssen ihnen denselben Preis berechnen, den sie allen berechnen. Wenn das funktionierte, würde die Subvention für den gleichen Zugang nicht durch das Opfer bezahlt, sondern auf breiter Ebene von allen versicherten Fahrern in den weniger unfallgeneigten Kategorien getragen. Leider läßt sich jedoch durch das bloße Verabschieden eines Gesetzes – trotz einer überwältigenden amerikanischen Tendenz, daran zu glauben – ein Problem nicht lösen.[48] Es stimmt zwar, daß ohne das Gesetz die Behinderten – als Gruppe – mehr bezahlen würden. Aber was geschieht mit solchen Gesetzen, wer zahlt letztlich mehr?

Die Antwort ist beunruhigend – oder sollte es zumindest sein. Wenn Einzelstaaten den Versicherungen Diskriminierungen in bezug auf Geschlecht, Alter oder Rasse verbieten, hat das zur Folge, daß die höheren Prämien hauptsächlich von Gruppen gezahlt werden, die als Ersatz für die zuvor belasteten Gruppen fungieren. Die Diskriminierung besteht also fort. Versicherungsgesellschaften versuchen, unfallgeneigte Personengruppen auf eine Weise zu definieren und mit einem Strafzuschlag zu belegen, die keine auf der verbotenen Charakteristik basierende Kategorisierung erfordert. Sie sind bestrebt, Gruppen zu identifizieren, die in bezug auf das Autofahren gefährliche Eigenschaften aufweisen, und ihnen – ohne die Versicherungskategorie auf Rasse, Geschlecht oder Alter zu gründen – mehr zu berechnen. Wenn also, um ein besonders phantastisches Beispiel herauszugreifen, die Klassifizierung nach Alter verboten wäre, so könnten diejenigen höher veranschlagt werden, die „Rock and Roll“-Musik mögen. Lassen Sie uns annehmen, daß es sich hierbei um eine Hochrisikogruppe handelt – nicht

---

[46] Daniels v. Evans, 224 A.2d 63 (1966).

[47] Siehe z.B. Cal. Ins. Code § 11628 et seq. (West 1972, Supp. 1984); Ins. Law, § 40 (10) (McKinney 1966). Vgl. auch Arizona Compensation Plan v. Norris, 103 S.Ct. 3492 (1983).

[48] Siehe Allot, A.: The Limits of Law, 1980. Vgl. auch Downs, A.: An Economic Theory of Democracy, 1957, Kapitel 4.

weil diese Charakteristik viel mit der Unfallgeneigtheit beim Autofahren zu tun hat, sondern weil es sich so verhält, daß man relativ wenige der sicher fahrenden 50jährigen Juraprofessoren in dieser Gruppe findet, dafür aber viele 16- bis 18jährige Jugendliche. Um ein realistischeres Beispiel herauszugreifen: Versicherungsgesellschaften belegen diejenigen mit einer höheren Prämie, die in großen städtischen Gebieten leben. Wieder liegt dies nicht daran, daß das Leben in diesen Gebieten für ein größeres Risiko steht; wenn es überhaupt etwas über das Risiko aussagt, fahren diese Leute weniger und sollten demzufolge auch weniger Unfälle verursachen. Vielmehr liegt es daran, daß dies ein gutes Surrogat für die verbotenen Kategorien darstellt und man deshalb diejenigen als die vermutlichen Hochrisikogruppen angesehenen ethnischen und rassischen Gruppen, die hauptsächlich in den Innenstädten leben, mit einer höheren Prämie belegt.[49] Falls das Recht letztlich dieses Surrogat verbieten sollte, wird man einfach zum Nächstbesten übergehen und zum Beispiel nach der Beschäftigung kategorisieren.

Doch welches Verhalten, so mag man fragen, sollen wir von Versicherungsgesellschaften erwarten? Ihre Arbeit besteht darin, versicherungsstatistisch vorhersehbare Risiken zu bestimmen und entsprechende Prämien zu veranschlagen. Sie sehen sich nach der besten Vorhersage künftiger Unfälle um und verlangen entsprechende Prämien. Wenn das verboten wird, schauen sie nach dem Nächstbesten. Doch wenn das, was verboten wird, tatsächlich aufs engste mit Unfällen verkettet war, wird das Nächstbeste wahrscheinlich einfach einen weniger anstößigen – jedoch ungenaueren und vielleicht teureren – Weg darstellen, gerade die Gruppe zu identifizieren, deren Identifikation verboten werden sollte. Ich will nicht bestreiten, daß einiges – oder sogar vieles – an Rassen-, Geschlechts- und Altersklassifikation im Versicherungsgewerbe voreingenommen ist bzw. auf falsche Daten und Vorurteile gestützt wird. Das mag wohl so sein. In diesem Fall verhelfen uns Gesetze, die solche Klassifikationen ausschließen, zu Recht zu einem beschleunigten Lernen dessen, was sogar voreingenommene Unternehmen, geführt durch Profitstreben, letztlich irgendwie gelernt haben mögen.[50] Ich meine, daß es dann, wenn wir eine rassistische, sexistische und in bezug auf

[49] Die Bewohner von Großstadtgebieten zahlen bereits wesentlich höhere Prämien als die Bewohner ländlicher Gebiete. Das „Insurance Service Office" teilt das Land in mehr als 700 verschiedene Versicherungsbezirke mit unterschiedlichen Prämien ein. All-Industry Research Advisory Council, Geographical Differences in Automobile Insurance Costs, October 1982.

[50] Wenn höhere Versicherungsraten bei einigen Kategorien auf Diskriminierung beruhen, dann ist die Gewinnspanne für die Versicherung einer dieser Kategorien wahrscheinlich höher als für die anderer Kategorien. Man kann daher erwarten, daß mit der Zeit zumindest eine Versicherungsgesellschaft dies entdeckt und ihre Versicherungsraten für die auf Diskriminierung beruhenden Kategorien senkt, um einen größeren Anteil am Geschäft mit diesen Kategorien zu erlangen. Der Wettbewerb wird dann die anderen Gesellschaften ebenfalls zur Senkung ihrer Raten oder zum Verlassen des Marktes zwingen, so daß die Diskriminierung letztlich verschwinden wird.

Wohlstand und Alter voreingenommene Gesellschaft sind – und wir sind eine –, nicht unwahrscheinlich ist, daß Autofahren und Unfallgeneigtheit diese Voreingenommenheiten widerspiegeln und daß die Zugehörigkeit zu rassisch-, geschlechts-, wohlstands- und altersbestimmten Kategorien die Gefährlichkeit der Fahrweise beeinflußt. In diesem Fall wird der bewundernswerte Versuch, solche Klassifikationen zu verwehren, für sich alleine nur zur Verwendung von Surrogaten führen, die dazu dienen, dieselben Kategorien mit anderen Mitteln zu bestimmen und mit Strafabgaben zu belegen. Dies wird uns veranlassen, von Versicherungskategorien, die auf der Basis von Rasse, Geschlecht oder Alter diskriminieren, zu Klassifikationen überzugehen, die eine unverhältnismäßig negative Wirkung auf die zuvor mißbilligten Kategorien der Rasse, des Geschlechts oder Alters haben werden.

So besteht ein Haupteffekt dieser Gesetze darin, vor uns selbst die Tatsache zu verbergen, daß vieles von der Last immer noch auf die geladen werden wird, die wir vermutlich nicht zu belasten wünschen. Damit sind einige Vorurteile verbunden, insbesondere wenn die Versicherungsgesellschaften nicht absichtlich die Surrogate benutzen, um den Bann der Diskriminierung zu umgehen, sondern sie nur deshalb einsetzen, weil die Ersatzkategorien im Rahmen der erlaubten und verfügbaren Kategorien die optimalen versicherungsstatistischen Klassifikationen verkörpern. Vielleicht ist es gut, daß uns das Recht verbietet, auf der Grundlage von Rasse, Geschlecht usw. Versicherungsraten festzusetzen und das Autofahren zu beschränken, während es immer noch erlaubt, daß dies indirekt geschieht. Darin, daß unser Rassismus auf der formalen, rechtlichen Ebene abgewiesen wird, mag ein Vorteil liegen, weil dies dabei helfen könnte, daß die ganze Gesellschaft mit der Zeit weniger rassistisch und sexistisch wird. Solche gesellschaftlich geschaffenen Kategorien mögen dann letztlich unbedeutend werden, das Verhalten der Leute mag nicht länger mit der Zugehörigkeit zu diesen Kategorien korrelieren, und die Ersatzkategorien könnten schließlich selbst außer Gebrauch kommen.

In der Zwischenzeit jedoch mag man von einem positiven Effekt weit entfernt sein. Die Mitglieder der unfallgeneigten Kategorie, denen versichert wurde, daß sie nicht länger gezwungen werden, mehr zu bezahlen, werden wohl (wenn sie sehen, daß die ihnen berechneten Prämien noch immer höher sind als die anderer Gruppen) zu folgern geneigt sein, daß es sich bei all diesen Zusicherungen nur um einen Trick handelte. Sie mögen sich über eine Gesellschaft ärgern, die Nichtdiskriminierung bei bestimmten Aktivitäten verspricht, aber sie dennoch für die Teilnahme an diesen Aktivitäten stärker zur Kasse bittet. Die subtile – und wichtige – rechtliche Unterscheidung zwischen diskriminierenden Regeln und Regeln, die eine unverhältnismäßig negative Wirkung auf eine Gruppe ausüben, wird wahrscheinlich bei den Personen verloren gehen, die noch immer etwas zu tragen haben, das sie als unfaire Last betrachten. Die innerstädtischen Schwarzen bedürfen nicht meiner Analyse, um ihnen zu sagen, daß Versicherungsraten, die auf den Wohnort oder die Beschäftigung gestützt sind, das Anrecht auf Irrelevanz der Rassenzugehörigkeit bei der Frage, wieviel für das Autofahren zu bezahlen ist, zu einem Gespött werden lassen. Sie – und insbesondere diejenigen, die bezweifeln, daß das Verbot von diskriminierenden Klassifikationen mit der Zeit zu einer nichtrassistischen Gesellschaft führen wird – mögen sogar über diesen Trick noch ärgerlicher sein als über offene Diskriminierung. Derartigen Personen mag die ganze Übung als ein schädlicher Versuch erscheinen, Diskriminierungen zu verewigen, die – wenn sie offen erfolgten – zu schockierend wären, um zu überdauern. Hinzu kommt, daß die gelegentlich auftretenden 50jährigen „Rock-and-Rollers", denen mehr berechnet wird, weil sie durch das Surrogat einer Hochrisikogruppe zugewiesen werden, wahrscheinlich auch ärgerlich sein werden. Irgendwie leben die meisten Menschen gerne in dem Bewußtsein, daß sie nicht unfallgeneigt sind. Sie greifen deshalb erbittert jedes System an, das auf der Basis irrelevanter Charakteristika – wie beim Bevorzugen einer bestimmten Musikart – diskriminiert. Die Menschen spüren, daß sie einen unverhältnismäßig großen Teil der Kosten verbotener rassischer bzw. Geschlechts- oder Altersklassifikation tragen, und sie werden zu wissen verlangen, warum das so ist.

An diesem Punkt kommt es unvermeidlich zu einem Vorschlag, dem alle billig und gerecht denkenden Leute – wie die Redaktionsschreiber der New York Times – sehr gewogen sind. Warum verlangt man nicht, daß die Versicherungskategorien statt auf äußere Charakteristika auf die vorherige persönliche Fahrvergangenheit gestützt werden?[51] Sicherlich könnte auf diesem Weg, intonierten die redaktionellen Brahmanen weitschweifig, das Problem gelöst werden.[52] Doch das Veranschlagen von Fahrern auf der Basis der vergangenen persönlichen Unfallgeschichte mag von sehr begrenztem Nutzen sein, wenn das Ziel in der Nichtdiskriminierung bestimmter Gruppen besteht. Es kann leicht gezeigt werden, daß solche auf die persönliche Vergangenheit gestützten Versicherungsraten – unter Zugrundelegung recht wahrscheinlicher Annahmen – wenig dazu beitragen, die ungehinderte Teilnahme unfallgeneigter Minderheiten zu garantieren. Statt dessen fügen sie unerwünschte Elemente des Sündenbockdenkens und Gefahren eines Ausgrenzungsprozesses hinzu.

Die Schlüsselfrage besteht darin, ob vergangene Unfälle gute Vorhersagen über zukünftige Unfälle liefern. In dem Umfang, in dem sie dies tun, würde man erwarten können, daß Versicherungsgesellschaften sie eifrig bei der

---

[51] Reckless Insurance for Wreckless Drivers, N. Y. Times, 18. Okt. 1977, S. 36, Spalte 1 (Editorial).

[52] Siehe z.B. die Wiederholung in: Statistical Truth, Human Realities: Driving Records vs. Demographics, N. Y. Times, 9. Mai 1981, S. 22, Spalte 1 (Editorial).

Einrichtung der Kategorien und der Festsetzung der Versicherungsraten nutzen würden, ohne dazu von Zeitungen aufgefordert oder vom Recht dazu verpflichtet zu werden. Insoweit jedoch, als die vergangenen Unfälle keine guten Vorhersagen ermöglichen, stellt das Verwickeltsein in einen Unfall im Grunde genommen ein zufälliges Ereignis dar, das einigen wenigen Unglücklichen zustoßen wird (den Opfern der bösen Gottheit). Wenn jedoch andere Charakteristika – wie Alter, Geschlecht, Familienstand oder ethnische Herkunft – die auf das Höchste mit Unfallgeneigtheit verknüpft sind, ins Spiel kommen, dann werden viel mehr der wenigen Unglücklichen konzentriert unter den Mitgliedern der Hochrisikogruppen zu finden sein. Von diesen werden zwar zahlenmäßig nicht besonders viele an Unfällen beteiligt sein, doch werden unter den Unfallbeteiligten bei weitem mehr aus diesen Gruppen stammen als aus Gruppen, die nicht zu den unfallgeneigten Kategorien zählen. Die Wirkung einer auf der persönlichen Vergangenheit basierenden Versicherungskategorisierung besteht also darin, die Hauptlast der Unfallkosten auf die – überwiegend aus den benachteiligten Gruppen stammenden – Personen zu konzentrieren, die unglücklich genug sind, einen Unfall zu haben. Sie – die Unglücklichen und Benachteiligten – haben damit in der Praxis die Subvention für den gesellschaftlichen Wunsch nach gleicher Zugangsgewährung zu zahlen.

Wenn man darüber ein wenig mehr nachdenkt, wird sogar der gleiche Zugang, den solch ein Ansatz zu gewähren scheint, mehr illusorisch denn real. Allen in der Hochrisikogruppe ist es erlaubt, zu derselben Versicherungsrate wie jeder andere Auto zu fahren. Wenn sie dies tun, tragen sie jedoch das bedeutende unversicherbare Risiko, einen Unfall zu haben und dann gezwungen zu sein, sehr große Prämien für die zukünftige Teilnahme zu zahlen. Dieses Risiko ist viel größer für diejenigen in unfallgeneigten Kategorien als für diejenigen in relativ sicheren Kategorien, gerade weil jene Kategorien unfallgeneigt sind. Im traditionellen System des Common Law ist dieses Risiko versichert – es wird von allen Mitgliedern des „Hochrisiko-Pools" getragen. Alle diese Mitglieder zahlen etwas höhere Prämien als die Mitglieder anderer Kategorien, weil sich mehr von ihnen als unglücklich erweisen werden. Unter dem Unfallbeteiligungsansatz kann man sich jedoch gegen dieses Risiko nicht versichern. Jeder Fahrer in einer Hochrisikokategorie muß beim Fahren das Risiko tragen, viel höhere Prämien zahlen zu müssen, wenn er sich als unglücklich erweist. Am Ende also besteht alles, was dieser Ansatz bringt, darin, tatsächliche Verluste auf eine kleinere Gruppe innerhalb der Hochrisikokategorien zu konzentrieren. Zugleich wird das Risiko für alle Angehörigen solcher Gruppen dadurch erhöht, daß infolge eines Unfalls die Versicherung in der Folgezeit nicht mehr gewährt wird. Schließlich wird zugleich auch die Gesellschaft aus der Verantwortung entlassen, weil nun die (wieder vorwiegend aus den rassischen und geschlechtsbezogenen Hochrisikogruppen stammenden) Personen, die die finanzielle Last tragen werden, nicht wegen ihrer Gruppenzugehörigkeit, sondern wegen ihres eigenen (wie wir annehmen, weitgehend irrelevanten) einzelnen Verhaltens nur nominal ausgewählt werden.

Ein gutes Ergebnis also, würde die böse Gottheit sagen. Die Benachteiligten als Gruppe sind dazu verurteilt, ein größeres Risiko – und damit eine größere Last – zu tragen, wenn sie sich an einer zentralen gesellschaftlichen Aktivität beteiligen. Einzelne Mitglieder dieser Gruppe finden sich selbst mit der finanziellen Last der Unfälle unverhältnismäßig stark belastet und werden – insoweit, als vergangene Unfälle eine schlechte Vorhersage für zukünftige abgeben, unnötigerweise – von zukünftiger Beteiligung abgehalten. Zusätzlich sagt ihnen die Gesellschaft, daß sie niemanden außer sich selbst die Schuld zu geben haben, denn der Standard ist einer, den selbst die Times für unvoreingenommen hält.[53] Der unter diesen Angehörigen der Hochrisikogruppen bestehende Wunsch, das Risiko eines in der Zukunft drohenden Ausschlusses mit anderen zu teilen, ist unerfüllbar. Würde man nämlich eine Versicherung gegen solche Erhöhungen zukünftiger Prämien, die wegen vergangener Unfälle erfolgen, gestatten, so hätte man das System einfach wieder in das alte Common Law-System konvertiert (was wir als Prämisse ausschließen wollten). Versicherungsraten würden dann wieder von der versicherungsstatistischen Wahrscheinlichkeit zukünftiger Unfälle bestimmt und würden damit benachteiligte Gruppen übermäßig belasten!

Lassen Sie mich wiederholen, daß ich aus alledem nicht folgere, daß wir bei auf Rasse, Geschlecht oder Alter gestützten Versicherungsraten bleiben sollten. Vielmehr folgere ich, daß die Art von kosmetischen Lösungen, die von Zeitungen und Gesetzgebern entwickelt wurden, gerade deshalb zu kritisieren sind, weil sie den Eindruck erwecken, als ob wir nur die Wahl zwischen offen anstößigen Klassifikationen und Surrogaten haben, die die benachteiligten Gruppen ebenfalls mit einem Strafzuschlag belegen. Mein Punkt besteht dagegen darin, daß wir nicht verpflichtet sind, das geringere dieser Übel zu wählen. Wir als Gesellschaft treffen solche Entscheidungen nicht aus einer Notwendigkeit heraus, sondern aus Ambivalenz. Wenn wir wirklich wollen, daß der Zugang zu bestimmten Aktivitäten für die Angehörigen solcher Gruppen ungehindert erfolgen kann, die aus Gründen der Kultur, des Alters oder vergangener gesellschaftlicher Schlechtbehandlung unfallgeneigt sind, so können wir dies erreichen, doch müssen wir mehr tun, als lediglich die relevante Kategorisierung zu „verwehren". Wir als Gesellschaft müssen die Last selbst übernehmen. Wir müssen direkt (aus Regierungsfonds oder aus von der Regierung strukturierten „Pools") die Versicherungsraten subventionieren, die solchen Personen angeboten werden, die aufgrund ihrer Rasse, ihres Geschlechts, ihres Alters oder irgend etwas anderem, das wir als irrelevant behandelt sehen möchten, in Hochrisikoka-

[53] Siehe oben Fn. 51 u. 52.

tegorien fallen. Wenn wir dies in dem Umfang, der nötig ist, um der Unfallgeneigtheit der Gruppe entgegenzuwirken, täten, kann man ziemlich sicher sein, daß Versicherungsgesellschaften recht schnell und glücklich zugreifen und diese neue „gleich" attraktive Kundengruppe ausnutzen (d.h.: ihnen Versicherungen verkaufen) würden.

Solch eine Subvention läßt sich leicht vorstellen, wenn die Hochrisikogruppe durch Charakteristika wie körperliche Behinderungen oder hohes Alter bestimmt wird. Sie mag sogar möglich sein, wenn die Gruppe durch Charakteristika bestimmt ist, die – wie bei der Jugend – mit unerwünschten Fahrgewohnheiten verknüpft ist, die wir aber alle selbst durchgemacht haben. In allen diesen Fällen mag die Gesellschaft bereit sein, die Kosten der gleichen Teilnahme für diese Gruppe zu tragen. Es ist viel schwieriger, sich die Zahlung einer solchen Subvention an eine Gruppe vorzustellen, die – aus kulturellen oder von einer vorherigen Schlechtbehandlung herrührenden Gründen – zu schnell oder zu schlecht Auto fährt.

Lassen Sie mich eine katastrophale hypothetische Situation beschreiben, von der ich Grund zur Annahme habe, daß sie die wahre Lage verkörpert. Nachdem ich gelegentlich einige Versicherungsmanager relativ betrunken gemacht hatte, haben sie mir „anvertraut", daß Unfallbeteiligungsstatistiken „zeigen", daß Schwarze mit geringem Einkommen viel mehr Autounfälle als Weiße mit geringem Einkommen und wesentlich mehr als Weiße mit mittlerem Einkommen haben. Sie fügten dann – fast als nachträgliche Erkenntnis – hinzu, daß Schwarze mit mittlerem Einkommen die geringsten Unfälle von allen haben – bedeutend weniger als Weiße mit mittlerem Einkommen. Lassen Sie uns für einen Moment diese zweifelhaften Behauptungen für wahr ansehen, obwohl sie offensichtlich Probleme für Leute wie mich präsentieren, die nicht an Rassenunterschiede glauben und nicht verstehen, was das Rassenkonzept anderes bedeutet als ein häßliches gesellschaftliches Konstrukt.

Die einzige Art, auf die ich die Äußerungen der leitenden Versicherungsangestellten verstehen kann, ist eine pseudosoziologische. Wie ich bereits zuvor sagte, ist es nicht unwahrscheinlich, daß, wenn die Gesellschaft eine Gruppe als eine Rasse oder eine Kategorie definiert und sie aufgrund dieser Definition schlechter behandelt (wie fiktiv, phantastisch und absurd die Grundlage dieser Definition auch immer sein mag), Angehörige dieser Gruppe auf ihre Schlechtbehandlung, ihre separate Klassifikation, in ihrem allgemeinen Verhalten reagieren. Wenn wir also eine rassistische Gesellschaft sind und einige anders als andere behandeln, ist es möglich, daß die, die wir zu stigmatisieren und auszusondern beschlossen haben, sich in vielen Situationen anders verhalten werden als die, die wir nicht so behandeln. Wenn Ihnen dies einsichtig erscheint, sollte es Sie nicht überraschen, daß sich Schwarze mit geringem Einkommen (gerechtfertigterweise) unterdrückt fühlen und vielleicht unbewußt ihren Ärger durch (beispielsweise) aggressiveres Fahren zum Ausdruck bringen. Daraus mag folgen, daß sie mehr Unfälle haben als, sagen wir, weniger unterdrückte Weiße mit geringem Einkommen.

Umgekehrt könnte die gleiche Betrachtungsweise das angebliche „sichere Fahren“ der Schwarzen mit mittlerem Einkommen erklären. Wenn Sie Teil einer Gruppe wären, die eine rassistische Gesellschaft zu stigmatisieren beschloß, und Sie es geschafft hätten, sich durch Arbeit und Glück zu einem annehmlichen Leben vorzuarbeiten, so mögen Sie vor allem besonders wachsam sein, das Sie auf eine Stufe zurückwerfen könnte, auf der Sie die rassistische Gesellschaft gern sehen würde. Vorsicht, die zu einem umsichtigen, defensiveren Fahren und weniger Unfällen führt, mag dann zum ersten Gebot werden. Ich bin kein Soziologe oder Psychologe und offeriere deshalb diese Vermutungen überhaupt nicht als Erklärungen. Sie werden nur als Wege erwähnt, auf denen ich selbst versucht habe, die Angaben der betrunkenen Versicherungsangestellten trotz meines fehlenden Glaubens an Rasse und rassische Charakteristika als möglicherweise zutreffend zu akzeptieren.

Unterstellt also, daß diese Zahlen zutreffen, was soll dann eine solche Gesellschaft tun? Höhere Versicherungsraten auf der Grundlage von rassischer Zugehörigkeit in Verbindung mit niedrigem Einkommen zu berechnen, ist sicherlich intolerabel und sollte verboten werden. Sollen wir deshalb Versicherungsgesellschaften subventionieren, die Schwarze mit geringem Einkommen versichern? Irgendwie ist dies bislang unserer Gesellschaft schwerer gefallen, als das Fahren der Alten, der Behinderten oder sogar der Jugendlichen zu subventionieren. Vielleicht hat es den Beigeschmack, Versicherungsraten derjenigen zu subventionieren, die mehr Unfälle haben, weil sie alles Autofahren als Automobilrennen auffassen. Doch wenn wir nicht derart subventionieren, was sollen wir dann tun? Wir werden sicherlich keinen geringeren Vernünftigkeitsstandard anlegen, um Gruppenzugehörige zu testen. Das würde die Opfer zu den Zahlern der Subvention machen und doch nicht die Probleme verhindern, an die eine offene Subventionierung sofort denken läßt. Können wir eine versteckte Subvention dadurch gewähren, daß wir alle Fahrer mit hohem Risiko (was auch immer die Quelle des hohen Risikos sein mag) in einem „zugewiesenen Risiko-Pool“ zusammenfassen, der dann subventioniert wird? Manchmal tun wir gerade das, doch indem wir es tun, subventionieren wir riskantes Fahren derer, deren Teilnahme wir nicht zu ermutigen wünschen.[54] Wir ermutigen das Fahren derer, deren Gefährlichkeit nicht auf Einstellungen beruht, die von der Art herrühren, wie die Gesellschaft sie behandelt hat, sondern einfach von der Tat-

[54] Derartige „Risikopools“ finden sich im Versicherungsrecht von 43 amerikanischen Einzelstaaten. Note: Nipper v. California Assigned Risk Plan: The Duties of Care Owed to the Motoring Public by CAARP and Insurance Brokers, 10 SW. U.L. Rev. 1007, n. 1 (1978).

sache, daß sie schlecht fahren! Mit anderen Worten: wir akzeptieren zu viel vom Geschenk der bösen Gottheit und nicht nur das, was gebraucht wird, um gleichen Zugang zu Kernbereichen gesellschaftlicher Aktivität ungeachtet der Rassenzugehörigkeit sicherzustellen.

Zu oft geben wir, wie ich bereits sagte, eine verdeckte „Nicht-Subvention". Wir verbieten rassische Klassifikationen, aber erlauben Surrogate wie Klassifikationen, die an die Beschäftigung, an geographische Faktoren oder sogar an die persönliche Unfallgeschichte anknüpfen. Dies ist eine „Nicht-Subvention" und eine „Nicht-Lösung". Auch sie behandelt die mißfallenden Gruppen schlechter als andere, doch verschleiert sie darüber hinaus die Tatsache, daß dies auf der Grundlage der Rassenzugehörigkeit geschieht. Vielleicht am häufigsten benutzen wir diese verschleierte „Nicht-Subvention" mit dem Trick, etwas von der Last auf die Opfer entfallen zu lassen, die Hauptlast jedoch auf dem am meisten verantwortlichen Angehörigen der mißfallenden Gruppe zu belassen. Wir tun dies, indem wir keine Versicherung bzw. eine sehr geringe Versicherung für Autofahrer vorschreiben.[55] Auf diese Weise vermeiden in meinem hypothetischen Beispiel einige der Schwarzen mit geringem Einkommen jegliche Belastung. Sie versichern sich nicht und verfügen über kein Vermögen, was zu dem Ergebnis führt, daß die Unfallschäden von den Opfern zu tragen sind. Jene Schwarzen mit geringem Einkommen, die meinen, sie sollten sich versichern, um in der Lage zu sein, jedem Verletzten Schadensersatz leisten zu können, fallen jedoch (durch die Anwendung von Ersatzklassifikationen) gewöhnlicherweise weiter unter die Kategorie des höchsten Risikos. Zusammen mit den Opfern bilden diese Leute die am meisten belastete Gruppe. Wie bei der Lösung der auf persönlicher Unfallgeschichte basierenden Klassifikationen erweist sich dieser sehr verbreitete Ansatz damit als „nicht gerade sehr sympathisch"!

Unsere Nichtbereitschaft, offen zuzugeben, daß einige Gruppen in unserer fehlerhaften Gesellschaft Eigenschaften haben mögen, die unerwünscht und sogar gefährlich sind, bleibt das Problem und stellt gerade aus diesen Gründen ein Problem dar. Da wir jedoch letztlich für die Existenz dieser Einstellungen verantwortlich sind, würden wir gerne sowohl ihre Existenz verneinen wie auch eine Behinderung oder einen weiteren Ausschluß derjenigen vermeiden, die solche Einstellungen haben. Wir würden dies gern tun, ohne dabei auf irgendeine Weise anzuregen, daß die Einstellungen selbst toleriert oder gar ermutigt werden sollten. Es ist diese Ambivalenz, die uns so oft in Ausflüchte und Wunschdenken treibt.

---

[55] Die in den allermeisten Staaten obligatorische Haftpflicht ist zumeist unzureichend. Sie beträgt z. B. in Kalifornien $ 15.000 für den Tod oder die Körperverletzung einer Person, $ 30.000 für die Körperverletzung oder den Tod mehrerer Personen und $ 5.000 für Sachschäden: Cal. Veh. Code § 16430 (West Supp. 1983).

Natürlich mag das gesamte hypothetische Beispiel falsch sein. Die betrunkenen Manager mögen sich geirrt haben oder unverfroren gelogen haben. Falls dies so wäre, gäbe es alle möglichen Arten von schönen liberalen Auswegen. Wenn ich diesen Fall meinen Studenten vorstelle, gibt es immer einige, die hoffnungsvoll Lösungen vorschlagen. Diese funktionieren jedoch nur dann, wenn das hypothetische Beispiel falsch ist – wenn wir nicht in einer rassistischen Gesellschaft leben. Es gibt immer einen weißen Liberalen, der sagt, daß wir, wenn wir fortführen, Versicherungsgruppen weiter aufzugliedern, wir letztlich keinen Unterschied zwischen armen Schwarzen und Weißen mehr fänden. Dies wäre gut, wundervoll sogar, weil es ein Indiz dafür wäre, daß unsere Gesellschaft nicht rassistisch ist und Schwarze nicht auf alle möglichen – die Fahrweise der Leute beeinflussenden – Arten diskriminiert hat. Es gibt auch immer einen (unvermeidbar weißen) selbsternannten Radikalen, der die Idee aufwirft, daß das Problem von selbst verschwinden würde, wenn wir einige Versicherungsgesellschaften hätten, die nur Schwarzen gehörten. Ich brauche diesen Vorschlag niemals zu beantworten, da – bevor ich antworten kann – mich regelmäßig ein schwarzer Student auf die Antwort geradezu zu stoßen scheint, indem er sagt, daß ihm dies gerade gut passen würde. Er würde gerne eine solche Gesellschaft besitzen, um dann unter Antidiskriminierungsgesetzen Versicherungen nur noch an Schwarze mit mittlerem Einkommen zu verkaufen und ein Vermögen zu machen. Der in dieser Antwort liegende Sarkasmus wird übrigens häufig von dem ursprünglichen Verfechter dieser Idee übersehen.

Am Ende ist es natürlich weniger wichtig, ob sich das besondere hypothetische Beispiel als wahr erweist. Wichtiger ist vielmehr, was es über unsere Ambivalenz in bezug auf einige gefahrbezogene Einstellungen zutage fördert. Vor diesem Hintergrund kann ich schnell zusammenfassen, wie unser Recht mit einer Vielzahl von solchen Einstellungen und Eigenschaften, die zwar vom Normalverhalten abweichend sind, jedoch nicht spezifisch auf einer Religion beruhen, umgeht – und dabei versagt. Wo riskantes, kostenverursachendes Verhalten von körperlichen Eigenschaften oder vom Alter oder der Behinderung des Opfers – oder auch von Einstellungen, die sich daraus ergeben – herrührt, wird dies Verhalten allgemein als vernünftig angesehen und steht der Geltendmachung des Schadens durch das Opfer nicht entgegen. Wo hingegen dieselben Eigenschaften beim Schädiger existieren, gelten sie gewöhnlich im Common Law als unvernünftig und bilden die Grundlage der Haftung. Manchmal jedoch erfolgt in solchen Situationen eine Subventionierung durch den Gesetzgeber, so daß die Last der Schädigerkategorie von der ganzen Gesellschaft getragen wird. Wo kostenverursachendes Verhalten aus Einstellungen resultiert, die mit ethnischem, oder rassischem Status verknüpft sind, wird dies allgemein im Common Law sowohl bei Opfern wie bei Schädigern für unvernünftig gehalten. Ich vermag nicht sicher zu sagen, ob derselbe Ansatz auf Einstellungen (im Gegensatz zu körperlichen Eigenschaften) Anwendung findet, die mit geschlechtlichen Unterschieden zusammenhängen. Das ist nicht so klar, doch mein aus der Lektüre vieler Fälle gewonnener Eindruck ist, daß der „angemessen umsichtige Mann“ in der Vergangenheit ein Mann und nicht eine Person gewesen ist. Im Ergebnis denke ich daher, daß auf Unfälle bezogene stereotyp weibliche Einstellungen im Common Law nicht mehr Schutz genossen als die, die als stereotype Einstellungen von Italienern oder Schwarzen galten.

Dessen ungeachtet sind wir durch Gesetze und Gerichtsentscheidungen[56] dahingehend tätig geworden, den Gebrauch von Rassenzugehörigkeit, Geschlecht und ethnischer Herkunft als Grundlage von Versicherungsklassifikationen zu untersagen. Auf diese Weise haben wir versucht zu bestreiten, daß wir solche Einstellungen bestraft haben, die unsere rassistische und sexistische Gesellschaft für bestimmte ethnische, rassische und geschlechtliche Gruppen entwickelt bzw. ihnen zugewiesen hat. Dies könnte so verstanden werden, daß wir derartige, in solchen Gruppen auftretende Einstellungen selbst dann als vernünftig und als eine unangemessene Grundlage für eine Haftung behandelt sehen möchten, wenn wir zugleich fortfahren, sie bei denen, die nicht solchen Gruppen angehören, für unerwünscht und unvernünftig zu halten. Ungeachtet solcher Gesetze und Entscheidungen wird jedoch noch immer sehr oft – gewöhnlich durch eine komplizierte Kombination von Ausflüchten – die Last der mit diesen Einstellungen in Verbindung stehenden Unfälle vorwiegend solchen ethnischen, rassischen und geschlechtsbezogenen Kategorien – bzw. einem Teil von ihnen – zugewiesen. All das ist ein Indiz dafür, daß in unserer Rechtsordnung in bezug auf diese Einstellungen ein außerordentliches Maß von Ambivalenz besteht, wenn sie mit ethnischen, rassischen und geschlechtsbezogenen Stereotypen zusammenhängen, für die wir uns alle zum Teil verantwortlich fühlen.

---

[56] Siehe oben Fn. 47.

III. Die Überzeugungen einer vernünftigen Person

Auf ein weitaus geringeres Maß an Zweideutigkeit trifft man im Deliktsrecht, wenn es um ein (in den Augen der meisten Leute sonderbares oder unvernünftiges) Verhalten geht, das von seinen Akteuren damit gerechtfertigt wird, daß die Handlungen aufgrund ihrer religiösen Überzeugungen erforderlich waren. Während der Hintergrund des letzten Kapitels einige Kommentare zum Deliktsrecht erforderlich machte, können die Prämissen für dieses Kapitel in einigen Ideen unserer Verfassung gefunden werden. Da ich jedoch kein Verfassungsrechtler bin, werde ich auf die Diskussion dieser Fragen noch weniger Zeit verwenden als auf die Diskussion des Deliktsrechts im letzten Kapitel. Diese Kürze ist unangemessen, doch kann ich leider nicht mehr Raum darauf verwenden.

Wir leben in einer Gesellschaft, die sich in bezug auf religiöse Überzeugungen zwei verfassungsrechtlichen Idealen verpflichtet fühlt, deren inhaltliche Bedeutung relativ unbestimmt ist. Zum einen soll keine „Etablierung" einer Religion erfolgen.[1] Zum anderen glauben wir an die Ideen der Trennung von Staat und Kirche und der freien Religionsausübung.[2] Was diese Ideale bedeuten und wie sich ihre Bedeutungsfäden verflechten und auf große und kleine „kultische" Sekten sowie auf nicht-religiöse Überzeugungen Anwendung finden, formt das Garn, aus dem dieses Kapitel gestrickt ist. Die Erwähnung dieser verfassungsrechtlichen Gedanken soll jedoch nicht andeuten, daß wir die Frage diskutieren, welche Anforderungen die Verfassung an das Deliktsrecht stellt. Ich behandle nicht so sehr das Verfassungsrecht als vielmehr die verfassungsrechtlichen Prämissen bzw. Ideen und bin daher nicht darum besorgt, welche Behandlung die Verfassung für abnorme Religionen und Überzeugungen verlangt. Eher konzentriere ich meine Betrachtungen auf die Frage, welche Auswirkungen die Gravitationskraft dieser verfassungsrechtlichen Ideen auf Deliktsrechtsfälle hat, die religiöse Überzeugungen betreffen. Ich will damit nicht andeuten, daß das Deliktsrecht auf diese Ideen wie auf konkrete Regelungen reagieren muß, um verfassungsgemäß zu sein. Vielmehr will ich damit sagen, daß unsere Definitionen von Vernünftigkeit tiefgreifend durch die Tatsache beeinflußt sind, daß wir eine Verfassung haben, die etwas über die „Nichtetablierung"

[1] U.S. Const., Amend. I.

[2] Ebd. Zu den Schwierigkeiten einer genauen Bestimmung dieser Begriffe in der praktischen Anwendung siehe z.B. Everson v. Board of Education, 330 U.S. 1 (1947); McCollum v. Board of Education, 333 U.S. 203 (1948).

von Religion, die Trennung von Kirche und Staat und die freie Religionsausübung aussagt. Alles Recht reagiert irgendwie auf die Gravitationskraft anderer rechtlicher Ideen, die dem besonderen Rechtsgebiet, um das es gerade geht, eigentlich fremd sind.[3] „Einfaches" Recht wie das Deliktsrecht reagiert daher unvermeidlich besonders stark auf die von unserer Verfassung ausgehende Gravitationskraft. All dies kann am besten beim Betrachten einiger Fälle gesehen werden.

Ich möchte mit dem Fall Lange v. Hoyt aus Connecticut beginnen, der sich in den 30er Jahren ereignete und der allgemein auch als der „Fall von Mineldas Hüfte" bekannt ist.[4] Ich werde den Fall für die Zwecke der Diskussion vereinfachen – und ihn dadurch verfälschen –, aber nur in bezug auf solche Aspekte, die für die hier unmittelbar anstehenden Fragen nicht relevant sind. Bei einem Autounfall, bei dem sich der Fahrer fahrlässig verhalten hatte, trug eine junge Frau namens Minelda eine zertrümmerte Hüfte davon. Ihre Verletzung entwickelte sich bei weitem ernster, als es normalerweise der Fall ist, weil Minelda das Aufsuchen eines Arztes sehr lange aufschob. Sie tat dies, wie sie sagte, deshalb, weil das Aufsuchen eines Arztes ihren Glauben als „Christian Scientist" verletzte.[5]

Bei unserer Untersuchung des Falls können wir die Fragen, ob sie wirklich eine Christian Scientist war, ob der Schaden an ihrer Hüfte durch die Verzögerung tatsächlich größer wurde und ob sie tatsächlich das Einholen medizinischen Beistandes aufschob, unberücksichtigt lassen. Alle diese Fragen tatsächlicher Art wurden in dem Fall zusammen mit der Frage aufgeworfen, ob – unterstellt, sie war eine Christian Scientist – ihr Glaube, wie sie ihn vernünftigerweise verstand, es ihr unmöglich machte, zu einem Arzt zu gehen.[6] Diese Fragen wurden ordnungsgemäß den Geschworenen zur Entscheidung vorgelegt. Wir können aber alle diese Fragen ignorieren, da das Gericht in Connecticut annahm, daß sie in der Tat eine Christian Scientist war, daß sie sich verhielt, wie sich ein vernünftiger Christian Scientist verhalten hätte, und daß die Verletzung dadurch schlimmer wurde, daß sie nicht so rasch zu einem Arzt ging, wie es eine nicht den Christian Scientists angehörende vernünftige Person getan hätte.

---

[3] Calabresi: A Common Law (Einl. Fn. 4), S. 85; Dworkin, R.: Taking Rights Seriously, 1977, S. 111 (Professor Dworkin spricht von „Gravitationskraft"). Die Analogie zwischen einem „Gravitationsfeld" und der Art, wie das Recht in formell nicht verbundenen Rechtsgebieten gerichtliche Entscheidungen zu formen vermag, hat ihren Ursprung wahrscheinlich bei Cohen: Field Theory and Judicial Logic, 59 Yale L.J. 238, 250 (1950).

[4] Lange v. Hoyt, 114 Conn. 590, 159 A. 575 (1932).

[5] An dieser Stelle habe ich den Fall vereinfacht. Minelda war im eigentlichen Lange-Fall minderjährig, und ihre Mutter lehnte als Christian Scientist das Aufsuchen eines Arztes ab.

[6] Lange v. Hoyt, 114 Conn. at 596 - 597.

Die Frage, die das Gericht sich im Ergebnis selbst stellte, bestand darin: „(a) Ist dies ein Fall eines fahrlässig handelnden Schädigers, der das Opfer so zu nehmen hat, wie er es vorfindet, d. h. mit einer Glaubensüberzeugung, die das Opfer einem größeren Schaden aussetzte als dem, den gewöhnliche Opfer erleiden, oder ist dies (b) ein Fall eines Opfers, das das mit seinem Glauben verbundene Risiko bewußt einging bzw. (c) unvernünftig handelte, indem es die Schäden nicht minderte (unvernünftig deshalb, weil der angemessen umsichtige Mann sofort zu einem Arzt gegangen wäre)?" Die beiden zuletzt genannten Möglichkeiten würden bedeuten, daß der Schaden dem Opfer zuzuweisen ist, um ihm (und anderen in der gleichen Situation) einen Anreiz für die Entscheidung darüber zu geben, wieviel von der Wohltat der bösen Gottheit – in diesem Fall der größten von allen: Glauben – anzunehmen es riskieren wolle. Der erste Ansatz würde dagegen den Schaden dem Schädiger zuweisen, um potentielle Schädiger zu veranlassen, bei der Unternehmung riskanter Aktivitäten zu bedenken, daß das Risiko größer ist, als sie normalerweise denken mögen, weil manchmal ihre Handlungen zu Schädigungen von Personen führen werden, die – wie die Christian Scientists – größere Schäden erleiden als ein gewöhnliches Opfer. Die Angehörigen der Schädigerkategorie werden also bei der Entscheidung, ob sie aktiv werden, welches Rouletterad sie kaufen etc., daran erinnert, daß die Gegenwart von Leuten wie Minelda die Wohltat der bösen Gottheit teurer macht, als man zunächst gedacht haben mag.

Der letzte Ansatz – (c) – behandelt die Existenz von Christian Scientists in der Tat auf dieselbe Weise, auf die das Deliktsrecht die Existenz von Leuten mit dünner Schädeldecke behandelt. Wenn der Schädiger jemanden mit einer ungewöhnlich dünnen Schädeldecke statt jemanden mit einer ungewöhnlichen Überzeugung verletzt hätte, wäre er mit Sicherheit für den unerwarteten Schaden haftbar gewesen. Denn – wie ich im vorigen Kapitel erwähnte – trifft die Person mit dünner Schädeldecke typischerweise keine Verpflichtung, auf Schritt und Tritt einen Footballhelm oder eine stählerne Yarmulka zu tragen, während der fahrlässige Schädiger für den zusätzlichen Schaden aufkommen muß, den Verletzungen von Leuten mit dünner Schädeldecke gelegentlich verursachen.[7] Dagegen würden die ersten Ansätze – (a) u. (b) – Mineldas Überzeugung wie den gesteigerten Wert einer Violinistenhand behandeln, die im Stahlwerk verletzt wird.[8] Es läge danach in Mineldas Verantwortung zu entscheiden, ob die mit ihrer Glaubensüberzeugung verbundene Gefahr den möglichen Schaden wert war.

Nicht überraschend wich das erstinstanzliche Gericht in Connecticut der Frage aus, und der Connecticut Supreme Court (Court of Errors, wie er damals hieß) bestätigte diese Entscheidung.[9] Das Gericht wich aus, indem es

[7] Siehe oben Kap. 2 Fn. 16 und Kap. 2 Fn. 19.

[8] Siehe oben Kap. 2 Fn. 18.

den Fall der Jury übergab und sie wie folgt instruierte: Bei der Entscheidung, ob das Opfer mit angemessener Umsicht bei der Schadensminderung handelte, können Sie berücksichtigen, daß es sich bei Christian Science um eine weit verbreitete Glaubensüberzeugung handelt.[10] Gewissermaßen beantwortete das Gericht die gefeierte Frage von Pilatus: „Was ist Wahrheit?“ mit der einfachen Erwiderung: „Ein Wettbewerb um die größte Popularität.“[11] Die Geschworenen geben in einem solchen Fall keine Gründe an, sondern lediglich ihre Ergebnisse bekannt. Sie nennen uns nicht die Gründe ihrer Entscheidung und können daher unausgesprochene – und oft unaussprechbare – gesellschaftliche Werte stillschweigend zur Anwendung bringen. Haben sie erst einmal über den Fall zu befinden, können sie also den Schluß ziehen, daß Überzeugungen wie die Mineldas vernünftig oder nicht vernünftig sind, ohne uns viel darüber zu erzählen, was sie motivierte.[12] Da das Gericht den Geschworenen gestattete, den Fall zuungunsten von Minelda zu entscheiden (indem sie sich dafür entschieden, deren Überzeugung als rechtfertigenden Grund ihres Verhaltens zu ignorieren), wäre es, wenn die Geschworenen gegen Minelda befunden hätten, schwer zu wissen gewesen, ob sie deren Überzeugung für unvernünftig hielten oder ob sie aus anderen Gründen zuungunsten Mineldas entschieden. Die Geschworenen entschieden jedoch zugunsten von Minelda. Das höhere Gericht wurde daher durch den Schädiger angerufen, darüber zu befinden, ob es überhaupt zulässig gewesen war, den Geschworenen zu gestatten, Mineldas Überzeugung zu berücksichtigen. Der Connecticut Supreme Court hielt dies für rechtmäßig und bestätigte das Urteil des niederen Gerichts.[13]

Wenn meine Studenten diesen Fall lesen, sind sie fast einmütig verärgert. „Warum“, wetterten sie früher los und fragen sie nun – in einer vornehmeren Zeit – vorsichtig, „sollen Überzeugungen wie Mineldas in einem Staatswesen, bei dem Kirche und Staat getrennt sind, besonders geschützt werden?“ Warum sollen nicht die von den vom Normalverhalten stark abweichenden Überzeugungen verursachten Kosten eine Last für diejenigen bilden, die diesen Überzeugungen anhängen? Überzeugungen unterscheiden sich von dünnen Schädeldecken und physischen Schäden. Nur auf diese letztgenannten Fälle sollte die Regel, daß der Schädiger das Opfer so zu nehmen hat, wie er es findet, angewendet werden. Vielleicht sollte die Regel ein wenig umfassender sein und auf Schwierigkeiten, Einstellungen und besondere Abneigungen, die von physischen Unterschieden oder Handikaps herrühren, Anwendung finden, doch sollte sie auf jeden Fall Opfern mit dünnschädligen religiösen Glaubensüberzeugungen keinen Schutz gewähren.

---

9 Siehe ebd.

10 Ebenda.

11 Johannes 18:38.

12 Calabresi / Bobbitt (Einl. Fn. 1), S. 57 - 62.

13 Siehe Lange (Fn. 4), 114 Conn. at 596 - 597.

Wenn man jedoch damit beginnt, die Konsequenzen der von meinen Studenten eingenommenen Position zu durchdenken, beginnen die Dinge bei weitem weniger klar auszuschauen, als die Studenten es vermuteten. Bedenken Sie zum Beispiel einen anderen – diesmal hypothetischen – Fall. Ich nenne ihn meinen katholischen Fall. Nehmen Sie an, daß Minelda anstelle einer Christian Scientist eine fromme Katholikin wäre, die die Enzyklika des Papstes, Humanae Vitae, wesentlich ernster nimmt, als es viele andere Katholiken tun.[14] Sie war aufrichtig überzeugt, daß es – wie die Enzyklika lehrt – eine Sünde ersten Ranges darstellt, sogenannte unnatürliche oder künstliche Methoden der Empfängnisverhütung anzuwenden.[15] Nehmen Sie außerdem an, daß durch die Verletzung ihrer Hüfte eine Schwangerschaft für sie äußerst gefährlich werden würde.

Meine katholische Minelda sähe sich dann mit drei Möglichkeiten konfrontiert, von denen keine besonders attraktiv erscheint. Zunächst könnte sie sich des Geschlechtsverkehrs enthalten. Dies wäre für den Schädiger sehr kostspielig, weil das Recht normalerweise einem Opfer und ihrem Ehemann, die aufgrund der Verletzung keine normalen geschlechtlichen Beziehungen mehr unterhalten können, sehr hohen Schadensersatz gewährt.[16] Sie könnte weiter ihr Gewissen verletzen und „künstliche" Verhütungsmittel benutzen. (Wir werden die Frage beiseite lassen, welcher Schadensersatz, wenn überhaupt, einer Person zusteht, die durch eine Schädigung dazu veranlaßt wird, entgegen ihrem Gewissen zu handeln. Höllenqualen stellen sicherlich einen Schaden dar, doch ist keineswegs klar, daß sie vor Gericht als Schaden anzuerkennen sind.)[17] Schließlich könnte Minelda es darauf ankommen lassen und die Zyklenmethode der Empfängnisverhütung anwenden. Die Frage, die mein hypothetisches Beispiel aufwirft, besteht darin, ob der dritte Ansatz unter den genannten Umständen als vernünftig anzusehen ist.

Lassen Sie uns annehmen, meine katholische Minelda optierte für die Zyklenmethode. Und lassen Sie uns weiter annehmen, sie würde schwanger und stünde nun vor der furchtbaren Wahl, entweder ihr Gewissen noch weiter zu verletzen, indem sie eine Abtreibung vornehmen ließe, oder aber die

---

[14] Encyclical Letter, Humanae Vitae, of Pope Paul VI, 29. Juli 1969.

[15] Siehe Noonan, J.: Contraception: A History of its Treatment By the Catholic Theologians and Canonists, 1965. Die hier Minelda hypothetisch unterstellte unkritische Befolgung der kirchlichen Lehrmeinung würde sie mit Sicherheit in eine abseitige Minderheit innerhalb der amerikanischen Katholiken bringen. Siehe Greeley, A. M.: The American Catholic, 1977, S. 141 - 143.

[16] Siehe allgemein Annot. 74 ALR 3d (1976). In einigen Fällen wurden Ehefrauen hohe Geldsummen zuerkannt. Thill v. Modern Erecting Co., 193 N.W.2d 298 (1971) [$ 100.000]; General Electric Co. v. Bush, 498 P.2d 366 (1972) [$ 500.000]; Rodriguez v. McDonnell Douglas Corp., 151 Cal. Rptr. 399 (1978) [$ 500.000].

[17] Vgl. Little: Suing Satan: A Jurisdictional Enigma, 1 Journal of Attenuated Subleties 27 (1982).

gefährliche Schwangerschaft zu riskieren.[18] Lassen Sie uns schließlich annehmen, daß sie ihren Überzeugungen treu blieb und ihr während ihrer Schwangerschaft alle möglichen scheußlichen Dinge wegen ihrer zerschmetterten Hüfte widerfuhren. Letztlich verklagt sie – bzw. im Todesfall ihr Erbe – natürlich den Schädiger, dessen fahrlässiges Verhalten zunächst zu der zerschlagenen Hüfte geführt hatte, und verlangt nicht nur Schadensersatz für die ursprüngliche Verletzung, sondern auch für alle sich daraus entwickelnden verheerenden Folgen.[19] Der Schädiger würde dies natürlich als verrückt hinstellen. „Wenn Minelda moderne Methoden der Empfängnisverhütung benutzt hätte, würde ich natürlich für einige Dinge haftbar sein: für die zerschmetterte Hüfte, für ihre Unfähigkeit, weitere Kinder zu haben (hätte sie weitere gewollt) und ähnliches", würde er sagen. „Doch wäre es zu keinen weiteren katastrophalen Auswirkungen – wie denjenigen, die von ihrer Schwangerschaft herrührten – gekommen. Warum soll ich also für diese haftbar sein? Hätte sich Minelda so verhalten, wie es vernünftige Leute tun, die nicht der Humanae Vitae folgen, wären die Schäden viel begrenzter. Sie versagte", würde er daraus folgern, „sich bei der Minderung der Schäden, die mein zugestandenermaßen fahrlässiges Verhalten verursachte, vernünftig zu verhalten."

Mineldas Antwort würde natürlich sein: „Das Befolgen meines Glaubens war vernünftig. Es ist nämlich kostspieliger, eine geschätzte Überzeugung aufzugeben, als die Risiken einzugehen, die das Festhalten an der Überzeugung mit sich bringen. Unter den allgemein gebräuchlichen Kosten/Nutzen-Definitionen von Vernünftigkeit verhielt ich mich demzufolge vernünftig.[20] Die Tatsache, daß sich die Konsequenzen der Befolgung meiner Glaubensüberzeugung als so katastrophal erwiesen, ändert daran solange nichts, wie das bewußte Eingehen der Risiken derartiger Konsequenzen im Ansatz vernünftig war." In bezug auf diese Frage liegt sie völlig richtig. Nehmen Sie an, daß ich durch Ihre Fahrlässigkeit eine leichte Verletzung meines Armes erlitte und mich vernünftigerweise entscheiden würde, mich deshalb einer Operation zur Behebung der Verletzung zu unterziehen, weil sie meine

---

[18] Die meisten Katholiken halten Abtreibung für weitaus schlimmer als Empfängnisverhütung. McFadden, C. J.: The Dignity of Life, 1976, S. 93.

[19] Probleme beim Aufzeigen der für eine erfolgreiche Klage notwendigen Kausalität zwischen den Folgeschäden und der Schädigungshandlung sind nicht zu erwarten. Ein Schädiger wird z. B. normalerweise für eine Erkrankung oder Infektion, die sich das Opfer nach dem Unfall infolge seines geschwächten Zustandes zuzieht, haftbar gemacht. Dickson v. Hollister, 16 A. 484 (1889); Wallace v. Ludwig, 198 N.E. 159 (1935). Siehe Restatement (Second) of Torts, 1965, § 458.

[20] Eine weitgehend anerkannte Art zu bestimmen, wann ein Verhalten „vernünftig" ist, besteht in der Tat in einer Kosten/Nutzen-Analyse. Posner: A Theory of Negligence, 1 J. Leg. Stud. 29, 32 - 33 (1972). Der sog. Learned Hand Test [benannt nach dem Richter, der diesen Test zuerst anwendete, siehe Conway v. O'Brien, 111 F.2d 611 (1940)] beinhaltet z. B. eine derartige Kosten/Nutzen-Abwägung. Siehe United States v. Carrol Towing Co., 159 F.2d 169, 173 (1947).

Lehrtätigkeit dadurch beeinträchtigt, daß sie das Herumschwenken meiner Arme behindert. Die Narkose bei der Operation läßt mich jedoch tragischerweise querschnittsgelähmt zurück. In diesem Fall bestünde kein Zweifel, daß ich Sie erfolgreich für alle Schäden verklagen könnte. Denn es war – ungeachtet dessen, daß die Folgen der Operation bei weitem schlimmer waren, als wenn ich die Sache schlecht genug auf sich hätte beruhen lassen – vernünftig, sich der Operation zu unterziehen.[21] Minelda hat also völlig recht, daß – wenn der Einsatz der Zyklenmethode deshalb vom Ansatz her vernünftig war, weil eine Verletzung ihres Gewissens oder Enthaltsamkeit schlimmer gewesen wären – dies Verhalten nicht dadurch unvernünftig wurde, daß es einfach zu noch schlimmeren Ergebnissen und Schäden führte. Denn auch für diese könnte sie von dem fahrlässigen Fahrer Ersatz erlangen.

Wir können die Frage unter dem vorherrschenden Vernünftigkeitstest, der von Learned Hand vorgeschlagen wurde (und den er in Wahrheit von Professor Terry übernommen hatte[22]), präziser formulieren. Um sich vernünftig zu verhalten, ist es nach diesem Test erforderlich, daß man die Kosten und den Nutzen des ins Auge gefaßten Verhaltens gegen die Kosten und den Nutzen, sich anders zu verhalten, abwägt. Man muß die Vorteile und die Schäden, die auftreten würden, wenn man das eine täte, gegen die Vorteile und die Schäden, die entstünden, wenn man das andere täte, abwägen, wobei auf jeder Seite die Wahrscheinlichkeit des Auftretens von Schäden und Vorteilen abzuziehen ist.[23] Wenn beim Ziehen der Bilanz ein gegebenes Verhalten vernünftig ist, wird es nicht schon dadurch unvernünftig, daß sich zufällig ein ungewolltes Ergebnis einstellt.

Die weitere und tiefergehende Frage ist jedoch, ob es einem beim Ziehen dieser Bilanz (Learned Hand zwang uns ständig, unmögliche Bilanzen zu ziehen[24]) gestattet ist, seine Überzeugungen und deren Beschädigungen auf einer der Waagschalen miteinzubringen. Wenn der Schaden, den die Verletzung der Glaubensüberzeugung eines Menschen mit sich bringt, als Gewicht auf der Waagschale zählt, dann war das, was Minelda als Katholikin und was Minelda als Christian Scientist tat, gleichermaßen vernünftig, und alle

---

[21] Siehe z. B. Hastie v. Handeland, 79 Cal. Rptr. 268 (1969); Jones v. Laird Foundation, Inc., 195 S.E.2d 821 (1973).

[22] Eine Vorgehensweise, die dem Learned Hand-Test sehr ähnlich ist, wurde von Terry: Negligence, 29 Harv. L. Rev. 40, 42 - 43 (1915) vorgeschlagen. Es gibt zwar keinen direkten Beweis dafür, daß Hand den Test von Terry übernahm, doch ist es bei einem Richter wie Hand schwer vorstellbar, daß er den Artikel nicht gelesen hatte.

[23] Siehe Posner (Fn. 20), S. 32 - 33.

[24] So erschien es zumindest seinen Zeitgenossen. Siehe z. B. Learned Hands „balancing test" im Bereich des ersten Verfassungszusatzes in Masses Pub. Co. v. Patten, 244 F. 535 (1918), rev'd. 246 F. 24 (1917). Dieser Test fand erst bei einer späteren Generation von Juristen Anerkennung. Siehe z. B. Dennis v. United States, 341 U.S. 494, 510 (1951). Siehe aber auch Barenblatt v. United States, 360 U.S. 109, 141 - 144 (Black, J., dissenting).

Folgeschäden waren zu ersetzen. Wenn es jedoch nicht zählt, war das, was beide Mineldas taten, unvernünftig, und beide müssen sich mit den Folgen allein abfinden.[25]

Dies überzeugt einige meiner Studenten, doch nicht alle. Viele von ihnen sagen: „Als Zwischenergebnis läßt sich festhalten, daß es nicht darum geht, daß Christian Scientists deswegen schlecht behandelt werden, weil Christian Science eine vom Normalverhalten stark abweichende Überzeugung ist. Mit Sicherheit ist der Katholizismus in Connecticut angesichts dessen, daß ungefähr 40% der Bevölkerung dieses Staates römisch-katholisch sind,[26] nichts Besonderes. Um was es geht, ist daher nicht, ob merkwürdigen Glaubensüberzeugungen derselbe Schutz gewährt werden soll wie etablierten. Es geht vielmehr darum, daß der vernünftige Mann bzw. die vernünftige Person sich als eine ‚wissenschaftliche' Person ohne Glaubensüberzeugungen erweist – und eine solche sein muß. Man muß sich wissenschaftlich verhalten (was immer das bedeuten mag), um Schäden zu mindern. Man ist gezwungen, dasjenige zu tun, was – unabhängig von irgendwelchen Überzeugungen – Verletzungen mindern würde. Tut man das nicht, bleibt man auf dem Schaden sitzen."

Andere meiner Studenten stehen verständlicherweise der Möglichkeit bzw. der Erwünschtheit einer solchen „wissenschaftlich" angemessen umsichtigen Person (über die ich in Kürze reden werde) skeptisch gegenüber. Sie sind auch direkter und sagen: „Nein, es ist keine Frage der Wissenschaft oder davon, überhaupt keinen Überzeugungen anzuhängen. Es geht vielmehr um die Sonderbarkeit von Überzeugungen. Orthodoxer römischer Katholizismus ist, wenn er eine Position gegen Empfängnisverhütung einnimmt, ebenso sonderbar, wie Christian Science es ist, wenn sie Leute davon abhält, zum Arzt zu gehen. Darauf und auf nichts anderes läuft es hinaus. Wir alle wissen, was vernünftig und was unvernünftig ist, und alles ist ziemlich einfach. Populismus kommt überhaupt nicht ins Spiel – es ist alles eine Frage des Common Sense."

An dieser Stelle präsentiere ich meinen Studenten gewöhnlich noch einen weiteren – tatsächlichen – Fall, den ich meinen jüdischen Fall nenne. Es handelt sich um den Fall Friedman v. New York, der sich vor nicht allzu langer Zeit (1967) ereignete.[27] Eine 16jährige Frau, die nun verheiratet ist und Ruth Eider heißt – damals jedoch unverheiratet war und ihren Mädchennamen Friedman trug – bestieg eines schönen Sommernachmittags in den Catskills mit einem 19jährigen Mann, Jack Katz, einen Skilift, um von dort die Umgebung zu betrachten. Gegen Ende des Nachmittags stellte der den

---

[25] Vgl. Dworkin, R.: Taking Rights Seriously, 1977, S. 232 - 233; Ackerman, B.: Social Justice in the Liberal State, 1980, Kapitel 2.

[26] Siehe The Official Catholic Directory App., 1983, S. 2 (General Summary).

[27] Friedman v. New York, 282 N.Y.S.2d 858 (1967).

Skilift betreibende Staat New York (bzw. genauer gesagt: einer seiner Vertreter) den Lift fahrlässig in dem falschen Glauben ab, daß alle ausgestiegen waren. Dabei blieben die beiden Teenager mitten in der Luft baumelnd zurück. Es stellte sich – für den Staat New York unglücklicherweise – heraus, daß Ms. Friedman gelehrt worden war, daß es für eine unverheiratete Frau eine Verletzung jüdischen Rechts darstellt, sich mit einem Mann nach Einbruch der Dunkelheit an einem Ort aufzuhalten, an dem sie nicht jederzeit leicht erreichbar ist. Als sich die Sonne langsam über den Catskills senkte, sprang Ms. Friedman aus dem Lift. Vielleicht sollte man zutreffender sagen, daß sie kopfüber aus dem Lift sprang, da ihre schlimmsten Verletzungen laut Unfallbericht aus Schnittwunden im Gesicht bestanden. Ich muß einwerfen, daß ich nie verstanden habe, warum nicht Jack Katz sprang oder warum sie eigentlich nicht ihn hinunterstieß. Ich verfüge über keine Hinweise dafür, daß der religiöse Grundsatz nicht auch dadurch hätte befolgt werden können, daß er statt ihrer sprang, und so muß ich glauben, daß Katz einen üblen Charakter hatte oder einen geschlechtsbezogenen Doppelstandard anwendete, der darauf gründete, daß seine Anwesenheit keine Sünde bedeutete. Doch so geschah es – unfair und sexistisch oder auch nicht –: es war sie, die sprang und klagte.

Es besteht guter Grund für die Annahme, daß sie sich mit ihrer Überzeugung täuschte und daß – selbst unter der orthodoxesten jüdischen Doktrin – niemand in dieser Situation von ihr verlangt hätte, ihr Leben durch einen Sprung in die Tiefe zu gefährden.[28] Doch war es nicht wirklich relevant, daß ihre Glaubensüberzeugung zutreffend war. Es stellte sich vielmehr die Frage, ob sie vernünftigerweise glauben konnte, was man sie gelehrt hatte.[29] Ein Rabbi, dem sie vernünftigerweise vertrauen konnte, hatte sie tatsächlich gelehrt, daß die betreffende Regel ein absolutes Verbot darstellt. (Ich will annehmen, daß der Rabbi mittellos war, so daß, selbst wenn er sie fahrlässig falsch belehrt haben sollte, es ihr nichts brächte, ihn zu verklagen. Wahrscheinlich werden alle Lehrer vor den Folgen ihres falschen Lehrens nicht so sehr durch das Recht als vielmehr durch die Dürftigkeit ihres Gehalts geschützt). Das Gericht hatte auf jeden Fall keinen Zweifel, daß dann, wenn man Minelda zugestand, daß ihre Glaubensüberzeugung in Rechnung zu stellen war, auch Ruth Friedmans Verhalten als vernünftig zu bewerten war.[30] Und so wurde sie tatsächlich entsprechend ihrem Rechtsverständnis entschädigt.

---

[28] Siehe Pikku'ah Nefesh, Enzyclopedia Judaica Bd. 13, 1971, S. 510.

[29] Es ging nicht um die Frage, ob ihre Ansicht zutreffend war. Wenn sie vernünftigerweise der Überzeugung anhängen konnte, der sie anhing, war es vernünftig, sich entsprechend zu verhalten. Blood v. Tyngsborough, 103 Mass. 509 (1870); Parrot v. Wells Fargo & Co., 82 U.S. (15 Wall.) 524 (1872).

[30] Friedman v. New York, 282 N.Y.S.2d at 862.

Der Fall ist nicht deshalb besonders wichtig, weil er der Liste eine weitere Glaubensüberzeugung hinzufügt, sondern weil die Frage nach der Vernünftigkeit hier ausdrücklich von einem Gericht statt von Geschworenen entschieden wurde. Da der Rechtsstreit eine Klage gegen den Staat New York betraf, mußte er vor das besondere Gericht des Court of Claims gebracht werden, das im Gegensatz zu normalen Gerichten solche Fälle ohne Geschworene entscheidet. Als Ergebnis finden wir in Friedman v. New York eine volle gerichtliche Stellungnahme (anstelle eines bloß delphischen Geschworenenspruchs), daß Überzeugungen – wie unorthodox auch immer in ihrer Orthodoxie – Teil dessen sind, was angemessene Umsicht ausmacht. Da gab es kein Ausweichen. Das vernünftige Opfer in diesem Fall war einfach deshalb vernünftig, weil es etwas, das bei entsprechender Begehung durch jemand anderen von dem Gericht, den Geschworenen oder irgendwem sonst als offensichtlich töricht eingeschätzt worden wäre, aufgrund seiner Überzeugung tat.

Meine Studenten reagieren auf diesen Fall auf eine recht sonderbare Weise. Einige beginnen sich darüber zu sorgen, daß zu viele verschiedene Arten von sonderbaren Glaubensüberzeugungen von dieser Entscheidung profitieren könnten. Dies führt einige wenige Studenten dazu, weitere Gedanken über das anzustellen, was sie immer – und gewöhnlicherweise umsonst – suchen: eine allgemeine Rechtsregel. Andere jedoch geben nicht nach und wiederholen entweder, daß sich der „angemessen umsichtige Mann" zur Vermeidung von Schäden „wissenschaftlich" und unabhängig von allen Glaubensüberzeugungen verhalten solle oder daß orthodoxes Judentum ebenso sonderbar wie orthodoxer römischer Katholizismus oder Christian Science ist. Ich präsentiere ihnen dann meinen letzten Fall in dieser Reihe, den ich meinen „WASP-Fall" [„White Anglo-Saxon Protestant"] nenne, obwohl ich nicht weiß, ob tatsächlich weiße angelsächsische Protestanten beteiligt waren. Ich nenne ihn aber trotzdem so, weil die Glaubensüberzeugungen, um die es in diesem Fall geht, unter „normalen" Amerikanern – d.h. den der Hauptströmung angehörenden angelsächsischen Protestanten – weitgehend akzeptiert werden.

Der Fall heißt Troppi v. Scarf und wurde 1971 entschieden.[31] Er betrifft ein Ehepaar, das mehrere Kinder hatte und keine weiteren mehr wollte, weil es sich keine weiteren mehr leisten konnte. Die Beweislage ist insoweit ziemlich eindeutig, so daß wir annehmen können, daß ausschließlich die Kosten weiterer Kinder sie zu diesem Entschluß motivierten. Sie gingen zu einem Arzt, der Antibabypillen verschrieb. Als sie das Rezept zu einem Apotheker brachten, gab ihnen dieser jedoch statt dessen fahrlässig ein Beruhigungsmittel. Sie verkehrten miteinander so entspannt, wie man es sich nur vorstellen kann, mit der Folge, daß die Frau in gegebener Zeit schwanger

---

[31] 187 N.W.2d 511 (1971).

wurde. Alles andere als entspannt – wie man sich ebenfalls vorstellen kann – verklagten sie den Apotheker auf Erstattung der Unterhaltskosten für das Kind, das zu haben sie sich nicht leisten konnten. Vor Gericht warf der Fall viele faszinierende und komplizierte Fragen über „unwertes" Leben, die „entschädigenden Freuden, Kinder zu haben" und ähnliches auf, die wir beiseite lassen müssen. Die Schlüsselfrage, auf die ich mich hier konzentrieren möchte, bestand im Einwand des Beklagten, daß das entspannte Ehepaar, nachdem einmal das Kind empfangen war, bei der Schadensminderung versagt hatte.

Der Beklagte mag für die Schwangerschaft haftbar sein, so wurde argumentiert, doch nicht für die Unterhaltskosten, weil das Ehepaar die Schäden dadurch hätte mindern können, daß es eine Abtreibung hätte vornehmen lassen oder das Kind, nachdem es einmal geboren war, zur Adoption freigegeben hätte. Eine Abtreibung wäre möglich gewesen, und es hätte nicht an Personen gemangelt, die geradezu begierig darauf gewesen wären, solch ein Kind zu adoptieren. Die Frau entschied, ihr Kind auszutragen. Man berief sich also darauf, daß die Überzeugungen des Ehepaares – ihr Widerstreben, eine Abtreibung vornehmen zu lassen bzw. das Kind zur Adoption freizugeben – die Ursachen für die Kosten waren, die sie ersetzt zu bekommen suchten. Natürlich bestand die Antwort des Ehepaares darin, daß – während ihre Überzeugungen zwar eine Rolle spielten – Personen in dieser Lage nicht durch das Drohen riesiger finanzieller Lasten dazu gebracht werden sollten, solche vernünftigen Überzeugungen zu verletzen. Sie beriefen sich darauf, daß das Recht sie und andere wie sie nicht dazu anleiten sollte, etwas derart Anstößiges zu tun.

Das Gericht reagierte hart auf die Argumentation des Schädigers. Es lehnte ab, die Frage überhaupt den Geschworenen zur Entscheidung vorzulegen, und sagte, daß von Rechts wegen der Apotheker seine Opfer so zu nehmen hätte, wie er sie vorfand – d.h. auch mit ihren Überzeugungen.[32] Das Ehepaar sei davon überzeugt, daß weder Abtreibung noch Adoption die richtige Entscheidung gewesen wäre, und es hätte ein absolutes Recht auf diese Überzeugung. Zwar sei es möglich, daß andere Ehepaare anders denken. Träfe ein fahrlässig handelnder Schädiger auf derart andersdenkende Opfer, hätte er einfach Glück – gerade so wie diejenigen Schädiger, die fahrlässig einer Person mit dicker Schädeldecke auf den Kopf hauen. Doch bedeute dies nicht, daß ein fahrlässiger Schädiger nicht haftbar sei, wenn er oder sie zufälligerweise jemanden verletzt, der eine dünne Schädeldecke bzw. Abneigungen gegen Abtreibung oder Adoption hat. Eine vernünftige Person sei nicht von Rechts wegen verpflichtet, eine Abtreibung vornehmen zu lassen oder ein Kind zur Adoption freizugeben – wie sehr dies auch immer für andere Personen akzeptable Alternativen darstellen mögen.

[32] Troppi v. Scarf, 187 N.W.2d at 520.

Durch das Zulassen des Einwands des Klägers, der Beklagte habe bei der Schadensminderung versagt, dürften die Bürger nicht dazu gebracht werden, Überzeugungen wie den angesprochenen zuwiderzuhandeln. Das Gericht hielt es in der Tat für irrelevant, daß der Schaden ohne den Einfluß von Idealen und Überzeugungen geringer ausgefallen wäre. Es entschied klar und bestimmt, daß eine „angemessen umsichtige Person" aufgrund von Überzeugungen handeln kann.

Merkwürdigerweise stimmt nahezu jeder meiner Studenten diesem Urteil zu und denkt, daß es zu einem völlig vernünftigen Ergebnis gelangt – obwohl es von dem zuvor in bezug auf angemessene Umsicht und Schäden vertretenen „wissenschaftlichen" Ansatz nur Scherben zurückläßt. Die Frage kann, wenn man Troppi v. Scarf prinzipiell akzeptiert, nicht länger darin bestehen, ob Überzeugungen zu einer vernünftigen Person gehören, sondern nur noch darin, welche Überzeugungen vernünftig sind. Die vernünftige Person ist nicht die „wissenschaftliche" Person, die Schadenskosten ungeachtet des Schadens, den dies für Glauben, Überzeugungen oder Ideale bedeutet, mindern muß. Um es in die Begriffe des Vernünftigkeitstests von Learned Hand zu fassen: Zumindest einige Überzeugungen zählen bei der die angemessene Umsicht bestimmenden Bilanz von Schäden und Vorteilen; und einige (wie die in Troppi v. Scarf) zählen nicht nur, sondern bringen von Rechts wegen – praktisch ungeachtet dessen, was sich auf der anderen Seite befindet – die Waagschalen zum Kippen.[33] Wenn aber einigen Moralvorstellungen, Empfindungen, Einstellungen und Überzeugungen Gewicht beigemessen wird, stellt sich unvermeidbar die Frage: Welchen? Solch ein Ansatz scheint zu verlangen, daß wir immer zwischen vernünftigen und unvernünftigen (bzw. sonderbaren) Überzeugungen unterscheiden müssen – und zwar selbst bei religiösen Glaubensüberzeugungen.

Dies stellt uns natürlich wegen des konstitutionellen Verbots der „Etablierung" einzelner Religionen vor ein furchtbares Problem. „Keine Etablierung von Religion" („no establishment of religion") ist mehr als eine bloße Andeutung, daß unser Recht nicht differenzieren und einige religiöse Überzeugungen den anderen vorziehen darf.[34] Wenn wir dies täten, würden wir in gewisser Weise die „Etablierung" eines Glaubens bewirken. Und zwar eines Glaubens, der nicht aus einer Religion, sondern aus einer Gruppe

---

[33] Die allgemeine Regel besteht darin, daß der Kläger verpflichtet ist, sich vernünftig zu verhalten, um den Schaden zu mindern. Siehe allgemein Dooley (Kap. 2 Fn. 5), § 10.05. In Zusammenhang mit dem Learned-Hand-Test bedeutet vernünftiges Verhalten bei der Minderung des Schadens ein Verhalten, dessen Kosten geringer sind als die damit wahrscheinlich bewirkte Verminderung der Schäden. Siehe oben Fn. 20 sowie Fn. 22 u. 23 mit dazugehörigem Text.

[34] Die „establishment of religion"-Bestimmung des ersten Verfassungszusatzes bedeutet zumindest, daß weder ein Einzelstaat noch die Bundesregierung eine Staatskirche vorschreiben können. Sie können weder Gesetze verabschieden, die eine Religion bevorzugen, noch solche, die alle Religionen begünstigen. Everson v. Board of Education, 330 U.S. 1, 15 (1947).

„akzeptabler“ Religionen besteht, die so hinreichend „in Ordnung“ sind, daß ihre Lehrsätze Bestandteile der angemessenen Umsicht zu bilden vermögen. Dementsprechend würden wir diejenigen Religionen als „unangepaßt“ behandeln, deren Lehrsätze unvernünftig sind und außerhalb der Grenzpfähle des Common Sense (einem klar nicht wertfreien Begriff) liegen.

Um zu bestimmen, welche Teile von welchen Religionen zu unserer „Etablierung“ beitragen, müssen wir also herausfinden, welche Lehrsätze in unserer Gesellschaft als vernünftig angesehen werden. Diese „vernünftigen Lehrsätze“ bestehen aus etwas, das ich unsere religiösen „Bankett-Überzeugungen“ nenne. Um ihren Inhalt näher zu bestimmen, braucht man nur diejenigen Religionen näher zu betrachten, deren Pastoren, Rabbis oder Priester üblicherweise eingeladen werden, die Anrufungen und Segnungen bei großen öffentlichen – nicht sektiererischen – Banketten vorzunehmen. Sodann muß man diejenigen Überzeugungen der Geistlichen ausschließen, denen sie bei solchen Anrufungen keinen Ausdruck verleihen können. Übrig bleibt das, was „akzeptabel“ ist – was für „vernünftigen“ gemäßigten Glauben steht. Selbst meine aggressiveren Studenten würden solche Überzeugungen für „in Ordnung“ befinden, obwohl sie sie oft nicht teilen würden. Eine solche „Etablierung“ zu bestimmen, heißt jedoch nicht, sie zu rechtfertigen. Tatsächlich wurde der Verfassungssatz über die „Nichtetablierung“ deshalb in die Verfassung aufgenommen, weil viele unserer nun vorherrschenden Religionen in England als nonkonformistisch und nicht „akzeptierbar“ galten. Die leitende Idee bei dieser Verfassungsbestimmung bestand darin, zukünftige wie gegenwärtige nicht für Bankette geeignete Lehrsätze von besonderen Lasten zu befreien. Das legt mit Sicherheit nahe, daß es für das Deliktsrecht nicht damit getan sein wird, „Bankett-Lehrsätze“ für Teile angemessener Umsicht zu erklären, während es die Unfallkosten auf diejenigen verlagert, die durch ihren Glauben die Risiken „nichtbankettfähiger“ Überzeugungen übernehmen.

Es gibt jedoch einen anderen Weg, auf dem man versuchen kann, Troppi v. Scarf zu erklären und diesen Fall von meinen früheren Fällen abzugrenzen. Obwohl diese Erklärung auf den ersten Blick zwar vielversprechend erscheint, glaube ich allerdings, daß sie letztlich doch versagt. Der Unterschied zwischen Troppi und den anderen Fällen besteht darin, daß die anderen Fälle religiöse Überzeugungen betreffen, während es bei Troppi um weltliche Überzeugungen geht. Die Auffassung, daß man nicht für die Weigerung, eine Abtreibung vornehmen zu lassen oder sein Kind zur Adoption freizugeben, bestraft werden sollte, ist keine religiöse Auffassung. Angemessene Umsicht umfaßt aber auch nichtreligiöse Überzeugungen (und erlaubt es der vernünftigen Person, solchen Überzeugungen anzuhängen und sie gegeneinander abzuwägen). Um als vernünftig zu gelten, müssen diese Überzeugungen jedoch allgemeine oder weitverbreitete sein. In bezug auf nichtreligiöse Überzeugungen stellt dies kein Problem dar, da es keine Verfassungsbestimmung gibt, die die „Etablierung“ einer weltlichen Überzeugung verwehrt. Im Ergebnis können wir im Recht zwischen „verrückten“ und zum „Common Sense“ gehörenden weltlichen Einstellungen oder „Moralvorstellungen“ unterscheiden, da hierbei nicht eine Religion einer anderen vorgezogen wird.[35] Dieser Ansatz würde uns allerdings auch zu dem Schluß führen, daß eine „angemessen umsichtige Person“ keinen auf Religion basierenden Überzeugungen – unabhängig davon, ob diese weitverbreitet sind oder nicht – anhängen oder ihnen Gewicht beimessen darf, da es gerade diese Überzeugungen sind, die uns in Schwierigkeiten mit dem Verfassungsgebot der „Nichtetablierung“ bringen.

Ein offensichtliches Problem dieses Ansatzes besteht darin, daß er unvermeidbar nichtreligiöse Überzeugungen gegenüber religiösen begünstigt. Das ist – entgegen der Ansicht andersdenkender Säkularisten – ein problematischer Weg zur Bestimmung dessen, was die verfassungsrechtlichen Vorstellungen der Trennung von Kirche und Staat sowie der freien Religionsausübung besagen. Davon abgesehen weist dieser Ansatz jedoch noch ein tiefergehendes Problem auf. Worin bestehen eigentlich diese weltlichen Überzeugungen, und wo kommen sie her? Was ist der Ursprung der Ansicht, daß man nicht dafür bestraft werden sollte, keine Abtreibung vornehmen zu lassen oder ein Kind nicht zur Adoption freizugeben? Meistens leiten sich diese Überzeugungen von früheren religiösen Lehrsätzen ab. Sie sind säkularisierte Versionen derjenigen Religionen, die in der Vergangenheit in dieser Gesellschaft vorherrschend waren. In dem Umfang, in dem wir nur diese nichtreligiösen Überzeugungen als vernünftig akzeptieren, übernehmen wir die weiße angelsächsische – in ihrem Kern protestantische – Moral und schließen alle anderen aus. Das ist der Grund, warum ich Troppi v. Scarf meinen „WASP-Fall“ nannte, obwohl ich hätte betonen sollen, daß das „P“ nur die traditionell für „in Ordnung“ erachteten protestantischen Kirchen Amerikas und nicht die am Rand liegenden umfaßt. Diesen scheinbar weltlichen Ansatz zu wählen, besagt, daß das Konzept der angemessenen Umsicht es uns erlaubt, auf diejenigen Überzeugungen einzugehen, die zu der Moralität derjenigen Religionen und Gruppen, die dieses Land gründeten, gehören. Gleichzeitig verlangt dieses Konzept von uns, die Überzeugungen der Immigranten, der Parvenüs, auszuschließen. Die letzteren müssen die Last tragen, indem sie die mit ihrem Glauben verbundenen Risiken zu übernehmen haben.

Für diese letzte, völlig absurde und sogar verachtenswürdige Position findet man im Verfassungsrecht einige Unterstützung. Der Supreme Court hat Gesetze bestätigt, die es Geschäften verbieten, sonntags zu öffnen.[36] Das

---

[35] Siehe z.B. Yania v. Bigan, 155 A.2d 343 (1959). Vgl. Steinman v. Di Roberts, 257 N.Y.S.2d 695 (1965).

Gericht hat dies im wesentlichen mit der Begründung getan, daß die sonntäglichen Öffnungsverbote nicht auf einer Religion basierten. Die Einzelstaaten hätten (zugestandenermaßen) das Recht, von ihren Bürgern einen Tag des Aussetzens pro Woche zu verlangen, und was schade es, wenn es dabei dazu komme, daß sie den Sonntag wählen? Es sei schließlich ein weltlicher Brauch, sich den Sonntag frei zu nehmen. Woher anders kann dieser Brauch aber kommen als von den diesen Staat gründenden „Bankett-Religionen"? Als ich dem ehemaligen Dekan einer hervorragenden juristischen Fakultät diese Frage stellte, beantwortete er sie, indem er sagte, nur ein Ausländer würde nicht verstehen, daß das sonntägliche Geschäftsöffnungsverbot nicht aus der Religion abgeleitet ist, sondern einfach deshalb einen Teil des amerikanischen „way of life" bildet, weil „wir eine im Ursprung christliche Gesellschaft sind". Ich kann nicht sagen, daß sein Kommentar viel dazu beitrug, mich als einen Amerikaner der ersten Generation zu beruhigen.

Auf ganz ähnliche Weise hat der Supreme Court es abgelehnt, eine „teilweise" Kriegsdienstverweigerung aus Gewissensgründen zu gestatten.[37] Und zwar verweigerte das Gericht eine Freistellung vom Kriegsdienst all denjenigen, deren Gewissen nicht die Beteiligung an allen Kriegen verbot, sondern nur an einigen, nämlich solchen, die ihr Glaube für ungerecht erklärte. Der Supreme Court tat dies teilweise aus Gründen der Verwaltungsvereinfachung und argumentierte damit ebenso schwach wie in den Fällen des sonntäglichen Öffnungsverbots für Geschäfte. Dabei läßt sich leicht ein System entwickeln, bei dem die Bedürfnisse der Nation gewahrt bleiben und die Gewissensgründe derer, die nur einige Kriege ablehnen, sowie derer, deren Glauben sie dazu führt, alle Kriege abzulehnen, gleichbehandelt werden.[38] Das Gericht schien jedoch in diesem Fall – wie bei den sonntäglichen Öffnungsverboten für Geschäfte – über Zweckmäßigkeitsüberlegungen hinauszugehen und anzudeuten, daß die totale Kriegsdienstverweigerung aus Gewissensgründen (ungeachtet der klaren Sprache des ein solches Verweigerungsrecht gewährenden Gesetzes) überhaupt keine Frage religiöser Überzeugungen sei.[39] Es schien damit anzudeuten, daß die totale Kriegsdienstverweigerung aus Gewissensgründen bei den Anhängern von Glaubenssätzen fast eine weltliche und damit „akzeptable" Überzeu-

---

[36] McGowan v. Maryland, 366 U.S. 420 (1961); Two Guys v. McGinley, 366 U.S. 582 (1961); Braunfeld v. Braun, 466 U.S. 599 (1961).

[37] Gillette v. United States, 401 U.S. 437 (1971).

[38] Man könnte sich ein System vorstellen, bei dem Kriegsdienstverweigerer nur dann eingezogen werden, wenn der Bedarf der Streitkräfte nicht anders gedeckt werden kann, und bei dem die im Bedarfsfall benötigten Verweigerer über eine Lotterie ermittelt werden.

[39] Vier Mitglieder des Gerichts hielten in der Tat das betreffende Gesetz auch auf nichtreligiöse Überzeugungen für anwendbar, sofern die Verweigerer ihnen mit derselben Intensität wie traditionellen religiösen Überzeugungen folgten. Welsh v. United States, 398 U.S. 333, 340 (1970).

gung verkörpert, während die teilweise Verweigerung entweder einen Schwindel darstellt oder auf abnormen religiösen Überzeugungen beruht. Unser Land, das den Grundsatz der Nichtetablierung einer Religion in seiner Verfassung aufgestellt hat, kann also auf die eine oder andere Weise diejenigen, deren Überzeugungen jeden Kriegsdienst verbieten, gegenüber denen begünstigen, deren Überzeugungen differenzierter sind.

Das ändert jedoch nichts an der Tatsache, daß die Teilverweigerung aus Gewissensgründen und die Lehre von „gerechten und ungerechten" Kriegen sich von Religionen (insbesondere dem Katholizismus) ableiten, die zu der Zeit, als dieses Land gegründet wurde und sich die bewundernswerte Idee entwickelte, daß wegen ihres Glaubens einige vom Kriegsdienst freigestellt werden sollten, nicht als „akzeptabel" galten. Es ist mehr als wahrscheinlich, daß ein Land, dessen religiöse Traditionen stark der Lehre der „gerechten Kriege" verhaftet blieben, eher als das unsere bereit sein mag, selektive Verweigerung aus Gewissensgründen bei solchen Kriegen zu erlauben, deren Ungerechtigkeit unmittelbar einleuchtend erscheint. Solch ein Land würde eine derartige Doktrin wahrscheinlich auch als „weltlich" beschreiben. Und doch würde dabei die Tatsache, daß die Wurzeln dieser Doktrin fest in den Glaubenssätzen der früher dominanten Religionen verankert waren, nicht mehr verdeckt, als dies durch den entsprechenden „Brei" geschah, den uns der Supreme Court in Zusammenhang mit der amerikanischen Idee der Kriegsdienstverweigerung aus Gewissensgründen vorsetzte.

Einige protestantische Religionen, die früh in dieses Land kamen und sehr einflußreich wurden, glaubten fest an das Recht auf Kriegsdienstverweigerung aus Gewissensgründen. Dies bildete verständlicherweise den Ausgangspunkt für das entsprechende amerikanische Recht. Mit der Zeit wurde dieser Ansatz – wie das Schließen der Geschäfte am Sonntag – Teil des „American way of life". Dies genügte dem Supreme Court, um die fortdauernde Vorherrschaft von Gesetzen zu erlauben, die denjenigen Vorteile gewähren, deren Gewissen und deren Überzeugungen diese einmal vorherrschenden Glaubensrichtungen widerspiegeln.

Die Schwierigkeit mit diesem Vorgehen liegt darin, daß es zu den Gefahren führt, die ich im letzten Kapitel erwähnte, als ich von den Frauen sprach, die dazu veranlaßt wurden, sich männlichen Stereotypen anzupassen. Dies wirft ein Schlaglicht auf die häßliche Seite des Schmelztiegels. Das beschriebene Vorgehen verkündet in zutiefst praktischen Begriffen – Begriffen finanzieller und militärischer Belastungen –, daß Neuankömmlinge, neue Überzeugungen und neue Religionen tatsächlich Gleichberechtigung in diesem Land finden – jedoch nur dann, wenn sie diejenigen Lehrsätze ihres Glaubens aufgeben, die nicht „passen", d.h. solche, die auf irgendeine Weise aus dem „Bankett-Spektrum" herausfallen. Selbst wenn man bereit ist, den Schmelztiegel in bezug auf viele kulturelle Wesenszüge der Neuankömmlinge als unvermeidbar zu akzeptieren, mag man doch sehr wohl in Frage stellen, ob dies auch in bezug auf deren religiöse Überzeugungen akzeptiert werden kann. Wenn es bei der Verfassungsbestimmung über die „Nichtetablierung" nicht um den Schutz der religiösen Überzeugungen der Immigrantengruppen vor diskriminierendem Druck ginge, müßte man sich fragen, was diese Bestimmung dann überhaupt noch bedeuten kann. Zumindest die religiösen Überzeugungen der Immigranten mögen also davor geschützt sein, verschmolzen und im großen Topf des amerikanischen Konformismus konsumiert zu werden.

Vor diesem Hintergrund kann man verstehen, warum Staaten wie Connecticut in Lange v. Hoyt und New York in Friedman v. New York sich dafür entschieden, die Überzeugungen der Immigranten zu schützen und es ablehnten, Minelda oder Mrs. Eider die Unfallkosten aufzubürden. Vielleicht versuchten die Gerichte dieser Staaten – während sie durch den Verfassungssatz über die „Nichtetablierung" nicht unbedingt zu dem, was sie taten, verpflichtet waren – angemessen auf die von dieser Bestimmung ausgehende Anziehungskraft, auf deren Gravitationsfeld, zu reagieren und das örtliche Deliktsrecht sowie das Konzept der angemessenen Umsicht mit den Werten, die diese Verfassungsbestimmung verkörpert, in Einklang zu bringen. Wenn das Verhindern der Begünstigung einiger Glaubensrichtungen gegenüber anderen es bewirkt, daß Überzeugungen, die die meisten Leute für sonderbar hielten, nun als vernünftige Überzeugungen behandelt werden, so scheinen diese Fälle zu sagen: „Dann soll es wohl so sein."

Doch auch die Folgen eines solchen Standpunktes sind nicht problemlos. Zu sagen, daß religiöse Überzeugungen – egal wie ungewöhnlich, seltsam oder abnorm – vernünftig sind bzw. bei der Entscheidung über Vernünftigkeit in Rechnung zu stellen sind, wirft unvermeidbar die Frage auf, wie abnorme nichtreligiöse Überzeugungen zu behandeln sind. Schließlich sollen wir Religion ebensowenig begünstigen, wie wir sie nicht mißachten sollten.[40] Wenn wir verpflichtet sind, merkwürdige religiöse Überzeugungen zu schützen, sollten wir dann nicht auch die nichtreligiösen Überzeugungen schützen?

Der Supreme Court hat dies schließlich auf dem Gebiet der Kriegsdienstverweigerung aus Gewissensgründen getan. In Welsh v. United States entschied das Gericht, daß Verweigerungen aus Gewissensgründen, die nicht auf Religion, sondern auf religionsgleichen philosophischen Überzeugungen basieren, genauso geschützt sind wie die auf Religion gegründeten.[41] Unter momentaner Übergehung des Problems der Bestimmung solcher nichtreli-

---

[40] Siehe z.B. McCollum v. Board of Education, 333 U.S. 203 (1948); Committee for Public Education v. Nyquist, 413 U.S. 756 (1973); Epperson v. Arkansas, 393 U.S. 97 (1968).

[41] Welsh v. United States, 398 U.S. 333, 342 - 344 (1970).

giöser philosophischer Überzeugungen (eine Frage, die das Gericht vor einige, doch offenbar nicht unüberwindliche Schwierigkeiten stellte) sowie der Tatsache, daß auch in bezug auf diese philosophischen Überzeugungen eine Kriegsdienstverweigerung aus Gewissensgründen nur für diejenigen anerkannt wurde, deren Gewissen sich von allen Kriegen abgestoßen fühlte, schien die Schlußfolgerung des Gerichts fast unausweichlich. Jeder andere Schluß würde entweder das Institut der Verweigerung aus Gewissensgründen abschaffen oder die nichtreligiös motivierte Verweigerung diskriminieren. Infolgedessen hatte das die Verweigerung aus Gewissensgründen definierende Gesetz nichtreligiöse Verweigerungsmotive ebenso zu erfassen.

Ein vergleichbarer Schritt ist jedoch im Deliktsrecht nicht so einfach zu tun. Würde er getan, so würde dies auf dramatische Weise eine Vorstellung unterminieren, die für das Deliktsrecht über Jahrhunderte hinaus grundlegend war – und zwar die Vorstellung, daß Vernünftigkeit eine objektive Angelegenheit ist und nicht davon abhängt, daß jemand entsprechend seiner Überzeugung in „gutem Glauben" handelte.[42] Nehmen Sie an, eine Person überquert eine Straße, und ein Taxi fährt plötzlich auf die Person zu. Die Person könnte einen Zusammenstoß durch Zurückspringen vermeiden, doch diese Person hält nichts vom Zurückspringen. Vielmehr glaubt diese Person an den Fortschritt und meint, daß man sich immer weiter nach vorne bewegen muß und niemals zurückweichen darf. Dabei handelt es sich um keine religiöse Überzeugung; es ist einfach ein tief empfundener philosophischer Standpunkt, daß ein Zurückweichen falsch ist. Wegen dieses Glaubens springt die Person vorwärts, wird von dem Taxi angefahren und klagt auf Schadensersatz. Sind wir – in Anbetracht unseres Wunsches, nicht zum Arzt gehende Christian Scientists zu schützen – auch bereit zu sagen, daß sich diese Person vernünftig verhielt und Schadensersatz bekommen kann?

Nehmen Sie – um die Analogie noch enger zu gestalten – an, daß es eine Person gibt, die es nach einer Verletzung deshalb ablehnt, zu einem Arzt zu gehen, weil sie einen tiefen Haß bzw. tiefes Mißtrauen Ärzten gegenüber hegt. Nehmen Sie weiter an, daß dieses Mißtrauen auf einer in sich schlüssigen – aber ziemlich eigensinnigen – Philosophie über Heilvorgänge basiert. Wünschen wir, daß solche Überzeugungen, die zum einen höchst ungewöhnlich sind und zum anderen nichts mit Religion zu tun haben, ermutigt werden? Historisch war das Deliktsrecht dazu nicht bereit. Über Jahrhunderte hinweg glaubte man, daß das Opfer den Anforderungen eines durchschnitt-

---

[42] Der klassische Fall in diesem Bereich ist Vaughan v. Menlove, 3 Bing. (N.C.) 468, 132 Eng. Rept. 490 (C.P. 1837). Der objektive Charakter des Vernünftigkeitsstandards wurde im amerikanischen Recht durch eine Aufsatzreihe in der Harvard Law Review während der 20er und 30er Jahre dieses Jahrhunderts begründet. Siehe Seavey: Negligence – Subjective or Objective?, 41 Harv. L. Rev. 1 (1927); Terry: Negligence, 29 Harv. L. Rev. 40, 47 - 49 (1915); Egerton: Negligence, Inadvertence, and Indifference, 39 Harv. L. Rev. 849 (1926).

lichen, von der Gemeinschaft bestimmten Vernünftigkeitsstandards gerecht werden mußte. Dabei wurde die Tatsache, daß solch ein Standard Überzeugungen (einschließlich einiger unüblicher religiöser Überzeugungen) miteinschließt, nicht zum Anlaß genommen, eine weitere Ausdehnung des Standards zum Schutz von „Vorwärtsspringern" und eigenwilligen Ärztehassern zu rechtfertigen oder gar zu fordern.[43]

Eigentlich ist das Deliktsrecht sogar noch komplizierter, denn es gibt viele nichtabnorme und nichtreligiöse Überzeugungen, die zu schützen es sich weigert. Einige von diesen, bei denen sogenannte „Liebhaberschäden" oder emotionale Schäden betroffen sind, werde ich im nächsten Kapitel diskutieren. Andere dagegen sind für dieses Kapitel von Belang. Nehmen Sie zum Beispiel an, daß das von uns postulierte Unfallopfer ein weißer Rassist ist. Nehmen Sie weiter an, daß es sich bei ihm oder ihr um einen gewöhnlichen weißen Alltagsrassisten handelt, dessen Ansichten sich in großen Teilen der Bevölkerung widerspiegeln. Dieses Opfer wird nach seiner Verletzung in ein Hospital gebracht, wo es mit einem der beiden folgenden Sachverhalte konfrontiert wird: (a) es muß eine Bluttransfusion erhalten, bei der das zur Verfügung stehende Blut von einem schwarzen Spender kommen mag, oder (b) der einzige Arzt, der es behandeln kann, ist zufälligerweise ein Schwarzer. Daraufhin sagt das Opfer: „Ich würde lieber sterben" – und tut es. Verhielt sich diese Person vernünftig?

Ich glaube, daß das Recht „nein" sagen würde, obwohl die Überzeugung der Person nicht wirklich abnorm war. Beweise dafür, daß das Vorurteil des Opfers weit verbreitet war, würden wahrscheinlich nicht zugelassen werden. Das Gericht würde bei den Geschworenen viel Aufhebens darüber machen, daß der „vernünftige Mann" nicht durch die Vorurteile der Geschworenen geprägt sein dürfe, sondern sich in ihm die größeren Ideale der Vermeidung von Unfallkosten und die hohen Ziele der Gesellschaft repräsentieren.[44] Das Gericht mag die Frage gar nicht erst zu den Geschworenen gelangen lassen, indem es das „Fehlen von Vernünftigkeit" als eine (den Geschworenen entzogene) reine Rechtsfrage wertet und von Rechts wegen feststellt.

Diese Situation deutet an, daß die Gravitationskraft der Verfassung auch in eine Richtung zu tendieren vermag, die gerade entgegengesetzt zu der Richtung verläuft, die wir bei den die Religion betreffenden Fällen feststellten. In jenen schien uns die Verfassung zu der Aussage zu verleiten, daß

---

[43] Dieses Problem ist uns in abgewandelter Form durchaus bekannt. So empfinden eine relativ kleine Zahl der Motorradfahrer das Tragen eines Helmes beim Fahren als Freiheitsbeschränkung. Es wurde argumentiert, daß das Nichttragen des Helmes ein Mitverschulden konstituieren sollte. Siehe Graham: Helmetless Motorcyclists – Easy Riders Facing Hard Facts: The Rise of the „Motorcycle Helmet Defense", 41 Ohio St. L.J. 233 (1980).

[44] Siehe z.B. Warrington v. New York Power and Light, 300 N.Y.S. 154, 158 (1937).

Überzeugungen, die eigentlich abnorm erscheinen, nichtsdestoweniger geschützt werden sollten, um eine Unterscheidung zwischen „akzeptablen" und „nichtakzeptablen" Religionen zu verhindern. Hier scheint uns die Verfassung dahin zu führen, solche Überzeugungen als abnorm zu behandeln, obwohl sie dafür tatsächlich viel zu verbreitet sind oder waren.

Wieder einmal sage ich nicht, daß die Verfassung solch ein Ergebnis verlangt; ich sage nur, daß die Gegenwart von konstitutionellen Normen und Werten ein bedeutender Faktor bei der Bestimmung dessen ist, was im Deliktsrecht als vernünftig angesehen wird und was nicht. Das Deliktsrecht tendiert dazu, seine Schlußfolgerungen (selbst wenn sie durch die Verfassung beeinflußt sind) so vorzutragen, als ob sie sich allein am Maßstab der relativen Wesenseigenheit einer Überzeugung orientierten. Dies liegt aber weniger daran, daß Wesenseigenheit dort viel Wirkung zeigt, wo konstitutionelle Werte und Normen von Bedeutung sind, als vielmehr daran, daß das Deliktsrecht die allgemeine Vorherrschaft von weitverbreiteten Ideen auch dort zu verteidigen wünscht, wo die Verfassung neutral ist. Es ist fast so, als ob das Deliktsrecht zu dem Schluß gelangt wäre, daß es im Falle eines Verzichts auf die Rubrik der Wesenseigenheit zu leicht zur Aufgabe der Idee eines „objektiven" Vernünftigkeitsstandards gedrängt würde. Dies würde bedeuten, daß es einzelnen Personen möglich würde, kostenlos Geschenke der bösen Gottheit zu akzeptieren, die die Gesellschaft als ganze lieber zurückweisen würde. Indem das Deliktsrecht bei der Definition von Vernünftigkeit auf Werte der Verfassung eingeht, während es gleichzeitig die Sprache auf den Gegensatz von Wesenseigenheit und weitverbreiteten Überzeugungen bringt, bestätigt es bei der Frage, wieviel einzelne zu zahlen haben, wenn sie das Geschenk der bösen Gottheit annehmen, das Mitspracherecht der Gesellschaft als ganzer.

Im Deliktsrecht begünstigen wir infolgedessen bei Fällen, bei denen das Opfer klagt, praktisch Religion und religiöse Überzeugungen. Wir tun dies, indem wir (mit der Stärke der Verfassungsbestimmung über die „Nichtetablierung") einige Überzeugungen schützen, die für abnorm gehalten würden, wenn sie nicht religiösen Ursprungs wären. Wahrscheinlich würden wir jedoch selbst auf Religion basierenden Überzeugungen den Schutz verwehren, wenn sie als etwas beschrieben werden könnten, das sich eher von „Kulten" als von „Religionen" herleitet.[45]

Es mag einige Glaubensüberzeugungen geben, die für so absonderlich gehalten werden, daß sie überhaupt nicht als Religionen gelten – nicht einmal für die Zwecke der „Etablierungsbestimmung". Tatsächlich handelt es sich dabei um eine Ausflucht, da sich keine prinzipientreue Unterscheidung

---

[45] Vgl. z.B. Kennedy v. Bureau of Narcotics and Dangerous Drugs, 459 F.2d 415 (1972), cert. denied, 409 U.S. 1115, reh'g denied, 410 U.S. 959; People v. Weber, 97 Cal. Rptr. 150 (1971).

zwischen Kulten und Religionen treffen läßt. Nichtsdestoweniger mag es eine ebenso nützliche (doch gefährliche) Lüge darstellen wie die Aussage, daß der erste Zusatzartikel der Verfassung ein absolutes Recht auf freie Meinungsäußerung („freedom of speech") gewährt und daß das, was (manchmal) „angemessen" beschränkt wird, einfach keine Meinungsäußerung ist.[46] Auch die Unterscheidung zwischen einem Kult und einer Religion sowie die oft von Gerichten getroffene entsprechende Unterscheidung zwischen religiösen Überzeugungen, die unantastbar sind, und religiösen Praktiken, die staatlich geregelt werden können, stellen nur Ausflüchte und Mythen dar. Sie mögen uns nichtsdestoweniger helfen, diese engen Ausnahmen nicht zu weit in Richtung unserer konstitutionellen Hoffnungen auszuweiten, die zu hegen wir einfach nicht vermeiden können.[47] Indem wir bestreiten, daß einige Kulte überhaupt Religionen darstellen, mögen wir fähig sein, einer unbegrenzten Zahl anderer Religionen, die als nichtakzeptabel gelten – aber unter keiner angemessenen Definition von Religion als nichtreligiös bezeichnet werden können – entgegen dem von der Mehrheit ausgehenden Druck vollen Schutz zu gewähren.

Mit dieser Vorgehensweise oder Strategie sind Gefahren und Kosten verbunden. Wenn wir sie benutzen, schaffen wir eine „Etablierung", die noch wesentlich umfassender ist als die schon unscharfe „Etablierung" „akzeptabler" Religionen, die sie zu vermeiden sucht. Es handelt sich zudem um eine „Etablierung", die diejenigen Glaubensrichtungen, die jenseits der gezogenen Grenzen liegen, noch gründlicher ausschließt, als es die engere „Etablierung" täte, die von ihr abgelöst wird. Angehörige dieser Gruppen werden völlig ausgegrenzt, und man erzählt ihnen, daß ihre Glaubensüberzeugungen nach der Bedeutung dieser Worte nicht einmal Glaubensrichtungen oder Religionen darstellen. Einige Glaubensüberzeugungen werden völlig von der Mitwirkung an der Meinungsbildung im Gemeinwesen ausgeschlossen. Das zu sagen, bedeutet natürlich fast schon, die Anhänger eines solchen Glaubens für geächtet zu erklären und sie zur Revolte aufzufordern. Wenn der sogenannte Kult wirklich klein ist, mag dies – obwohl es höchst unfair

[46] Siehe Tribe, L.: American Constitutional Law, 1978, § 12 - 7 mit einer allgemeinen Darlegung, warum die Unterscheidung zwischen Meinungsäußerung und Verhalten nicht überzeugt.

[47] Wenn Gerichte dazu gedrängt werden, die Regulierung religiöser Überzeugungen zu erlauben, sprechen diese Gerichte so, als regulierten sie Handlungen und nicht Überzeugungen. Vgl. Reynolds v. United States 98 U.S. 145, 166 (1878). Mit Hilfe dieser Unterscheidung von Handlungen und Überzeugungen bei der Interpretation des ersten Verfassungszusatzes wurde z.B. entschieden, daß die Freiheit von Erwachsenen, jeder beliebigen Religion zu folgen, keine Rechtfertigung für die Verwehrung medizinischer Behandlung bei den Kindern dieser Erwachsenen rechtfertigt. Craig v. State, 155 A.2d 684 (1959); Kennedy Memorial Hospital v. Heston, 279 A.2d 670 (1981). Diese Unterscheidung zwischen Handlung und Überzeugung ist nicht sehr überzeugend, wenn es um Religion geht. Die meisten dieser Überzeugungen haben nämlich eine moralische Komponente und erfordern daher bestimmte Arten des Verhaltens.

und ungerecht ist – nicht furchtbar gefährlich sein. Wird dieselbe Taktik jedoch auf eine bedeutende Glaubensüberzeugung angewandt, können sich die Ausgrenzung und der darin enthaltene Aufruf zur Revolution als höchst destruktiv erweisen. Einer Gesellschaft, die sich dazu gezwungen sieht, diese Taktik in bezug auf eine weitverbreitete Überzeugung einzusetzen, ist das Durchleiden ernster Konsequenzen geradezu vorgezeichnet.

Um es zusammenzufassen: Das Deliktsrecht sucht eine Ausgrenzung der meisten ungewöhnlichen Religionen zu vermeiden und gewährt deshalb den religiösen Überzeugungen von Opfern selbst dann Schutz, wenn diese ziemlich eigentümlich sind. Gründet sich dagegen die Überzeugung nicht auf eine Religion, verhält sich das Deliktsrecht „neutral" und gewährt im allgemeinen einem Opfer, das einer bestimmten Überzeugung anhängt, nur dann Schutz, wenn es sich bei der Einstellung des Opfers um eine weit verbreitete handelt. Glaubte also die Mehrheit in einer bestimmten Gesellschaft, daß der Fortschritt von ihnen verlange, vorwärts zu springen und niemals zurückzuweichen, würde das bereits diskutierte vorwärtsspringende Opfer wahrscheinlich Schadensersatz erhalten. Sein Verhalten würde für vernünftig gehalten. Dasselbe würde auf einen Ärztehasser in einer Gesellschaft zutreffen, in der die meisten Leute Ärzten mißtrauen und sie nur bei extremen Fällen aufsuchen. So lange wie die Überzeugung in der Tat hinreichend alltäglich war, würde es keine Rolle spielen, daß wir die „wissenschaftliche" Fehlerhaftigkeit der Überzeugung (daß die Schäden nachweislich größer waren, wenn die Leute es versäumten, zum Arzt zu gehen) aufzeigen könnten. Nichtsdestoweniger wurden einige bei Opfern festgestellte alltäglich anzutreffende Überzeugungen, die weder abnorm noch religiös waren, für unvernünftig befunden. Derartiges geschieht immer dann, wenn die Verfassung (oder auch nur ein bedeutendes Gesetz) einen der Überzeugung entgegenwirkenden Gravitationssog ausübt – wie z.B. bei der besprochenen rassistischen Überzeugung. Schließlich werden aber auch einige Arten von Überzeugungen und Einstellungen, die weitverbreitet sind und keine Normen der Verfassung verletzen, für unwirklich, unvernünftig oder abwegig gehalten.[48]

Bevor ich mich jedoch diesen letzteren Überzeugungen zuwende, müssen wir uns mit der Tatsache auseinandersetzen, daß ich mich in diesem Kapitel auf etwas konzentriert habe, das ich leichte Fälle nannte – d.h., Situationen, bei denen der Anhänger der sonderbaren Überzeugung das Opfer war. In all diesen Fällen wurde der Gläubige von jemandem geschädigt, den ein Verschulden traf, der sich nicht vernünftig verhalten hatte und der es deshalb gewissermaßen „verdiente", Schadensersatz leisten zu müssen. Minelda, Mrs. Eider und das entspannte Ehepaar in Troppi v. Scarf waren alles Leute, die von jemandem verletzt wurden, der fahrlässig gehandelt hatte. Aus den

[48] Siehe unten Kap. 4.

Gründen, die ich im vorigen Kapitel darlegte, fällt es relativ leicht zu sagen, daß der Schädiger, d.h. der Beklagte, wenn er sich unvernünftig verhielt, das zahlen soll, was gebraucht wird, um der Gesellschaft dabei zu helfen, eine Gleichstellung von weitverbreiteten und abnormen Glaubensüberzeugungen zu erreichen.

Der Beklagte hat kein Recht, sich zu beklagen, wenn die Gesellschaft ihn die Kosten für die Erreichung des gesellschaftlichen Ziels der „Nichtetablierung" tragen läßt. (Es besteht praktisch eine Analogie zu den Fällen, bei denen die Last der Bereinigung der gesellschaftlichen Wirkungen vergangener Rassendiskriminierung denjenigen Personen oder Institutionen aufgebürdet wird, die sich zuvor der Diskriminierung schuldig gemacht hatten.[49] Man mag natürlich fragen, warum religiöser Glaube im Deliktsrecht nur bei Opfern mit abnormen religiösen Glaubensüberzeugungen statt bei allen in gutem Glauben handelnden Opfern (wie dem „Vorwärtsspringer") zu einer Entschädigung führen soll. Man mag weitergehend fragen, ob die Regel des Mitverschuldens (contributory negligence) überhaupt einen Sinn macht.[50] Doch liegt dies irgendwie abseits der gegenwärtigen Diskussion. Es bleibt nämlich in jedem Fall bei der unbestreitbaren Tatsache, daß der Schutz von Überzeugungen ein viel schwierigeres Problem darstellt, wenn der Überzeugte der Schädiger ist – ein Schädiger, der sich aufgrund seiner religiösen Überzeugung auf eine Weise verhielt, die zur Schädigung eines unschuldigen Opfers führte.

Nehmen Sie an, Mrs. Eider war eine geborene Rothschild oder haftpflichtversichert – d.h., sie war in der Lage, Schadensersatz zu zahlen. Nehmen Sie weiter an, daß entweder auf der Seite des Staates New York keine Fahrlässigkeit beim Stoppen des Skilifts vorgelegen hatte oder daß wegen besonderer Rechtsgrundsätze wie der „Immunität des Souveräns" der Staat nicht auf Schadensersatz verklagt werden konnte.[51] Nehmen Sie schließlich an, daß Mrs. Eider (aufgrund ihrer Glaubensüberzeugung) springt, und – anstatt sich selbst zu verletzen – mich, der ich beim Pflücken von Gänseblümchen herumspaziere, trifft oder besser (da sie mich gesehen haben könnte und einen Moment mit ihrem Sprung hätte warten können): in einen Busch springt, in dem sich unglücklicherweise und von ihr unbemerkt ein

[49] Vgl. z.B. Carter v. Gallagher, 452 F.2d 315, 4 FEP 84 (1971) mit Regents Of The University of California v. Bakke, 438 U.S. 265, 300 - 302 (1978).

[50] Siehe z.B. Green: Illinois Negligence Law II: Contributory Negligence, 39 Ill. L. Rev. 116 (1944); Loundes: Contributory Negligence, 22 Geo. L.J. 674 (1934); James: Last Clear Chance: A Transitional Doctrine, 47 Yale L.J. 704 (1938). Siehe auch Wade: Comparative Negligence – Its Development in the United States and Its Present Status in Louisiana, 40 La. L. Rev. 299, 302 - 304 (1980).

[51] „Immunität des Souveräns" bedeutet schlicht, daß weder die Bundesregierung noch die Regierungen der Einzelstaaten ohne deren Einwilligung verklagt werden können. Siehe allgemein Jaffe: Suits Against Governments and Officers, 77 Harv. L. Rev. 1 (1963); James: Tort Liability of Government Units and their Officers, 22 U. Chi. L. Rev. 610 (1955).

völlig vernünftiges, entspanntes Pärchen befindet, das sie auf schlimme Weise verstümmelt. Das entspannte Pärchen verklagt natürlich Mrs. Eider. Genauso natürlich verteidigt sich Mrs. Eider, indem sie sich darauf beruft, daß sie sich in Anbetracht ihrer Glaubensüberzeugung vernünftig verhielt, und führt (falls mein hypothetisches Beispiel sich vor kurzem abspielte) Friedman v. New York zur Unterstützung ihrer Position an. Wie verhält sich das Deliktsrecht dann? Und ist das, was es tut, korrekt?

Wir sollten zunächst einige spezielle Situationen aussondern. Wir können zum Beispiel die Fälle unberücksichtigt lassen, bei denen der Anhänger einer Überzeugung besondere Beziehungen zu dem Opfer unterhält und ihm daher besondere Pflichten schuldet. Wäre die verletzte Partei also ein Kind und der Anhänger der Überzeugung ein Elternteil, kämen weiterreichende Überlegungen ins Spiel, die für eine Schadensersatzleistung sprechen und es sogar der Gesellschaft erlauben mögen, den Elternteil zu zwingen, gegen seine oder ihre Überzeugung zu handeln, oder aber die Gesellschaft für das Kind sorgen zu lassen.[52] Ebenso können wir Fälle von vorsätzlicher Schädigung oder sicherem Schaden unberücksichtigt lassen. So mag Mrs. Eider leicht haftbar sein, wenn sie sich (um ihren Aufprall abzumildern) vorsätzlich auf einen molligen Vorbeigehenden fallen läßt und dem Opfer schweren Schaden zufügt oder wenn sie (meiner früheren Anregung folgend) Jack Katz aus dem Skilift wirft. Vorsätzliches Unrecht wird aus vielen Gründen, die zu diskutieren ich keine Zeit habe, anders behandelt als zufällige Schädigungen, bei denen die beteiligten Parteien im schlimmsten Fall sorglos oder fahrlässig waren.[53] Der schwierige Fall, auf den ich mich konzentrieren möchte, ist derjenige, bei dem Überzeugungen zu fahrlässigen Handlungen führen – Handlungen, die bei anderen unschuldigen Leuten nur das Risiko einer Verletzung erhöhen. Wer soll im Falle des Eintritts einer solchen Verletzung den Schaden tragen? Der Anhänger der Überzeugung, das Opfer oder jemand anderes? Wenn Glaubensüberzeugung das Geschenk der bösen Gottheit ist und die Gleichstellung von Glaubensüberzeugungen auch solch ein Geschenk darstellt, wer soll dann den Preis für diese Geschenke bezahlen?

In derartigen Fällen hat das Deliktsrecht dazu tendiert, die Belastung dem Anhänger der Überzeugung aufzubürden – allerdings nur dann, wenn die Überzeugung abnorm ist. Demzufolge würde in einem Fall wie Troppi v. Scarf, bei dem das ungewollte Kind später das aus dem Zustand des „Unge-

[52] Siehe z.B. Craig v. State, 155 A.2d 684 (1959); Kennedy Memorial Hospital v. Heston, 279 A.2d 670 (1971).

[53] Zur Frage, warum vorsätzliches und fahrlässiges Unrecht unterschiedlich behandelt werden sollte, siehe Calabresi / Melamed: Property Rules, Liability Rules, and Inalienability: One View of the Cathedral, 85 Harv. L. Rev. 1089, 1124 - 1127 (1972). Im Deliktsrecht werden vorsätzliches und fahrlässiges Unrecht in vielerlei Hinsicht unterschiedlich behandelt. Siehe allgemein Prosser, W.: The Law of Torts, 1971, S. 9 - 12, 55 - 60, 263.

wolltseins" herrührende Zurückbleiben psychischer Narben geltend macht und die Eltern verklagt, weil sie es nicht zur Adoption freigaben, das Kind die Klage mit Sicherheit verlieren. Es ist natürlich denkbar, daß das Kind allein deshalb verlieren würde, weil das Zurückbleiben psychischer Narben oder die Behauptung, daß psychische Narbenbildung im Falle einer Adoption vermieden worden wäre, schwer zu beweisen ist. Es mag jedoch auch so sein, daß es dieses kaum erfüllbare Kausalitätserfordernis nur deshalb gibt, weil es uns die Verdeckung der Tatsache ermöglicht, daß wir es Eltern erlauben wollen, ungewollte Kinder zu behalten.[54] Bei dem Wunsch, ungewollte Kinder zu behalten, handelt es sich um eine „akzeptable" Überzeugung, und so lassen wir lieber das Opfer den Schaden tragen als den Anhänger der Überzeugung.

Meine eigene Ansicht besteht darin, daß es sich bei der letzteren Beschreibung um die zutreffende handelt und daß unser Recht immer dann zwischen „akzeptablen" und „sonderbaren" Überzeugungen unterscheidet, wenn das Opfer, das infolge der Überzeugung leidet, unschuldig und identifizierbar ist. In diesen Situationen wird der Verlust wahrscheinlich dem Schädiger zugewiesen, wenn er „sonderbaren" Überzeugungen anhängt, doch verbleibt der Schaden wahrscheinlich beim Opfer, wenn die Überzeugung des Schädigers nicht abnorm ist oder wenn die Überzeugung – obgleich abnorm – etabliert ist.[55] Das Recht auf Kriegsdienstverweigerung ist ein Beispiel dieses letzteren Punktes – allerdings auf einem nicht zum Deliktsrecht gehörenden Gebiet. Weil einige wegen ihres Gewissens freigestellt sind, müssen andere dienen und vielleicht sterben. Man könnte nun argumentieren, daß diese Last recht „diffus" bleibt, d.h. daß man keine einzelne Person bestimmen kann, die den für das Verlangen der Gesellschaft, das Gewissen des Verweigerers zu schützen, zu entrichtenden Preis zu zahlen hat. Wenn dies wahr wäre – wenn man sagen könnte, die Gesellschaft in ihrer Gesamtheit trägt die mit der Annahme dieses besonderen Geschenks der Gottheit verbundene Last – wäre der Fall relativ einfach. Bei vielen Gelegenheiten jedoch läßt sich genau die Person identifizieren, die deshalb dienen muß, weil jemand anders wegen seines Gewissens Freistellung verlangt. Dies träfe immer dann zu, wenn die Einziehung per Lotterie erfolgt. Dann nämlich kann man diejenigen identifizieren, die das Los zunächst ausgeschlossen haben würde, die aber dann, weil ihre Nummern als nächste an der Reihe gewesen wären, aufgerufen werden, den Platz derjenigen einzunehmen, die aufgrund ihres Gewissens freigestellt wurden.

[54] Der Begriff der Kausalität im Deliktsrecht ist selbst funktional. Siehe z.B. Harper, F. / James, F.: The Law of Torts, Band 2, 1956, S. 1132 - 1134.

[55] Fälle, bei denen die Überzeugung des Schädigers überhaupt als Einwand gegen einen Schadensersatzanspruch geltend gemacht wird, sind selten. Es gibt jedoch einige relativ neue Fälle, bei denen dies – ohne Erfolg – versucht wurde. Siehe z.B. Interbank Card Assoc. v. Simms, 431 F. Supp. 131 (1977); Bear v. Reformed Mennonite Church, 341 A.2d 105 (1975). Vgl. auch 20 ALR2d 421, 499 - 500 (1951).

Wenn dies geschieht, erleidet derjenige, der seinen Kriegsdienst leisten muß, aufgrund der Überzeugung eines anderen einen Nachteil. Er ist also ein ebenso identifizierbares Opfer wie ein Opfer im Sinne des Deliktsrechts, das von jemandem geschädigt wurde, dessen Handlung nur aufgrund seiner Glaubensüberzeugung für vernünftig erachtet und gestattet wurde. Dem Anhänger der Überzeugung ist es erlaubt, alle Kosten der Überzeugung auf das Opfer abzuwälzen und damit das Opfer die gesamte Last des Schutzes der Überzeugung tragen zu lassen. Wie der Wunsch, seine Kinder selbst dann zu behalten, wenn sie ungewollt sind, ist die alle Kriege betreffende Kriegsdienstverweigerung aus Gewissensgründen eine „akzeptable" Überzeugung. Weil sie „akzeptabel" ist, nimmt nicht einmal die Tatsache, daß diese Überzeugung ungewöhnlich – wenn nicht sogar recht abnorm – ist, dem Anhänger dieser Überzeugung die Berechtigung, gemäß seiner Überzeugung auch zum Nachteil bestimmter und unschuldiger anderer Personen zu handeln.

Wie aber kann man dann in einer Gesellschaft, die eine Etablierung einer Religion auszuschließen sucht, das Zuweisen der Verluste auf solche Schädiger rechtfertigen, die abnormen religiösen Überzeugungen anhängen, die nicht „akzeptabel" sind? Warum führt uns nicht dieselbe Logik, die die Gerichte dazu veranlaßte, Minelda und Mrs. Eider als Opfer zu schützen – unterstellt, daß das entspannte Pärchen schutzwürdig war – auch dazu, Minelda und Mrs. Eider als Schädiger zu schützen? Die Antwort, die sich letztlich als unbefriedigend erweisen wird, liegt in den anderen Möglichkeiten der Verlustzuweisung begründet, die die Gerichte zu haben glauben. Wenn der Verlust nicht dem Anhänger der Glaubensüberzeugung zugewiesen wird, scheinen die Gerichte darauf verwiesen zu sein, das unschuldige Opfer zu belasten. Der Wunsch, eine Gleichstellung der Überzeugungen zu erreichen, scheint nicht so weit zu reichen.

Dies ist deshalb so, weil die traditionelle Sichtweise (des neunzehnten Jahrhunderts) gerade darin bestand, daß unschuldige Opfer die Last solcher Unfälle tragen sollten, die sich nicht auf das Verschulden eines anderen zurückführen ließen. Diese Unfälle wurden vielmehr als „Gottes Wille" betrachtet, und der dabei auftretende Schaden traf allein die unglücklichen Opfer.[56] Ein großer englischer Richter, Baron Bramwell, formulierte es (als er vom Anwalt des Opfers gefragt wurde: „Wenn schon jemand leiden muß, warum sollte es das unschuldige Opfer anstelle des Beklagten sein, der sich schließlich dafür entschied, sein Pferd auf öffentlichen Straßen zu bewegen?") so: „Zum Nutzen der Menschheit . . . müssen Leute [d. h. Opfer], wenn sie Landstraßen benutzen, mit solchem Unheil rechnen bzw. sich damit abfinden, was bei Ausübung angemessener Sorgfalt der anderen nicht ver-

[56] Holmes, O. W.: The Common Law, 1881, S. 94 - 95.

mieden werden kann."[57] Mit anderen Worten, wenn sich die Gesellschaft einmal entscheidet, ein Geschenk der bösen Gottheit („zum Nutzen der Menschheit") anzunehmen, treffen sämtliche mit dieser Entscheidung verbundenen Nachteile das zufälligerweise betroffene Opfer. Wenn es sich bei dem Geschenk, das wir annehmen, um die Vorstellung handelt, daß alle religiösen Überzeugungen gleich behandelt werden sollen, dann scheint daraus zu folgen, daß es das unglückliche Opfer ist, das zu Recht ebenso die Kosten dieser Entscheidung zu tragen hat, wie es auch die Kosten der gesellschaftlichen Entscheidung trägt, den Betrieb von Kraftfahrzeugen zu gestatten.

Heutzutage jedoch scheint diese Antwort des neunzehnten Jahrhunderts nicht mehr akzeptabel. Um zu der Diskussion des ersten Kapitels zurückzukehren: der Appell des Hinterbliebenen („Mein Ehegatte wurde zu einem der Opfer für die böse Gottheit ausgewählt; die Gesellschaft profitiert jedoch am meisten von den mit der Annahme des Geschenks der bösen Gottheit verbundenen Vorteilen, warum sollen also wir die Hauptlast tragen und nicht die Gesellschaft selbst?") erscheint heutzutage eher berechtigt. Anders ausgedrückt: Wenn ich von Mrs. Eider verletzt werde, weil sie sich entschließt, aus dem Skilift zu springen, habe ich nur ein sehr geringes Interesse am Schutz ihres Rechts, ihre abnorme Glaubensüberzeugung gleichrangig den anderen Überzeugungen gegenüber behandelt zu sehen. Die Gesellschaft hat jedoch ein viel größeres Interesse an dieser Gleichbehandlung. Sie ist es, die sagt, daß wir keine „Etablierung" haben sollten und nicht zwischen „akzeptablen" und „sonderbaren" Religionen unterscheiden sollten. Der einzelne mag dem zustimmen oder sogar von dieser Entscheidung ein wenig profitieren, doch macht sein Gewinn nur eine sehr schmale Portion des Gewinns der Gesellschaft aus. Warum sollte also die Gesellschaft nicht einen speziellen Fond schaffen, um die Opfer der Schädiger zu entschädigen, deren Verhalten allein deshalb, weil es auf abnormen Überzeugungen beruhte, als nicht schuldhaft bewertet wurde?

In der Praxis existiert ein solcher Fond natürlich nicht. Die Gerichte sind zwischen den Alternativen der Belastung des Opfers und dem Bruch des Versprechens auf Gleichbehandlung aller religiösen Überzeugungen hin und her gerissen. Unter diesen Umständen ist es nicht überraschend, daß sie zum Wortbruch tendieren und das Opfer nur dann belasten, wenn sich das Verhalten des Schädigers von Überzeugungen herleitet, die wir problemlos als vernünftig akzeptieren. Gerade so, wie wir nicht geneigt sind zu sagen, daß einzelne unschuldige Opfer deshalb leiden sollten, weil jemand jung, alt, behindert oder benachteiligt ist, so werden wir wohl kaum unschuldige Opfer von Minelda oder Mrs. Eider leer ausgehen lassen.[58] Wir würden es

[57] Holmes v. Mather, 10 L.R. – Ex. 261, 267 (1875).

[58] Vgl. Prosser / Keeton (Kap. 2 Fn. 18), § 135. Siehe auch oben Kap. 2 Fn. 46 und dazugehörigen Text sowie Kap. 3 Fn. 55.

begrüßen, diesen Gruppen gleichen Zugang gewähren zu können, doch würden wir es nicht so gerne sehen, daß individualisierbare unschuldige Opfer den Preis dafür zu entrichten hätten. Wir sind uns über die Bewertung sonderbarer Überzeugungen nicht im klaren und sind zwischen dem Sog der „Nichtetablierungsbestimmung" der Verfassung und dem Wunsch, alle unschuldigen Opfer abnormen Verhaltens zu entschädigen, hin und her gerissen. Wir gewähren Opfern trotz ihrer sonderbaren Überzeugungen Schadensersatz, belasten Schädiger jedoch nur dann, wenn ihre Überzeugungen abnorm sind.

Das Ergebnis besteht in einem unglücklichen Kompromiß, der weniger von einer dem Problem inhärenten Schwierigkeit herrührt, als vielmehr von den Grenzen, denen die Gerichte bei der Entscheidung begegnen, wer die Last der Unfälle tragen soll, sowie von der mangelnden Bereitschaft der Gesetzgebung, sich diesen Fragen zu stellen. Gerade so, wie wir die Jugendlichen, die Behinderten und die älteren Leute zur Schaffung gleicher Zugangschancen fördern könnten – bzw. es manchmal sogar tun –, ohne dabei unschuldige Opfer zu belasten, könnten wir ein System der Unfallkompensation schaffen, das uns nicht dazu veranlaßt, „akzeptable" Überzeugungen gegenüber „sonderbaren" zu begünstigen.[59] Nehmen Sie zum Beispiel an, wir verfügten über einen Fond, aus dem alle Opfer des Geschenks der bösen Gottheit kompensiert werden könnten und zu dessen Finanzierung alle Aktivitäten entsprechend ihrer Geneigtheit, solche Opfer hervorzubringen, beitrügen. Autos, Autofahrer, Skilifts und Skiliftbenutzer würden besteuert, um den Kompensierungsfond entsprechend dem Wahrscheinlichkeitsgrad zu finanzieren, mit dem sie Unfälle verursachen, die Ansprüche gegen den Fond entstehen lassen. Würden wir dann diejenigen höher besteuern, deren größere Unfallgeneigtheit von religiösen Überzeugungen, Behinderung, Alter, Geschlecht, Benachteiligung oder Einstellungen herrührt, die auf den zuvor genannten Kategorien beruhen? Oder würden wir uns statt dessen dafür entscheiden, daß – was auch immer wir mit den anderen täten – wir „akzeptable" und „nicht-akzeptable" Überzeugungen gleich besteuerten?

Ich habe wenig Zweifel, daß wir, wenn wir ein solches Programm hätten, „akzeptable" und „sonderbare" Überzeugungen nicht unterschiedlich behandelten. Die Last würde hinreichend über die ganze Gesellschaft verteilt sein, so daß kein einzelner in besonderem Maße für die Wahrung unseres Wunsches, eine „Etablierung" von Religion zu vermeiden, zu leiden hätte. (Wären wir ein Land mit einer etablierten Religion oder einer Tradition der Etablierung von Religion, mag die Linie natürlich auch auf eine völlig andere Weise verlaufen.) Wir würden tatsächlich wieder von der Gravi-

[59] Dies würde eine Variation eines „Risikopools" darstellen. Siehe oben Kap. 2 Fn. 54.

tationskraft unserer Verfassung dahin gezogen, abnorme religiöse Überzeugungen wie gewöhnliche religiöse und wie gewöhnliche weltliche Überzeugungen zu behandeln. Es gäbe keinen unserem Wunsch, unschuldige Opfer zu entschädigen, entgegengesetzt wirkenden Sog, der die Kraft der Bestimmung über die „Nichtetablierung" neutralisieren könnte. In der Praxis würden wir diesen Teil des Kompensationsfonds wahrscheinlich aus allgemeinen Steuern und nicht aus einer speziellen Steuer für die Anhänger derjenigen Überzeugungen finanzieren, die sie für ernste Verletzungen geneigter werden lassen. Meiner Erwartung nach würden wir dasselbe in bezug auf das besondere Verletzungsrisiko tun, das aus Behinderung, Geschlecht, Alter oder Benachteiligung erwächst. In jedem dieser Fälle würden wir zu dem Urteil gelangen, daß gleicher Zugang bzw. Gleichbehandlung solange ein akzeptables Geschenk der bösen Gottheit darstellt, wie kein einzelner identifizierbarer Hinterbliebener den Hauptteil des mit unserer Annahme des Geschenks zu entrichtenden Preises zu zahlen hätte.

Die Tatsache, daß solch eine Lösung durchführbar ist (wenngleich wir uns auch nicht dafür entschieden haben, uns ihrer zu bedienen), bedeutet, daß die von uns diskutierten Fälle wahrscheinlich keine brennenden Fragen für unsere Gesellschaft aufwerfen. Wenn wir wollen, können wir unsere Gleichheits- und „Nichtetablierungsideale" erhalten, ohne einzelnen Opfern ihre Entschädigung zu entziehen. Wir können eine Belastung der Schädiger aufgrund Alters, Geschlecht, Behinderung oder der Sonderbarkeit ihrer religiösen Überzeugung vermeiden, ohne dabei zugleich die unglücklichen Opfer den finanziellen Preis unserer hohen egalitären Ziele zahlen zu lassen. Wir, die wir kollektiv von diesen Idealen profitieren, können auch kollektiv für sie bezahlen. Dies ist natürlich schwieriger, wenn etwas betroffen ist, das keinen finanziellen Entschädigungen zugänglich ist. In gewissem Umfang ist dies bereits immer dann der Fall, wenn physische Verletzungen betroffen sind, doch trifft es in besonderem Umfang dann zu, wenn die Verletzungen eine Überzeugung betreffen![60] Der schwierigste Fall, den ich aufgrund seiner Schwierigkeit erst im letzten Kapitel diskutieren werde, ist derjenige, bei dem Überzeugungen oder Ideale aufeinanderprallen.

Werden dadurch, daß den Überzeugungen des einen Gewicht beigemessen wird, die Überzeugungen eines anderen gekränkt, kommt einem Schadensersatz in Geld wahrscheinlich keine Bedeutung zu. Derartige Situationen werfen in den Augen der meisten Leute nicht Fragen danach auf, wer die Kosten von Überzeugungen tragen soll, sondern vielmehr danach, wer wem seine Überzeugungen aufzuzwingen vermag. Aus dem Bemühen, sicherzustellen, daß die eigenen Anschauungen unter solchen Umständen für akzeptabel erachtet werden, wird sich wahrscheinlich ein erbitterter Kampf ent-

[60] Siehe Calabresi: Costs (Kap. 1 Fn. 27), Kapitel 9; siehe auch Calabresi / Bobbitt (Einl. Fn. 1), S. 32.

wickeln. Das Ergebnis dieses Bemühens wird nämlich darüber entscheiden, ob sich ganze Gruppen von der Gesellschaft ausgegrenzt fühlen (wie die „Kulte", die wir an früherer Stelle diskutierten) oder ob gegensätzliche Überzeugungen als Teile ein und desselben Gemeinwesens überleben können.

Bevor ich mich jedoch dieser Frage zuwende, würde ich gerne einige Zeit darauf verwenden zu überlegen, warum einige Einstellungen und Überzeugungen, die ganz und gar nicht abnorm und in der Tat weitverbreitet sind, im Recht auf ein solches Mißfallen stoßen, daß die aus ihnen folgenden Kosten selbst dann allein von dem unschuldigen Opfer zu tragen sind, wenn schuldhaft handelnde Schädiger herangezogen werden könnten. Wodurch wird bestimmt, wann Verletzungen von Gefühlen und Moralvorstellungen zu den ersetzbaren Schäden zählen und wann sie dies nicht tun? Wir müssen dieses Problem nicht nur aus Interesse an dem Problem selbst diskutieren, sondern auch wegen der Einblicke, die es uns in den schwierigsten Fall – das Aufeinanderprallen von Überzeugungen – zu geben vermag.

IV. Die Rolle von Moralvorstellungen und Gefühlen

Aus dem in den vorherigen Kapiteln Gesagten läßt sich der Schluß ziehen, daß das, was für unvernünftiges Verhalten erachtet wird, nicht von irgendwelchen objektiven oder wissenschaftlichen Maßstäben, sondern davon abhängt, wie unser gesamtes Recht die betreffenden Handlungen, Aktivitäten und Überzeugungen bewertet. Das ist der Grund dafür, weshalb Überzeugungen im Vernünftigkeitskalkül – zumindest zuweilen – zählen. Gleichermaßen läßt sich folgern, daß Begriffe wie Vernünftigkeit auch davon abhängen, wem unser Recht eine Last aufzubürden bereit ist. Das ist der Grund für die – zumindest bei Fehlen eines allgemeinen Sozialversicherungsfonds bestehende – unterschiedliche Behandlung von Schädigern und Opfern. Schließlich kann man den Schluß ziehen, daß das, was in einem Rechtsgebiet wie dem Deliktsrecht für vernünftig erachtet wird, Beurteilungen und Normen, die in unserer Verfassung und unserer gesamten Rechtsordnung zu finden sind, widerspiegelt. Das ist der Grund dafür, daß weitverbreitete und vom Normalverhalten abweichende Überzeugungen dann unterschiedlich behandelt werden, wenn religiöser Glaube oder rassistische Einstellungen betroffen sind. Mit anderen Worten: das, was effizient ist bzw. den Kosten/Nutzen-Test besteht, ist kein „wissenschaftlicher", von Überzeugungen und Einstellungen unabhängiger Begriff. Man hat sich vielmehr ständig der Frage zu stellen, wen wir ärmer oder reicher machen wollen. Dieser Begriff der Vernünftigkeit spiegelt praktisch ausnahmslos Ansichten wider, die aus Gebieten stammen, die keine besondere Nähe zum Deliktsrecht aufweisen.

In diesem Kapitel möchte ich solche Überzeugungen und Einstellungen untersuchen, deren Kosten die Anhänger dieser Überzeugungen selbst zu tragen haben, obwohl es sich um gewöhnliche Einstellungen handelt und sie nicht (wie Rassismus) unseren fundamentalen Normen widersprechen. Im Deliktsrecht lassen diese Einstellungen etwas entstehen, das man als „rein psychische", „emotionale Schäden" und „Liebhaberschäden" bezeichnet und das einiges, doch nicht alles von dem umfaßt, was ich an anderer Stelle als Moralvorstellungen bezeichnet habe (wie z.B. die aus der Tat eines anderen resultierenden Seelenqualen, Schmerzen oder Ekel). Die Bezeichnungen dieser Schäden sind in der Tat bezeichnend. Sie bedeuten einfach, daß die Opfer nicht entschädigt werden. Sie erklären nicht, warum das so sein soll, oder gar, was die einzelnen Bezeichnungen umfassen.

In der Praxis werden durch diese Bezeichnungen zwei große Schadenskategorien von einer Ersatzleistung ausgeschlossen, was auf den ersten Blick schwer zu rechtfertigen erscheint. Erstens wird, wenn jemand meine Uhr zerstört, die deshalb von besonderem Wert für mich ist, weil sie ein Geschenk meiner betagten Tante Amnesia ist, dieser besondere Wert bei einer Klage auf Schadensersatz nicht berücksichtigt. Warum jedoch soll dem potentiellen Schädiger nicht finanziell bewußt gemacht werden, daß eine der Kosten, die er bei der Entscheidung über das Ergreifen von meine Uhr gefährdenden Aktivitäten erwägen sollte, in dem speziellen Wert besteht, die die Uhr für mich hat? Wenn wir schon Schädiger (bzw. ihre Versicherungsraten) dazu bringen, Schäden an religiösen Überzeugungen in Rechnung zu stellen, warum tun wir dann nicht dasselbe in bezug auf derart weitverbreitete Gefühle wie diejenigen, die ich beispielsweise mit meiner Uhr verbinde? Zweitens kann ich, wenn ich beim Beobachten eines Unfalls, bei dem Leute zu Tode kommen, plötzlichen Schmerz empfinde oder mir übel wird, keinen Schadensersatz für die durchgestandenen Leiden erlangen. Doch warum sollen die „Kosten" dieses Unfalls meine Qualen nicht umfassen? Warum soll man Leuten, die an einem blutigen Unfall vorbeifahren müssen und sich deshalb schlecht fühlen, keinen Schadensersatz gewähren? Daß sich meine Gefühle auf andere als mich selbst beziehen, macht sie nicht weniger real und stellt keinen Grund dafür dar, das Verhalten, das zu dem Unfall und meinem Krankfühlen führte, weniger zu entmutigen. Dies bedeutet, daß – wenn wir eine volle gesellschaftliche Kosten/Nutzen-Analyse durchführen wollten – zu den Kosten, die mit der Akzeptanz von Kraftfahrzeugen als einem Geschenk der Gottheit verbunden sind, mit Sicherheit auch mein Krankfühlen beim Anblick eines Unfalls wäre. Ein entsprechender Kostenfaktor bestünde in dem besonderen Gefühl des Verlustes, das ich bei der Zerstörung der Uhr meiner Tante Amnesia erlitte.

Traditionell hat jedoch keiner der beiden Fälle zu Schadensersatz im Deliktsrecht geführt.[1] Zu dieser Regel gibt es natürlich Ausnahmen, die im Wachsen begriffen sind. Die vorsätzliche Zufügung emotionaler Schäden hat beispielsweise immer zu Schadensersatz geführt.[2] Schadensersatz kann auch bei rein emotionalen Schäden demjenigen gewährt werden, dessen naher Familienangehöriger, ein Ehepartner oder ein Kind, bei einem Unfall ums Leben kommt, und zwar insbesondere dann, wenn er den Unfall beobachtete oder sich nahe dem Unfallgeschehen aufhielt.[3] In Hawaii gelang es

---

[1] Siehe Harper, F. / James, F.: The Law of Torts, Band 2, 1956, § 18.4.

[2] Siehe z.B. Jeppsen v. Jensen, 155 P. 429 (1916); Enright v. Groves, 560 P.2d 851 (1977).

[3] Erst vor kurzem begannen die Gerichte, Schadensersatz für emotionale Schäden für Zeugen angedrohter oder tatsächlicher Verletzungen anderer zu gewähren. Die meisten dieser Fälle betrafen Drohungen gegenüber nahen Verwandten; siehe z.B. Dillon v. Legg, 441 P.2d 912 (1968). Siehe dazu allgemein Bell: Immoral Subsidy:

einer Familie sogar, Ersatz für emotionale Schäden wegen des Todes ihres Hundes „Princess" zu erlangen.[4] Diese Fälle bleiben jedoch, wie gesagt, Ausnahmen, und man begegnet einem Regreß für emotionale Schäden – insbesondere bei Verletzungen anderer – allgemein im Deliktsrecht mit großem Mißtrauen.

Mein früherer Kollege, Professor Ronald Dworkin aus Oxford, hat versucht, dies zu erklären, indem er aufzuzeigen suchte, daß in einem utilitaristischen Kalkül die Berücksichtigung von Moralvorstellungen oder unseren Gefühlen zu einem doppelten Veranschlagen dieser Schäden führe.[5] Während ich Dworkins Argumente normalerweise (auch wenn er irrt) für außergewöhnlich klar halte, muß ich hier gestehen, daß mir dieses Argument völlig unverständlich erscheint. Letztlich fühle ich mich gezwungen, den Schluß zu ziehen, daß – rein theoretisch – ein anderer früherer Kollege, Judge Robert Bork, recht hatte, als er feststellte, daß psychische Schäden so real wie physische Schäden – und im Prinzip davon ununterscheidbar – sind.[6] Es mag wohl sein, daß es praktische Gründe gibt, aufgrund derer Schäden, die psychischer Natur sind oder die auf unseren Gefühlen für andere basieren, öfter als physische Schäden allein von den Opfern getragen werden sollten. Doch diese pragmatische Möglichkeit unterscheidet sich sehr von einem Argument, das darauf abzielt, beide Schadensarten prinzipiell unterschiedlich zu behandeln.

Wir haben bereits gesehen, daß Verletzungen einiger Gefühlsregungen – wie Verletzungen religiöser Überzeugungen – berücksichtigt werden. Andere emotionale Schädigungen dagegen – wie das Gefühl der Empörung, das man beim Wissen darum empfinden mag, daß jemand anderes Pornographie liest und dann zurückgezogen in seinem Zimmer masturbiert – werden im großen und ganzen gegenwärtig nicht berücksichtigt. Die „Kosten" dieser Schädigungen hat allein derjenige zu tragen, der die seine Einstellung betreffende Schädigung erleidet. Es handelt sich dabei jedoch mit der gleichen Sicherheit um „Kosten" wie in den Fällen, bei denen das Verhalten des anderen darin besteht, Krach zu machen, meine Brille zu zerstören, mir Rauch ins Gesicht zu blasen oder, was näher am angesprochenen Beispiel liegt, in der Öffentlichkeit zu masturbieren.[7] Der zuletzt genannte Fall läßt darauf schließen, daß die Trennlinie nicht zwischen seelischen und körperli-

---

Hiding The Cost of Psychic Injury, 3 U.Fla.L.Rev. (1984), at nn. 32 - 40 and accompanying text.

[4] Campbell v. Animal Quarantine Station, 632 P.2d 1066 (1981).

[5] Dworkin (Kap. 3 Fn. 25), S. 232 - 233.

[6] Bork: Neutral Principles and Some First Amendment Problems, 47 Ind. L. J. 1, 9 - 10 (1971).

[7] Vgl. Bork (Fn. 6). Derartige „unanständige Handlungen in der Öffentlichkeit" stellen natürlich so oder so auch immer noch eine Straftat dar. Siehe z.B. Cal. Penal Code §§ 314ff. (West 1970, Supp. 1983); N.Y. Penal Law §§ 245.00 - 245.11 (Consol 1977).

chen Schädigungen verläuft. Zugleich zeigt er, daß die Linie nicht so gezogen ist, daß sie immer die Anhänger von Moralvorstellungen, die aufgrund des Verhaltens anderer Ekel empfinden, schutzlos läßt.

In der Praxis verbieten wir – sogar wenn alle Beteiligten einwilligen – die Veräußerung „lebender" Herzen oder Nieren.[8] (Lassen Sie uns das Recht, das Sex unter einwilligenden Erwachsenen verbietet, ausklammern, obwohl dessen Existenz zeigt, daß Moralvorstellungen manchmal geschützt werden. Dieses Recht ist sehr umstritten, und ich möchte mein Argument lieber unter Heranziehung von Fällen führen, die von möglichst vielen für akzeptabel gehalten werden.)[9] Auf welcher Grundlage tun wir dies? (Lassen Sie mich betonen, daß ich nicht jemanden im Auge habe, der sein Herz für die Lieferung nach seinem Tod bereits zu Lebzeiten verkauft, sondern vielmehr von jemandem spreche, der, weil er lebensmüde ist oder einen großen Nachlaß hinterlassen will, sein Herz zur sofortigen Lieferung jemandem anbietet, der unmittelbar ein Transplantat braucht.) Man sagt manchmal, daß die Ablehnung dieser Geschäfte auf der finanziellen Schädigung beruhe, die ein solcher Verkauf für Dritte bedeuten würde – wie den Kindern des Verkäufers, die den „Brötchenverdiener" verlören. Doch stellt dies kaum eine adäquate Antwort dar. Wenn man die Fälle betrachtet, bei denen Leute versuchten, lebenswichtige Organe zu verkaufen, stößt man in der Tat auf das wiederkehrende Thema, daß die potentiellen Verkäufer sehr arm sind und den Verkauf deshalb anregen, weil sie denken, daß ihre Nächsten, wie ihre Kinder, davon profitieren würden. Und doch sind solche Verkäufe nicht erlaubt, und als plausibelste Erklärung bleibt, daß das Gestatten des Verkaufs „lebender" Organe bei den meisten von uns Anstoß erregen würde. Es erregt selbst bei vielen von denen Anstoß, die Selbstmord gestatten würden. Da somit genügend von uns hinreichend Anstoß an dieser Art des Organverkaufs nehmen, verbieten wir derartige Verkäufe, obwohl dies für die potentiellen Verkäufer äußerst nachteilig ist.

Indem wir dies tun, tun wir natürlich nichts anderes, als die emotionalen Kosten, die ein Vorbeigehender durch das Betrachten eines Unfalls erleidet, denjenigen aufzuladen, die sich an der unfallgeneigten Aktivität zu beteiligen wünschten. Damit verlagern wir praktisch die spezielle Wertschätzung,

---

[8] Es ist schwierig, Gesetze zu finden, die den Verkauf „lebender" Organe für ungesetzlich erklären. In der Praxis sind solche Verkäufe jedoch unterbunden. Siehe z.B. Doctor Blocks Sale of Kidney, New Haven Register, 18. Januar 1978, S. 9 Spalte 3. Siehe auch Rose-Ackerman, S.: Inalienability and the Theory of Property Rights, 85 Colum. L. Rev. (1985).

[9] Siehe z.B. Richards: Commercial Sex and the Rights of the Person: A Moral Argument for the Decriminalization of Prostitution, 127 U. Pa. L. Rev. 1195 (1979); Comment: Human Rights in an International Context: Recognizing the Right of Intimate Association, 43 Ohio St. L. J. 143 (1982). Siehe aber auch Abramson: A Note on Prostitution: Victims Without Crime – Or, There's No Crime But the Victim is Ideology, 17 Duq. L. Rev. 355 (1979).

die ich für Amnesias Uhr emfinde, auf denjenigen, der sie beschädigt. Und so stellt sich wieder die Frage: „Auf welcher praktischen Grundlage können wir die Fälle, bei denen die Lasten emotionaler Schäden dem Träger der Gefühlsregung zugewiesen werden, von denen unterscheiden, bei denen sie statt dessen auf diejenigen fallen, die die Gefühle anderer Leute verletzen? Auf welcher Grundlage ziehen wir die Trennlinie zwischen öffentlichem und privatem Masturbieren, zwischen den emotionalen Schädigungen, die man empfindet, wenn man sieht, wie das eigene Kind getötet wird, und den Qualen, die man als Zeuge eines grausigen (doch anonymen) Unfalls empfindet, zwischen dem aus Schmerzen bestehenden immateriellen Schaden, für den ein angemessenes Schmerzensgeld erlangbar ist, und den „Liebhaberschäden", die aus Beschädigungen von Amnesias Uhr entstehen?" In allen diesen Fällen betrifft bzw. schädigt das Ereignis, der Unfall, nicht nur die unmittelbar beteiligten Parteien, sondern führt auch dazu, daß sich eine Vielzahl Dritter „schlechter" fühlt. Wann „kommt es" auf diese Gefühle „an", und wann werden sie statt dessen so beschrieben, als ob sie nicht real wären und deshalb deren Wirkungen auf das gefühlsbetonte Opfer beschränkt bleiben.

Lassen Sie uns näher betrachten, was das Deliktsrecht als „Liebhaberschaden" bezeichnet, und lassen Sie uns mit der Beschädigung von Amnesias Uhr beginnen. Wir müssen dabei zunächst zugestehen, daß es sich bei solchen Gefühlsregungen, wie den Gefühlen, die ich für die Uhr meiner Tante hege, um ganz gewöhnliche, weitverbreitete Phänomene handelt. Es gibt sehr wenige unter uns, die nicht irgendwelche Gegenstände besitzen, deren Wert für sie aufgrund irgendeiner besonderen gefühlsmäßigen Bindung weit über dem Marktpreis liegt. Die meisten von uns würden es auch öffentlich für gut befinden, daß Leute derartige Bindungen haben. Viele würden argumentieren, daß darin, daß in der Ermutigung dieser Art von Moralvorstellungen, aufgrund derer nicht alles zu einem einheitlichen Marktpreis käuflich ist, ein positiv zu bewertender gesellschaftlicher Nutzen begründet liegt.[10] Solche Gefühle unterscheiden sich also von anderen weitverbreiteten Einstellungen wie etwa dem Rassismus dadurch, daß wir deren Entmutigung – auch durch das Deliktsrecht – begrüßen sollten.

Und doch gewähren wir für sie keinen Schadensersatz. Der Grund dafür scheint in der Tatsache zu liegen, daß solche Gefühle, obgleich alltäglich und erwünscht, spezifischen Gütern auf eine hochindividualisierte, partikularistische Weise anhaften. Ich bin es, der durch die Beschädigung meiner Uhr deshalb besonders verletzt wird, weil Amnesia sie mir gab. Ihre Uhr dagegen ist völlig austauschbar. Doch werden Sie Höllenqualen leiden, wenn irgendjemand das alte Auto, das Ihnen von Ihrer entfernten Kusine

---

[10] Vgl. Kelman: Choice and Utility, 1979 U. Wis. L. Rev. 769; vgl. auch Titmus, R.: The Gift Relationship: From Human Blood to Social Policy, 1971.

Euthanasia hinterlassen wurde, oder den „Fedora“ beschädigte, den Sie von Ihrem Onkel Grandiloquent erbten. In jedem dieser Fälle wissen Sie und ich bei weitem besser als der potentielle Schädiger, welche Gegenstände für uns einen besonderen Wert verkörpern und welche, obwohl sie vielleicht für andere etwas Besonderes darstellen, in unserer Einschätzung nur einen reinen Marktwert haben.

Dieser Unterschied im „Wissen“ erklärt eine Menge. Würde allgemein Schadensersatz für solche emotionalen Schäden gewährt, so könnten sich aus dem unterschiedlichen Wissen Betrugsgefahren ergeben. (Doch stellen diese Gefahren – wie bei den meisten Begründungen technischer Art – selten die entscheidenden Gründe für die Einbeziehung oder den Ausschluß von Schadensarten dar.) Wichtiger erscheint, daß das unterschiedliche Wissen zu sehr bedeutenden Unterschieden in der Fähigkeit von Schädigern und Opfern zur Vermeidung ernster Schädigungen führt – zu Unterschieden in etwas, das man auch Kostenvermeidungspotential nennen könnte.[11]

Wenn der Schädiger das einzukalkulieren hätte, was wir „Liebhaberschaden“ nennen, würde er Aktivitäten reduzieren müssen (weniger von der Wohltat der bösen Gottheit akzeptieren können), um Ihrer Uhr (die keinen besonderen Wert für Sie hat) und meinem Fedora (der für mich einen gewöhnlichen Hut darstellt) zusätzlichen Schutz zukommen zu lassen. Weil es dem Schädiger an der Information fehlt, die es ihm erlauben würde, unter diesen Gegenständen zwischen solchen, die „besondere“ darstellen, und solchen zu unterscheiden, die dies nicht tun, besteht der einzige Anreiz, der dem Schädiger mit dieser Situation gegeben wird, darin, auf alle potentiellen Quellen von „Liebhaberschäden“ gleichermaßen acht zu geben. Infolgedessen wird dadurch, daß die Last von „Liebhaberschäden“ dem Schädiger aufgebürdet wird, bei vielen Dingen (bei Uhren und Hüten im allgemeinen) der Schutz sehr geringfügig und gewöhnlich unnötig erhöht und für die spezifischen Objekte mit besonderem Wert nur ungenügender zusätzlicher Schutz gewährleistet. Meine Uhr würde immer noch gleich der Ihren behandelt, obwohl sie wegen des zusätzlichen Wertes, den ich ihr beimesse, tatsächlich wertvoller ist.

Dagegen sind Sie und ich – als Eigentümer des Oldtimers, der Uhr und des Fedora –, weil wir um den zusätzlichen Wert des fraglichen Objekts wissen, viel besser als selbst ein fahrlässiger Schädiger in der Lage, für zusätzlichen Schutz der Dinge zu sorgen, denen wir einen besonderen Wert beimessen. Diese Situation entspricht derjenigen des in einem Stahlwerk zur Arbeit gehenden Violinisten, die wir früher diskutierten. Obwohl er sich völlig vernünftig verhielt, indem er dort zur Arbeit ging, war der zusätzliche Wert seiner Hand normalerweise nicht ersetzbar, und zwar selbst dann nicht,

[11] Siehe allgemein Calabresi: Costs (Kap. 1 Fn. 27), S. 148 - 149, 244 - 246.

wenn die Betreiber des Stahlwerks fahrlässig gewesen wären. (Wir sollten uns ins Gedächtnis zurückrufen, daß der Künstler die Betreiber des Stahlwerks nicht über seinen besonderen Status und Wert informieren konnte, da sich ein solches Verhalten mit dem Ziel der Beschäftigung, dem Schreiben einer großen proletarischen Symphonie, nicht vertragen hätte.) In einem solchen Fall dem Stahlwerk mehr als die Kosten der Verletzung einer gewöhnlichen Arbeiterhand zu berechnen, würde keine bedeutsamen Anreize für eine erhöhte Sicherheit der Violinistenhand schaffen, sondern lediglich (und wie wir annehmen wollen: unnötig) die Sicherheitsstandards in bezug auf alle Beschäftigten, deren Hände keinen besonderen Wert hatten oder besonderer Sorgfalt bedurften, erhöhen. Nur der Violinist weiß genug, um dazu in der Lage zu sein, seiner Hand den ihr gebührenden zusätzlichen Schutz zu geben, und so wurde ihm traditionell für diesen zusätzlichen Schaden keine Entschädigung gewährt.[12]

Davon zu unterscheiden sind natürlich die Fälle, bei denen der Schutz der wertvollen Hand von dem Violinisten erfordert, etwas zu tun, das den Künstler vom allgemeinen gesellschaftlichen Leben isolieren würde. In solchen Fällen besteht das Beste, was wir – unserem Wunsch entsprechend, allen Mitgliedern der Gesellschaft die volle Teilnahme am gesellschaftlichen Leben zu erhalten – tun können, darin, allen Leuten ein wenig zusätzlichen Schutz zukommen zu lassen. Der für Autounfälle zu gewährende Regreß erweitert sich damit um den zusätzlichen Wert einer Violinistenhand, um Leute mit dünnen Schädeln und um Anhänger ungewöhnlicher Religionen. Ein Teil der Gesellschaft zu sein, bedeutet für mich jedoch nicht, daß ich Amnesias Uhr besonderen Gefahren auszusetzen habe. Ebensowenig brauchen Sie dies mit ihrer Fedora oder ihrem Oldtimer zu tun. Wir können die „guten Stücke" zu Hause lassen bzw. bei den seltenen Ausflügen, die wir mit ihnen unbedingt zu machen haben, sicherstellen, daß für zusätzliche Sicherheit und zusätzlichen Schutz gesorgt ist. Da wir besser als der fahrlässige Schädiger wissen, was zu tun ist, wird uns durch die Nichtgewährung von Schadensersatz ein Anreiz zum Tätigwerden gegeben.

Gewissermaßen sind die Schädigungen selbst abnorm, obwohl es die Einstellungen, die „Liebhaberschäden" entstehen lassen, nicht sind. Wie in den meisten Fällen abweichenden Verhaltens mag der sich so Verhaltende in der besten Position sein zu beurteilen, welche Ausgaben die Schadensminimierung wert ist. Er verfügt über das notwendige Wissen, um sich für oder gegen die Eingehung des Risikos, für oder gegen die Annahme eines Geschenks der bösen Gottheit zu entscheiden. Ich sage: mag, weil dieses

---

[12] Dies stellt das Hauptargument für die Doktrin der „assumption of risk" dar. Es erklärt, warum „assumption of risk" bzw. „lack of duty" auch bei Fahrlässigkeit des Beklagten einen Einwand begründen. Siehe oben Kap. 2 Fn. 13 - 15 und dazugehöriger Text.

Wissen (d.h.: das meiste über die involvierten Risiken zu wissen) nur einen der Faktoren bildet. Die anderen sind: die Fähigkeit, etwas mit dem Wissen anzufangen (gibt es realistische sicherere Optionen, unter denen die Person wählen kann, oder handelt es sich um eine Situation, bei der es – wie beim Autofahren – keine durchführbare Alternative zur Annahme des Geschenks der Gottheit gibt?) sowie unsere eigene Bereitschaft, aus Gründen der Verteilungsgerechtigkeit diese Person statt einer anderen Partei, die über weniger Wissen verfügt, zu belasten.

Aus allen diesen Gründen erscheint es vernünftig, denjenigen die Belastung aufzubürden, die einem besonderen Stück einen besonderen gefühlsmäßigen Wert beimessen. Sie haben das größere Wissen, „sicherere" Alternativen existieren, und deshalb können sie (anders als die Personen mit dünner Schädeldecke) für Sicherheit optieren, ohne sich dabei zugleich selbst vom gewöhnlichen Leben auszuschließen. Es gibt keine besonderen Gründe der Wohlstandsverteilung, die dafür sprächen, daß ihnen diese Last, die zu minimieren sie am besten in der Lage sind, erspart bleiben sollte.

Die Entscheidung, für „Liebhaberschäden" keine Entschädigung zu gewähren, erweist sich als auf dieselben Arten von Faktoren gestützt, die auf anderen Gebieten des Deliktsrechts festlegen, wer die Kosten eines Unfalls zu tragen hat. Dieses Buch ist nicht der Ort, um in eine lange Abhandlung über Produkthaftung einzutreten. Trotzdem möchte ich andeuten, daß entsprechende Faktoren bestimmen, wann wir zu der Feststellung tendieren, daß ein Fehler vorliegt und der Hersteller haften soll, und wann wir demgegenüber die Existenz eines Defekts verneinen und allein den Konsumenten den Schaden tragen lassen. Nehmen wir z.B. den Fall von Verhütungsmitteln. Es gibt kein Verhütungsmittel, das unter Heranziehung der bei anderen Produkthaftungsfällen (Fällen, bei denen sogar die Fahrlässigkeit des Benutzers keinen Einwand begründete) benutzten Definitionen nicht fehlerhaft wäre. Alle Verhütungsmittel haben Nebenwirkungen (Risiken der Erkrankung, der Schwangerschaft oder der Verminderung der Spontanität oder des Vergnügens). Spräche man über eine weite Palette anderer Güter, würde man sehr wahrscheinlich sagen, daß alle Verhütungsmittel ernste Konstruktionsfehler aufweisen.[13] Und doch war keine der in diese Richtung gehenden Klagen vor Gericht erfolgreich.[14] Wieder einmal ist die Verhinderung von Betrug sicherlich ein Faktor, doch die anderen Faktoren scheinen zumindest ebenso bedeutend, wenn nicht bedeutender. Der Hauptfaktor besteht in dem größeren Wissen, das die Benutzer des Produkts

---

[13] Die Nebenwirkungen von Verhütungsmitteln werden per se nicht als Konstruktionsfehler behandelt, obwohl viele andere Produkte, die zu Erkrankungen führen oder versagen, ihre bestimmungsgemäße Aufgabe zu erfüllen, für falsch konstruiert befunden wurden. Siehe allgemein Kimble, W. / Lesher, R.: Products Liability, 1979, § 242.

[14] Siehe allgemein Kimble / Lesher (Fn. 13), §§ 372, 374 - 376.

darüber haben, welche der vielen äußerst unterschiedlichen Nebenwirkungen am schädlichsten und kostenträchtigsten für sie ist. Für einige bedeutet eine Schwangerschaft nur eine Unbequemlichkeit bei der Wahl des richtigen Zeitpunkts, so daß für sie das Risiko der Schwangerschaft nur einen unbedeutenden „Fehler" darstellt; für andere jedoch käme eine Schwangerschaft einer Katastrophe gleich. Für einige ist eine Einbuße an Spontanität oder Vergnügen von untergeordneter Bedeutung; bei anderen würde es die Liebesbeziehung zerstören. Schließlich wissen einige, daß sie aufgrund der Nebenwirkungen einer Kategorie mit hohem Erkrankungsrisiko angehören, während andere wissen, daß sie so gut wie ungefährdet sind. Tatsächlich besteht zwischen den Konsumenten und mir in bezug auf Amnesias Uhr und ihnen in bezug auf den Fedora und den Oldtimer kein großer Unterschied. Infolgedessen werden Begriffe wie „Aufklärungspflicht", „Fehler" oder „Liebhaberschaden" manipuliert, um zu einer möglichst vernünftig erscheinenden Verteilung der Verluste zu gelangen.

Abnorme Überzeugung wird oft mit dem Wissensfaktor, d.h. mit der Befähigung verknüpft, sich für sicherere Optionen zu entscheiden. Aus diesem Grund wird sie im Deliktsrecht oft so eingesetzt, als ob sie eine Signallampe für Haftung wäre. Wo jedoch – wie im Fall der dünnen Schädeldecke oder der „seltsamen" Religion – abnorme Überzeugung nicht mit diesen Faktoren korreliert, ignoriert das Deliktsrecht das Abnorme bzw. das Gewöhnliche einer Überzeugung oder Eigenschaft und findet einen Weg, Verluste anders zuzuweisen. Abnorme Überzeugung ist somit ein wichtiges Indiz für die zugrunde liegenden Faktoren. Als solches wird ihr viel Gewicht sowohl bei der Schaffung von Mutmaßungen darüber, wie das Recht aussehen sollte, als auch bei der (eventuell unzutreffenden) Erklärung darüber beigemessen, warum ein bestimmtes Ergebnis erzielt wurde. Auf dem Gebiet der Überzeugungen und Einstellungen ist das Konzept der abnormen Überzeugung mit großer Vorsicht anzuwenden, da es oft in die Irre führt. Richtig verstanden kann es jedoch sogar helfen zu erklären, warum sogenannte Liebhaberschäden, obwohl sie ein Produkt weitverbreiteter Einstellungen sind, nichtsdestoweniger oft allein von denen zu tragen sind, die sie erleiden.

Die gerade in bezug auf Liebhaberschäden gegebenen Begründungen erklären jedoch nicht die Tatsache, daß eine von der Beobachtung eines Unfalls herrührende emotionale Schädigung im allgemeinen nicht ersatzfähig ist. Eine solche Schädigung ist in keinster Weise wesenseigen; wir alle können sie in gewissem Grade nachempfinden, und wir alle empfinden in wesentlich gleichen Situationen und in bezug auf dieselben Dinge entsprechend. In dieser letzten Hinsicht besteht ein großer Unterschied zu meiner Zuneigung für Amnesias Uhr. Wenn die Schädiger für solche emotionale Schäden zu zahlen hätten – d.h. für Aktivitäten, die zu Unfällen führen, die für Vorbeikommende besonders beunruhigend sind –, würden bedeutende Anreize zu vermehrter Vorsicht gegeben.

Es trifft natürlich zu, daß verschiedene Personen solche Emotionen in verschiedenen Graden empfinden. Einige fühlen sie mehr als andere – einige viel, viel weniger als andere. (Dasselbe trifft auf andere psychische Schädigungen wie Schmerz und Leid zu, die allgemein ersatzfähig sind. Doch mag das Institut des Schmerzensgeldes, wie wir schnell genug sehen werden, aus anderen, sehr speziellen Gründen erklärbar sein. D.h., es mag eher eine Ausnahme darstellen, die gerechtfertigt werden kann, als eine Regel, deren Abweichungen einer Erklärung bedürften.) Doch wenn das Problem darin bestünde, daß der Grad der gefühlten Schädigung wesenseigen ist, gäbe es ziemlich einfache Wege, damit umzugehen, ohne so weit zu gehen, einen Schadensersatz gänzlich auszuschließen.

Der offensichtlichste dieser Wege bestünde darin, die Gewährung von Schadensersatz an einer Tabelle oder an Durchschnittswerten zu orientieren. Dies bedeutet gewissermaßen, dem Schädiger den Marktwert von Amnesias Uhr in Rechnung zu stellen und es dann dem ungewöhnlich sensitiven oder affektierten Opfer zu überlassen, sich über den Unterschied zu sorgen. Dies entspricht auch der bei vielen Arbeitsunfallfonds anzutreffenden Praxis, eine bestimmte Summe für den Verlust von Gliedmaßen und den Tod von Mitgliedern anhand solcher Schadenslisten im voraus festzusetzen. Diese Listen berücksichtigen einige psychische Schädigungen, sehen jedoch keinen Ersatz für besondere oder ungewöhnliche Schädigungen oder gar für Violinistenhände vor.[15] An Listen orientierte Schadensersatzleistungen würden viele der auf die administrativen Kosten abstellenden Argumente entkräften, die ebenfalls gegen den Ersatz solcher Schäden geltend gemacht werden. Sie würden sogar in gewissem Umfang dem Argument begegnen, daß solche Schäden betrügerische Machenschaften begünstigen, obwohl man sich immer noch über den Ausschluß von Schadensersatzleistungen gegenüber denen zu sorgen hätte, die von ihrem Weg abweichen, um einen Unfall zu beobachten und dann in der Lage zu sein, die festgesetzten Schadensersatzleistungen zu beanspruchen. Doch auch diesem könnte begegnet werden, wenn wir uns nur hinreichend um die Gewährung von Schadensersatz kümmerten.[16] Aus alledem schließe ich, daß es einen fundamentaleren Grund dafür geben muß, daß wir solche Schädigungen nicht anerkennen. Der Grund, den ich anführen möchte, ist nicht nur für das bereits in diesem Buch Diskutierte relevant, sondern auch – und vielleicht noch mehr – für die Erörterung der Abtreibung im nächsten Kapitel.

Die Regel gegen das Zusprechen von Schadensersatz bei rein emotionalen Schäden kann durch die plausible – und vielleicht zutreffende – Furcht

---

[15] Siehe oben Kap. 2 Fn. 18.

[16] Das vorgeschlagene System entspricht den speziellen Gesetzen zur Entschädigung bei Arbeitsunfällen insoweit, als der Gesetzgeber den Umfang der Entschädigung gemäß der Schwere der Schädigung in einer Tabelle gesetzlich festlegen würde. Siehe oben Kap. 2 Fn. 18.

gerechtfertigt werden, daß die Gewährung solchen Schadensersatzes das eigentliche Leid vermehren würde. Dies geschähe nicht deshalb, weil die Menschen darüber lügen, sich verletzt zu fühlen (obwohl das denkbar ist), sondern weil gerade die Tatsache, daß man sich – wie es zur Geltendmachung eines Anspruchs erforderlich ist – auf diese Punkte konzentriert, den Schmerz fortdauern läßt. Anders als Altruismus, der durch den Versuch, ihn zu kaufen, zerstört wird, wird emotionaler Schmerz, wenn er in Geldleistungen konvertiert wird, oft verstärkt.[17] Mit anderen Worten: gerade die Tatsache, daß jemandem ein Recht, ein Anspruch auf etwas (vor Gericht in Geld vindizierbares) gegeben wird, bewirkt, daß die Verletzung dieses Rechts oder Anspruchs sich als besonders schädigend erweist. Die Kosten des dadurch hervorgerufenen Traumas kommen zu den Kosten der Verletzung hinzu. Dies mag unvermeidbar oder sogar erwünscht sein, wenn es um eine Verletzung eines dahinterstehenden Anspruchs geht, den zu schützen wir entschlossen sind. (Wir sorgen uns z.B. nicht allzu sehr um die Tatsache, daß das Gewähren von Eigentumsrechten den Leuten bei einem Diebstahl fast das Gefühl gibt, vergewaltigt und damit mehr verletzt worden zu sein, als es der Wert des Gestohlenen rechtfertigen würde.) Soll der fragliche Anspruch jedoch von dem Trauma frei bleiben, so ist dies nicht wünschenswert.

Wenn ich einen Unfall sehe, bei dem Leute verletzt werden, und weiß, daß mir kein Recht auf Schadensersatz für meine emotionale Aufregung zusteht (daß ich im juristischen Sinn nicht berechtigt bin, Seelenqualen zu empfinden), so mag ich mich für eine Weile schlecht fühlen, doch schließlich werde ich nach Hause gehen und die ganze Sache nach einiger Zeit vergessen. Die einzigen, die den Unfall und ihre eigenen Qualen nicht vergessen, sind diejenigen, die in bezug auf solche emotionalen Schäden besonders empfindlich sind. Sie werden in bezug auf diese Schäden so behandelt, wie „Vorwärtsspringer“ und „Ärztehasser“ behandelt werden oder wie ich in bezug auf Amnesias Uhr behandelt wurde. Die meisten Leute, die solch einen Unfall sehen, mögen irgendeine Gefühlsregung spüren, aber sie kommen darüber hinweg, und damit ist die Sache erledigt. Wenn sie statt dessen einen

---

[17] Das Problem läßt sich durch die scheinbar paradoxe Natur der folgenden Frage illustrieren: „Wie viel muß ich bieten, um Dich dazu zu bringen, mich – abgesehen von meinem Angebot – nur um meiner selbst willen zu lieben?“ McKean: Economics of Trust, Altruism and Corporate Responsibility, in: Phelps, E. (ed.): Altruism, Morality and Economic Theory, 1975, S. 30; siehe auch Calabresi: Commentary, in Phelps a.a.O., S. 59. Es erscheint zumindest plausibel anzunehmen, daß Menschen dadurch, daß sie ihrem emotionalen Schmerz mehr Aufmerksamkeit widmen, diesen verstärkt empfinden. Siehe allgemein Ofshe / Christman (Kap. 1 Fn. 5). Obwohl es auch Hinweise darauf gibt, daß in manchen Situationen die Gewährung von Schadensersatz die emotionalen Leiden mindert (Bell [Fn. 3], im die Fußnoten 316 - 324 begleitenden Text), ist unbestreitbar, daß sich die Gerichte über die Möglichkeit sorgen, daß das Zusprechen von Schadensersatz die Sensitivität für die psychische Verletzung erhöht. Siehe z.B. McLoughlin v. O'Brian and Others [1981] 1 All E. R. 809, 828 (C. A.) (Griffiths, L. J.); vgl. auch Magruder: Mental and Emotional Disturbance in the Law of Torts, 49 Harv. L. Rev. 1033, 1035 (1936).

Anspruch auf Schadensersatz für ihre Gefühlsregung hätten, wäre die Sache mit dem vorübergehenden plötzlichen Schmerz nicht erledigt. Zumindest bis der Schadensersatz den Unfallzeugen zuginge und vielleicht länger, würden sie sich sehr wahrscheinlich auf die schreckliche Szene des Unfalls konzentrieren und weiterhin einiges von den Qualen empfinden, die das Unfallgeschehen zunächst hervorgerufen hatte. Um es nochmals zu betonen: Das Konzentrieren auf die Unfallszene erfolgt nicht aus Unredlichkeit heraus, sondern weil das Recht den Unfallzeugen sagte, daß sie verletzt worden waren, und sie veranlaßte, dieser Verletzung Aufmerksamkeit zu schenken.

Daß die individuelle gefühlsmäßige Reaktion von Veränderungen im Recht beeinflußt wird, kann kaum bezweifelt werden. Nehmen Sie als Beispiel den Effekt, den die leichtere Erlangbarkeit einer Scheidung darauf hat, wie eine gewöhnliche Person darauf reagiert, daß ihr Ehepartner sie verläßt. Es gab einmal eine Zeit, in der man annahm, daß das „Sitzenlassen“ des Ehepartners eine Quelle katastrophalen Schmerzes und Ärgers darstellt. Jeder Leser von Romanen jener Zeit weiß wohl um das Gefühl der persönlichen Verletzung, zu der solch ein Geschehen führte. Verlassen zu werden, bleibt natürlich ein sehr schmerzvolles Ereignis. Und doch kann man kaum bezweifeln, daß wir heutzutage solche Dinge gefühlloser angehen.

Das Schicksal der Klage wegen „Zuneigungsentzugs“ ist dafür symptomatisch. Es gab einmal eine Zeit, als der eine Ehepartner Schadensersatz in Geld von dem erlangen konnte, der mit dem anderen Ehepartner davonlief. Die Zuneigung des Ehepartners – auf die man einen Rechtsanspruch hatte – war gestohlen worden, und man hatte das Recht, bei dem Dieb Regreß zu nehmen. Derartige Klageansprüche wurden in der Zwischenzeit in vielen Bundesstaaten aufgegeben und sind in den meisten anderen außer Gebrauch gekommen.[18] In diesem Wandel verkörpert sich zu einem bedeutsamen Teil eine Anerkennung der Tatsache, daß die verlassenen Ehepartner durch das „Sitzenlassen“ nicht mehr derart verletzt werden, wie sie es früher wurden. Das Gefühl, einen Verlust zu erleiden, mag immer noch vorhanden sein, doch schwächte sich das Gefühl eines „Diebstahls“ und einer Verletzung ab. Es ist tatsächlich schwieriger, sich beraubt zu fühlen, wenn sich der „Diebstahl“ so zahlreich und gewöhnlicherweise im Rahmen des völlig legalen Scheidungsverfahrens ereignet.

Nehmen Sie als ein weiteres Beispiel die Pornographie und das Gefühl des dadurch Angegriffenwerdens, daß jemand anderes pornographische Werke liest oder sieht. Es liegt nicht so viele Jahre zurück, daß sich die Leute

[18] In einer jüngeren Entscheidung aus Iowa wird unter anderem festgestellt, daß in 17 Einzelstaaten und im District of Columbia dieser Klagegrund durch Gerichtsentscheidungen für obsolet erklärt wurde, während er in anderen Staaten nie recht anerkannt war. Siehe Fundermann v. Mickelson, 304 N.W.2d 790 (Iowa Sup. Ct. 1981).

dadurch sehr angegriffen fühlten. Man konnte kaum mit Nacktheit oder anzüglicher bzw. vulgärer Sprache konfrontiert werden, wie sie in unanständigen Magazinen verbreitet wurde, ohne zugleich alle möglichen Leute sagen zu hören: „Mein Gott, was ist bloß aus der Welt geworden?" So lange, wie ihnen von der Rechtsordnung das Recht verliehen war, sich von diesen Dingen angegriffen zu fühlen und ihr Verbot durchsetzen zu können (auch wenn kein Recht auf persönlichen Schadensersatz bestand), fühlten sich diese Leute weiterhin angegriffen. Heutzutage jedoch erscheint das, was gewöhnlich nur auf den Seiten der damaligen Entsprechungen von Penthouse zu sehen war, in gesetzten Zeitungen und in Filmen, die auch für Kinder unter Begleitung ihrer Eltern freigegeben sind und die in Flugzeugen gezeigt werden sowie auf der gewöhnlichen Bühne – und die meisten Leute zucken nicht einmal mit der Wimper. Nur relativ wenige Leute, wie ich selbst, sagen (obwohl ich kein Interesse an Zensur habe): „Ist es nicht unerhört, so etwas in der guten grauen Times lesen oder solch einen Film auf einem Flug sehen zu können, wo man zwar den Kauf von Kopfhörern, doch kaum das Betrachten der Leinwand und das Mitbekommen der entscheidenden Szenen vermeiden kann?"

Wieder einmal mag man fragen, ob der Wandel im Recht der Veränderung in den Einstellungen folgte oder ob er sie umgekehrt erst herbeiführte. Und wieder einmal war es wahrscheinlich ein wenig von beidem. Hier, wie bei dem Entzug von Zuneigung, fällt es schwer zu verneinen, daß der Wandel im Recht zumindest etwas damit zu tun hatte, etwas, das bisher für viele höchst anstößig war, zu etwas für die meisten weniger Anstößigem und für einige zu etwas völlig Harmlosem werden zu lassen. In diesem Umfang kann zu Recht die Frage gestellt werden: „Mildert es die Anstößigkeit, wenn die Last des Sichangegriffenfühlens auf der Person belassen wird, die sie zuallererst empfindet? Mildert diese Verteilung emotionaler Kosten die Last, die die Gesellschaft als Ganze trifft?"

Wenn die Kosten der Vermeidung eines schrecklichen Unfalls bei Gewährung und bei Nichtgewährung von Schadensersatz an diejenigen, die als Dritte emotionale Schäden erleiden, ungefähr dieselben bleiben, während der Schadensumfang ohne die Möglichkeit der Gewährung von Schadensersatz geringer ausfiele, dann existiert ein Argument dafür, die Last dem zuzuweisen, der die emotionalen Schäden erleidet. Ganz ähnlich besteht ein Argument dafür, die Last demjenigen zuzuweisen, der sich angegriffen fühlt, wenn der Wunsch, Pornographie zu lesen oder Nacktheit zu sehen, derselbe bleibt, gleich ob Pornographie und Nacktheit verboten werden oder nicht, während der durch das Erlauben dieser Dinge erregte Anstoß vermindert wird. Merkwürdigerweise mag die Gebühr, die von der bösen Gottheit dafür verlangt wird, daß dem Schädiger Vergnügen zuteil wird, sehr wohl geringer ausfallen, wenn die damit verbundene Last dem Opfer auferlegt wird.

Wir werden schnell genug sehen, daß dieses Argument keineswegs einen Schlußstrich unter die Angelegenheit zieht. Doch bevor wir dies tun, sollten wir auf einige Situationen schauen, bei denen das Deliktsrecht Schadensersatz für emotionales Leid gewährt, um zu sehen, ob sie erklärt werden können. Die erste dieser Situationen besteht natürlich in der Gewährung von Schadensersatz an den, der beobachtet, wie ein naher Verwandter bei einem Unfall übel zugerichtet wird.[19] Dieses stellt im großen und ganzen einen unproblematischen Fall dar. In solchen Fällen steigert das Zusprechen von Schadensersatz den Schmerz kaum, wenn überhaupt. Eine tiefe Verzweiflung besteht ohnehin, und alles, was durch das Gewähren von Schadensersatz bewirkt wird, besteht darin, die mit verletzungsträchtigen Aktivitäten befaßten Personen mit einem etwas größeren Anreiz zu versehen, vorsichtig zu sein und diese Schäden in Betracht zu ziehen. Es besteht also ein Unterschied zu den vorherigen Fällen, bei denen wir dadurch, daß wir dem Schädiger einen größeren Anreiz zur Vorsicht geben, wir zugleich die Verletzung und die zugefügte Schädigung intensivieren.

Die Gewährung von Schmerzensgeld ist auf den ersten Blick wesentlich schwieriger zu rechtfertigen. Im Deliktsrecht kann eine Person, die einen Unfall hatte und dabei körperliche Verletzungen erlitt, für alle aus dieser Verletzung resultierenden Schmerzen und Leiden eine Entschädigung erlangen.[20] Könnte man nicht auch diese „emotionalen Schäden" dadurch, daß man sie rechtlich nicht anerkennt, entsprechend jenen reduzieren, die wir beim Betrachten eines Unfalls empfinden? Zwar trifft dies nicht für alle diese Schäden zu, doch glaube ich, daß vieles an Schmerz und Leid tatsächlich reduziert würde, wenn das Opfer keinen Anspruch auf Schmerzensgeld hätte. Schmerzensgeld wird allerdings bei den meisten Unfällen mit Körperverletzungen nicht nur bzw. nicht vorwiegend zur Entschädigung des Leids des Opfers gewährt. Zumindest zum Teil wird es vielmehr zur Begleichung der anwaltlichen Erfolgshonorare gewährt.

Bei der Art, auf die man in Amerika üblicherweise eine deliktische Klage betreibt, erhält der Anwalt praktisch kein Honorar, wenn die klagende Partei verliert. Erlangt der Kläger jedoch Schadensersatz, steht dem Anwalt daran ein prozentualer Anteil zu. Man nimmt an, daß diese Summe den Anwalt nicht nur für die Zeit entschädigt, die er in den gewonnenen Fall investierte, sondern auch für die Zeit, die er für alle verlorengegangenen Fälle aufbrachte, an denen er praktisch nichts verdiente.[21] Während dieses

---

[19] Z.B. Dillon v. Legg, 441 P.2d 912 (1968); Archibald v. Braverman, 275 Cal. App. 2d 253 (1969); Barnhill v. Davis, 300 N.W.2d 104 (1981); siehe auch oben Fn. 3.

[20] Vgl. z.B. Koehler v. United States, 187 F. 2d 933 (1951); Roedder v. Rowley, 172 P.2d 353 (1946); Fordon v. Bender, 108 N.W.2d 896 (1961).

[21] Dies System des Erfolgshonorars wird in Amerika „contingent fee" genannt. Siehe MacKinnon, F. B.: Contingent Fees for Legal Services, 1964, S. 28 - 29; Schwartz / Mitchell: An Economic Analysis of the Contingent Fee in Personal Injury Litigation, 22 Stan. L. Rev. 1125, 1147 - 54 (1970).

System – nicht nur von den engagierten Parteigängern der Schädiger bei Unfallprozessen, sondern ebenso von Rechtsgelehrten – scharf angegriffen wurde, hat es doch auch einiges für sich.[22] Es stellt im wesentlichen ein System der gegenseitigen Versicherung unter Unfallopfern dar. Außer einem sehr teuren allumfassenden System der Rechtshilfe ist solch eine private versicherungsartige Konstruktion – obwohl ebenfalls teuer – wahrscheinlich so effektiv wie jede andere Bemühung, den Bürgern bei derartigen zivilrechtlichen Streitigkeiten den Weg zum Gericht zu eröffnen.[23]

Wenn jedoch die Anwaltshonorare nur von den gewonnenen Fällen erlangt werden können und dieses Entgelt den Rechtsanwalt nicht nur für die auf die erfolgreichen Fälle verwendete Zeit, sondern auch für die in die verlorengegangenen Fälle investierte Zeit, entschädigen soll, dann muß es irgendwie erlaubt sein, den Schadensersatz so zu bemessen, daß er eine größere Summe abwirft, als zur Deckung der in den gewonnenen Fällen tatsächlich erlittenen Schäden erforderlich ist. Diese Funktion hat das Schmerzensgeld übernommen, da es begrifflich nicht eindeutig definiert ist und die Leistung von Schmerzensgeld somit über die Erfordernisse des konkreten Falles hinaus erweitert werden kann. Ich will damit nicht sagen, daß die Geschworenen das tatsächliche Leid, das eine bestimmte Verletzung hervorrief, nicht berücksichtigen. Ich meine vielmehr, daß sich Opfer und Geschworene gleichermaßen dessen bewußt sind, daß die Anwälte ein Erfolgshonorar erhalten, und daß diese Tatsache die Art und Weise beeinflußt, in der sie auf den Zuspruch von Schmerzensgeld reagieren. Und das Recht selbst verhält sich, was dies betrifft, nicht anders. So kam es, daß in praktisch allen Reformvorhaben, die einen automatischen Regreß der Opfer vorsehen, Schmerzensgeld als solches eliminiert wurde. Oft wird dabei statt dessen etwas vorgesehen, was in den Reformvorschlägen als „angemessene" Anwaltsgebühren für den konkreten Fall bezeichnet wird.[24] Da das Risiko, Zeit auf einen letztlich erfolglosen Fall zu verwenden, im wesentlichen beseitigt würde, verschwände zugleich auch das Bedürfnis für das erweiterbare Schmerzensgeld zur Deckung dieses Risikos.

Schmerzensgeld wird in seiner gegenwärtigen Form im amerikanischen Rechtssystem toleriert, weil es für den Erfolg begründeter Prozesse um

---

[22] Für die Hauptargumente gegen die „contingent-fee" siehe Patterson, L. / Cheatham, E.: The Profession of Law, 1971, S. 275; Hunting, R. / Neuwarth, G.: Who Sues in New York City?, 1962, S. 50 - 51; MacKinnon, a.a.O. (Fn. 21), S. 201; Note: The Contingent Fee: Disciplinary Rule, Ethical Consideration, or Free Competition? 1979 Utah L. Rev. 547, 551 - 553; Schwartz / Mitchell, a.a.O. (Fn. 21), S. 1139. Siehe aber auch Note: The Contingent Fee, 1979 Utah L. Rev. 547, 562 - 574.

[23] Für eine Diskussion der Vorteile von Systemen, die (wie das System der „contingent-fee") die Kosten für die Ermittlung der Schadenstragung denjenigen aufbürden, die den Prozeß gewinnen, statt denen, die ihn verlieren, siehe Calabresi / Bobbitt (Einl. Fn. 1), S. 131 - 134.

[24] Siehe z.B. O'Connell: A Proposal to Abolish Payment for Pain and Suffering in Return of Payment of Attorney's Fees, 1981 U.Ill. L. Rev. 333.

Schadensersatz für Körperschäden und wirtschaftliche Schäden notwendig ist. Wenn man meint, daß der Schädiger am besten geeignet ist, die Kosten solcher wirtschaftlichen und physischen Schäden zu tragen (wie es unserer Hypothese zufolge unser Recht in solchen Fällen tut), dann mag es sich lohnen, die zusätzliche „Verletzung", die sich infolge des Gewährens von Schmerzensgeld ergibt, in Kauf zu nehmen. Die Kosten des Schmerzensgeldes stellen tatsächlich nur eine weitere Ausgabe im Rahmen eines insgesamt höchst teuren Systems dar, das sicherstellen soll, daß Opfer für ihre wirtschaftlichen und körperlichen Schäden in einigen Fällen Schadensersatz erlangen können.[25]

Etwas ganz anderes ist es jedoch, Schadensersatz für emotionale Schäden zu gewähren, wenn keine wirtschaftliche oder körperliche Verletzung gegeben ist. Die Rechtfertigung, die Anwaltsgebühren mitabdecken zu müssen, paßt auf diese Fälle nicht. Derartiger Schadensersatz muß demzufolge aus sich selbst heraus gerechtfertigt werden – wie es bei dem Ersatz für die emotionalen Schäden, die beim Beobachten des Todes eines nahen Verwandten gewährt werden, geschah. Dies zu fordern, heißt nicht, daß solch eine Rechtfertigung nicht möglich ist. Wie ich bereits früher sagte, stellt die Tatsache, daß die Gewährung von Schadensersatz für emotionale Schäden die Verletzung und den Schaden vertiefen mag, nur ein Argument gegen die Gewährung derartigen Schadensersatzes dar und ist keineswegs ein schlagendes Argument. Ich muß mich nun den Gründen zuwenden, aus denen heraus wir oft Rechtsansprüche schaffen, die zu vermehrten derartigen Schäden und Kosten führen.

Trifft es nicht zu, daß sich, wenn wir den Bürgern gestatten würden, ihre Herzen oder Nieren zu verkaufen, viele von uns sich an solche Verkäufe gewöhnen und sie nicht länger als schockierend oder anstößig empfinden würden? Wenn wir diesen Verkäufen gegenüber gefühllos werden könnten, könnte man dann nicht dieselbe Argumentation führen, die ich in bezug auf Pornographie und emotionale Schäden entwickelte, und erwarten, daß das Gestatten des Verkaufs von Körperteilen das Unrecht in unseren Augen reduzieren würde? Wieder einmal würden diejenigen, die sich ursprünglich angegriffen fühlten, mit der Zeit viel weniger bekümmert sein, während diejenigen, die die Verkäufe herbeiwünschten, das bekommen haben würden, was sie wollten.

Einige würden wohl bestreiten, daß wir, als Gesellschaft, jemals gegenüber dem Verkauf von Herzen und damit von Leben gefühllos würden. Ich bin weit weniger optimistisch. Einige einzelne würden weiterhin dagegen sein, doch als Gesellschaft, fürchte ich, würden wir uns nur zu gut „anpassen". Wenn im 19. Jahrhundert jemand gesagt hätte: „Sorgt Euch nicht über

---

[25] Verwaltungskosten sollten im allgemeinen ohnehin von der Partei getragen werden, der wir die materialen Kosten aufbürden. Calabresi: Costs (Kap. 1 Fn. 27), S. 226.

eine Scheidung und den Entzug von Zuneigung, erlaubt diese Dinge, und mit der Zeit werden die Leute den Schmerz weniger empfinden", würden die meisten vernünftigen Leute die Person für verrückt gehalten und geantwortet haben, daß sie sich niemals an eine solche Welt gewöhnen würden. Es ist nicht so viele Jahre her, daß ein Stückeschreiber von hohem Ansehen auf einer akademisch-liberalen Dinner-Party, die ich besuchte, sagte, daß „wir in ein paar Jahren auf der Bühne und im Film sehen könnten, wie es Pärchen ‚miteinander trieben'." Jeder unter den „aufgeschlossenen" Gästen war schockiert (und zwar nicht nur durch die Sprache, die stärker war, als ich sie hier verwenden möchte); sie bestritten, daß die Menschen jemals solch eine Entwicklung akzeptieren würden. Innerhalb von drei Jahren hatten die meisten der damals auf der Party Anwesenden Theaterstücke oder Filme besucht, bei denen Geschlechtsverkehr offen dargestellt wurde, und hatten nicht mit der Wimper gezuckt. Eine der außergewöhnlichen Eigenschaften der menschlichen Spezies besteht darin, daß sie so anpassungsfähig ist. Dies ist eine große Stärke, weil es das Überleben unter sehr unterschiedlichen Umständen erlaubt, und gleichzeitig eine schreckliche Gefahr für die Moral.

Hätten Sie 1933 die Leute in Deutschland – ich meine die normalen Leute, nicht die extremen Nazis – gefragt, ob nach der Verabschiedung von Rassengesetzen diese in weniger als zehn Jahren zu Vernichtungslagern führen würden, hätten sie Sie für verrückt gehalten. Sie hätten vielleicht eingeräumt, daß einige Dinge einigen Juden zustoßen könnten, daß sich deren ökonomische und soziale Situation substantiell verschlechtern würde. Doch in bezug auf die berechnete Tötung von Millionen von Menschen würden sie gesagt haben: „Dies kann nicht geschehen. Wir werden dies niemals erlauben oder demgegenüber gefühllos werden." Und doch ließen sie – oder viele von ihnen – es zu. Ich habe wenig Zweifel, daß sich unsere Gesellschaft auch an den freien Verkauf von Herzen und Körperteilen in kürzerer Zeit, als man sich vorstellen mag, gewöhnen könnte.

Lassen Sie mich wiederholen, daß solch eine Anpassungsfähigkeit – die Fähigkeit, in bezug auf etwas, das zuvor völlig falsch erschien, gefühllos zu werden – auch eine Stärke sein kann. Die gegenwärtige Einstellung gegenüber dem Zuneigungsentzug oder gegenüber Nacktheit und Sex auf der Bühne und im Film mag positiv zu bewerten sein. Viele würden dies sicherlich so sehen. Sie mag aber auch kontrovers sein, wobei einige die Anpassungsfähigkeit schlecht machen und andere sie bejubeln mögen. Dies mag die gegenwärtige Situation in bezug auf Abtreibung sein. Vor 25 oder 30 Jahren wären die meisten Leute von der Vorstellung schockiert gewesen, daß Abtreibung in großen Teilen der Bevölkerung für etwas Selbstverständliches angesehen wird.[26] Und doch deuten heutzutage Meinungsumfragen

[26] Als im August 1962 eine repräsentative Auswahl der Bevölkerung in einer nationalen Umfrage gefragt wurde, ob Abtreibung rechtmäßig sein sollte, wenn die Eltern

an, daß über 70% der amerikanischen Bevölkerung, einschließlich der römischen Katholiken, der Meinung sind, daß Abtreibung nicht rechtswidrig sein sollte.[27] Die Frage ist, um es milde auszudrücken, noch immer höchst kontrovers, und viele fühlen sich nicht weniger angegriffen als zuvor. Vielleicht fühlen sich einige aus Gründen, die ich im nächsten Kapitel diskutieren werde, jetzt mehr angegriffen als vor einigen Jahren. Sie würden auf vehemente Weise die Herzlosigkeit, die um sich gegriffen hat, anklagen (und tun dies auch). Doch sie würden nicht bestreiten, daß es einen hohen gesellschaftlichen Akzeptanzgrad in bezug auf die Abtreibung gibt und daß sich auch hier viele Leute an etwas angepaßt haben, das sie vor nicht allzu langer Zeit entsetzlich fanden.

Gestattet man einigen Leuten, bestimmte Dinge zu tun, und gesteht ihnen das Recht zu, sie zu tun, so werden sich – zum Guten oder zum Schlechten, manchmal zum Guten und Schlechten – andere Leute daran gewöhnen, daß diese Dinge getan werden. Verweigert man dagegen den Leuten das Recht, solche Dinge zu tun, und gewährt anderen das Recht, sich angegriffen zu fühlen, schockiert und entsetzt über diese Dinge zu sein, werden diese anderen diese Dinge weiterhin als schrecklich anstößig, verletzend und sogar abscheulich betrachten. Wenn daher der Test in dem bereits Erwähnten bestünde, daß wir nämlich die Last von Überzeugungen und Einstellungen so plazieren sollten, daß die von diesen Einstellungen herrührende Schädigung (die Kosten, sich angegriffen zu fühlen) vermindert würde, so würden wir selten, wenn überhaupt jemals, Moralvorstellungen oder Emotionen zählen lassen. Wir würden das Recht auf Schadensersatz für emotionale Schäden negieren und gleichzeitig den Verkauf von Herzen gestatten, weil ein solches Verhalten die – alle emotional empfundenen Kosten vermindernde – Gefühllosigkeit ermutigen würde.

Der Unterschied, den wir zwischen solchen emotionalen Kosten machen, die wir beschützen, und denjenigen, die wir entmutigen, leitet sich, wie ich andeuten möchte, von einer tiefergehenderen, auf lange Sicht angelegten Betrachtung von Kosten und Schädigungen ab. Während wir die Entscheidung darüber treffen, wen wir belasten wollen, entscheiden wir gleichzeitig auch, ob wir uns daran gewöhnen wollen, gefühllos zu werden, oder ob wir

---

sich kein weiteres Kind leisten könnten, antworteten 74% mit „nein". Blake: The Abortion Decisions: Judicial Review and Public Opinion, in: Manier, E. / Liu, W. / Solomon, D. (eds.): Abortion: New Direction for Policy Studies, 1977, S. 51, Tabelle 1 auf S. 58.

[27] Dies basiert auf einer Untersuchung von 1981. Abortion in America: ABCs of a Raging Battle, 94 U.S. News and World Report, 24. Januar 1983, S. 47, 48. Die Prozentzahlen, die die Abtreibung unterstützen, variieren allerdings mit Formulierung der Frage. Siehe auch Blake (Fn. 26), S. 54, 55 - 66. Unbestreitbar bleibt jedoch, daß diese Prozentzahlen einen völligen Umschwung gegenüber der 1962 festgestellten 74prozentigen Ablehnungsrate darstellen – siehe oben (Fn. 26). Siehe auch Barnett / Harris: Recent Changes in Predictions of Abortion Attitude, 66 Sociology and Social Research 320 (1982).

statt dessen denken, daß wir uns als Gesellschaft besser stünden, wenn wir weiterhin manche Dinge als schockierend, anstößig und sogar abscheulich betrachten würden.

Wenn wir, als Gesellschaft, meinen, daß es wirklich keine schlechte Idee darstellt, Automobilunfällen, bei denen andere Leute verletzt werden, relativ gefühllos gegenüberzustehen, dann macht die Verweigerung eines finanziellen Anspruchs wegen emotionaler Schäden durch solche Unfälle Sinn. Dies reduziert den Schaden auf kurze Sicht und führt auch auf lange Sicht zu wünschenswerten Ergebnissen. Wenn wir glauben, daß es auf lange Sicht Gewinne aus der Gefühllosigkeit gibt, die einige Langzeitverluste neutralisieren, werden wir wahrscheinlich wieder einmal die Kostenreduzierung auf kurze Sicht letztlich siegen lassen und Rechte so verteilen, daß sie die Kosten des Angegriffenseins vermindern. Obwohl die Genehmigung für Sex auf der Bühne und im Film leicht zu pornographischer Ausbeutung und zu einer Entwürdigung von Menschen tendiert, mag solch eine Genehmigung also benötigt werden, wenn dadurch (was viele für wünschenswert halten) sexuelle Freiheit und die Vermeidung von sexueller Repression erreicht wird. Ähnliches läßt sich für die erleichterte Scheidungsmöglichkeit und die Nachgiebigkeit gegenüber dem Zuneigungsentzug sagen. Während sie unerwünschterweise weniger stabile Familien hervorgebracht haben mögen, so haben sie doch auch die elende Vorstellung unterminiert, daß Menschen Eigentumsrechte an anderen hätten. In solchen Situationen kommt es auf lange Sicht zu einer Art Patt. Da sich die Gesellschaft auf der Basis von tieferen langfristigen Werten nicht auf die eine oder die andere Weise entscheiden kann, wird sie wahrscheinlich zu derjenigen Verteilung tendieren, die Moralvorstellungen (bzw. die emotionalen Kosten) vermindert, und den Bürgern das Recht, sich angegriffen zu fühlen, verweigern.

Wenn wir dagegen meinen, daß eine Gesellschaft, die diese Moralvorstellungen teilt – die nicht diese Vorlieben hat und sich nicht angegriffen fühlt – eine schlechte Gesellschaft ist, werden wir alles tun, was in unserer Macht steht, um Ansprüche so zuzuweisen, daß solche Emotionen ernst genommen und lebendig erhalten werden. Wir werden Allokationen vermeiden, die solche Einstellungen und Überzeugungen vermindern und unterminieren, an denen wir deshalb festhalten möchten, weil wir uns nicht verpflichtet fühlen, die Kosten des Angebots der bösen Gottheit zu reduzieren. Wir wünschen uns, daß sich die Annahme der Wohltat auch weiterhin nicht lohnt.

Das Recht ist anders als die Ökonomie nicht nur oder auch nur vorrangig mit der Kostenreduzierung bei Unterstellung „gegebener Vorlieben“ beschäftigt. Es ist vielmehr grundlegend mit der Formung von Vorlieben beschäftigt.[28] Rechtliche Regeln, die Altruismus fördern, überleben, weil

[28] Siehe Calabresi: The New Economic Analysis of Law – Scholarship, Sophistry or Self-Indulgence?, 68 Proc. Brit. Acad. 85 (1982). Eine der Leistungen der Denkrich-

wir, obwohl Altruismus nicht gekauft oder erzwungen werden kann, nichtsdestoweniger dessen Verbreitung in der Gesellschaft zu steigern wünschen.[29] Wir tendieren nur bei großer Gefahr zu Rechtsregeln, die die Vorliebe für Schönheit oder für das Unverdorbene vermindern. Wir müssen ständig auf der Hut sein, daß diejenigen Allokationen, die die auf kurze Sicht entstehenden Kosten durch die Reduzierung von Moralvorstellungen bzw. Anstößigem senken, uns nicht auf lange Sicht geistlos zu Vorlieben und Werten hinführen, die wir heutzutage entsetzlich finden würden.

Unsere Gesellschaft wünscht nicht, daß die Menschen keine Gefühle mehr empfinden, wenn sie beobachten müssen, wie ihre Kinder oder Ehepartner zu Tode kommen. Führte die Verweigerung von Schadensersatz in diesen Fällen zur Gefühllosigkeit, würden wir deshalb mit besonderem Nachdruck wünschen, daß Schadensersatz gewährt wird. Unsere Gesellschaft scheint zu wünschen, daß die Menschen über den Wunsch einiger Leute schockiert bleiben, ihre Herzen zu verkaufen, um sich oder ihre Familien finanziell besserzustellen. Aus diesem Grund machen wir solche Verkäufe unmöglich. Die Mehrheit unter uns mag zunehmend wünschen, daß sich die Menschen rein emotionaler Schädigungen, die bestimmte körperliche Gefährdungen mit sich bringen, etwas mehr bewußt und ihnen gegenüber sensitiver werden. Wenn dies zutrifft, mag das Deliktsrecht (wie es bereits geschah) das Gebiet der Schadensersatzleistung auf rein psychische Schäden ausweiten.[30] Dabei schaffen wir derartige Rechtsregeln, weil wir wissen, daß unsere Vorlieben teilweise durch unser Recht geformt werden. Wir versuchen deshalb, solche Rechtsregeln zu wählen, die uns dabei helfen, die Gesellschaft zu werden, die zu sein sich die meisten unter uns in einigen Jahren wünschen werden, obgleich diese Rechtsregeln heute kostenträchtiger erscheinen.

Lassen Sie mich wiederholen, daß längst nicht alle derartigen Moralvorstellungen auf lange Sicht einen Wert verkörpern. Wir mögen uns wünschen, daß unser Recht unsere Vorlieben so formt, daß einige Einstellungen und Überzeugungen geschwächt werden. Unsere Verfassung verlangt zum Beispiel, daß Rassismus – auch wenn er eine weitverbreitete Überzeugung ist – reduziert wird, und so verweigern wir dem Rassisten, der die Bluttrans-

---

tung der Critical Legal Studies besteht darin, die Aufmerksamkeit auf die Rolle konzentriert zu haben, die die Rechtsordnung bei der Formung von Vorlieben spielt. Eine ihrer Schwächen besteht in der Unterstellung, daß traditionelle und liberale Lehrmeinungen sowie „Law and Economics“ (die sie gerne über einen Kamm scheren) zu dieser Frage nichts beizusteuern haben. Siehe Kelman: Choice and Utility, 1979 Wisc. L. Rev. 769.

[29] Calabresi: Comment, in: Phelps, E. S. (ed.): Altruism, Morality, and Economic Theory, 1975, S. 57.

[30] Siehe oben (Fn. 3). Die Gerichte haben jedoch oft davor gewarnt, daß die Situationen, in denen sie bereit sind, Schadensersatz für psychische Schäden zu gewähren, sehr eng umgrenzt sind. Vgl. z.B. Keck v. Jackson, 593 P.2d 668 (1979); Stadler v. Cross, 295 N.W.2d 552 (1980); Yandrich v. Radic, 433 A.2d 459 (1981).

fusion ablehnt, den Regreßanspruch. Wir definieren unser Recht, und sogar unser gewöhnliches Deliktsrecht, derart, daß diejenigen Gefühlsregungen und Moralvorstellungen, die auf lange Sicht als nicht lohnend erscheinen, geschwächt werden. Wir täten dies selbst dann, wenn diesem Vorgehen kein Potential zur Reduzierung des „Sichangegriffenfühlens" anhaftete.

Nur wenn wir uns nicht über die Langzeitperspektive sorgen, oder, was häufiger vorkommt, wenn Kurz- und Langzeitperspektive im Patt zueinander stehen, bildet die Kostenvermeidung auf kurze Sicht den bestimmenden Faktor bei der Formung unseres Rechts. Dies mag häufiger vorkommen, als man denkt, und mag dabei helfen, die Popularität einiger Schulen der ökonomischen Analyse des Rechts zu erklären.[31] Nichtsdestoweniger sollte man sich jedoch ständig vergegenwärtigen, daß es zu dieser Situation, bei der die Kurzzeitperspektive entscheidend ist, nur infolge eines Patts und damit nach einer von Langzeitperspektiven geprägten Diskussion über Werte, Vorlieben, Ideale, Überzeugungen und Einstellungen kam.

Es überrascht daher nicht, daß sich die Diskussion, wenn es zu einem Streit über die Frage kommt, ob moralische Überzeugungen oder Emotionen zählen sollten, nicht mit der Entwicklung auf kurze Sicht bzw. der Frage beschäftigt, welche Allokation das Gefühl des Angegriffenseins reduzieren würde. Man hört selten eine Debatte darüber, ob die totalen Kosten des Unfalls reduziert würden, wenn wir den Verlust eines gegebenen Unfalls denen zuwiesen, die ihn beobachten. Der Streit wendet sich eher der Frage zu, wie die Gesellschaft auf lange Sicht aussehen sollte. Er beschäftigt sich praktisch immer mit der Frage, ob wir einige Gefühlsregungen ermutigen oder aber ihnen gegenüber gefühllos werden sollten. Ist es gut, wenn sich die Menschen durch banale sexuelle Darstellungen beunruhigt fühlen, und schlecht, wenn sie ihnen gegenüber gefühllos werden? Oder ist es wünschenswert, daß sich die Menschen an Sexualität als eine normale Sache gewöhnen und sich insoweit nicht unterdrückt fühlen? Ist eine Gesellschaft, deren Bürger frei sind, ihre Körperteile zu verkaufen, eine gute oder eine schlechte Gesellschaft? Dies sind die Fragen, die ständig diskutiert werden. Die Fragen der kurzfristigen Kostenvermeidung (in bezug auf Gefühle) tendieren dazu, erst später in mehr technischen Zusammenhängen aufzutreten und nur, nachdem sich eine breitere Diskussion ausdrücklich oder implizit auf die eine oder die andere Art oder in einem Patt erschöpft hat.[32]

---

[31] Diese schauen zu oft nur auf kurzfristige Effizienz. Für eine Diskussion und Bibliographie der ökonomischen Analyse des Rechts und deren Gebrauch des Effizienzbegriffs siehe Veljanovski, C. G.: The New Law-and-Economics: A Research Review, 1982.

[32] Spricht man nicht über Überzeugungen oder Einstellungen, mag die Kostenvermeidung auf kurze Sicht hinreichend stark sein, so daß deren Erreichung zu einem bedeutenden Langzeitwert wird. Auf diese Weise mag die Kostenvermeidung auf kurze Sicht Aufnahme in unseren Begriff der Gerechtigkeit finden. Vgl. Calabresi: Costs (Kap. 1 Fn. 27), Kapitel 15; Calabresi / Melamed: Property Rules, Liability

Wir mögen folglich, um zu religiösen Überzeugungen und Einstellungen zurückzukehren, die sich aus Benachteiligung oder Alter ergeben, diese entweder aus kurzfristigen oder langfristigen Gründen schützen. Wir mögen z.B. zu dem Schluß gelangen, daß die Anhänger einer Überzeugung dieser selbst dann weiter anhängen würden, wenn sie die Schäden zu tragen hätten, und daß deshalb die Belastung der Anhänger von Überzeugungen nur ein geringes Kostenvermeidungspotential aufweist. Oder wir mögen, was wichtiger erscheint, fühlen, daß solch eine Reduktion, obgleich sie ihre Überzeugungen aufgeben (und so auf kurze Sicht Kosten reduzieren) würden, unsere langfristigen, in der Verfassung festgelegten hohen Ziele verletzen würde. Eine Gesellschaft zu sein, die nichtetablierte Überzeugungen entmutigt, mögen wir uns nicht wünschen. Wir mögen deshalb der Meinung sein, daß die „Schmelztiegelgesellschaft" nicht all die verschiedenen Arten von Glaubensrichtungen in eine Sammlung harmloser semisekulärer, etablierter Einstellungen verschmelzen oder homogenisieren sollte. Wie wir in diesem Kapitel gesehen haben, sind wir umgekehrt leicht dazu bereit, die Anhänger anderer weitverbreiteter Einstellungen zu belasten, weil wir glauben, daß diese Allokation eine Verminderung von kurzfristigen emotionalen Kosten zur Folge haben wird, ohne die Gesellschaft als ganze durch die Eindämmung dieser Überzeugungen schlechterzustellen.

Rules, and Inalienability: One View of the Cathedral, 85 Harv. L. Rev. 1089, 1102 - 1105 (1972). Für einige kann sie sogar praktisch inhaltsgleich mit Gerechtigkeit werden. Siehe z.B. Posner: Utilitarianism, Economics, and Legal Theory, 8 J. Leg. Stud. 103 (1979); Posner: The Value of Wealth: A Comment on Dworkin and Kronman, 9 J. Leg. Stud. 243 (1980).

V. Das Aufeinanderprallen verschiedener Ideale

Bislang haben wir Gefühlsregungen, Moralvorstellungen und Überzeugungen allein an den mit ihnen verbundenen allgemeinen Kosten gemessen. D.h. wir haben die Angelegenheit so behandelt, als ginge es allein um die Entscheidung, ob überhaupt – und in welchem einzelnen Fall – jemand finanziell zu entschädigen ist, der infolge der Existenz von Überzeugungen oder Moralvorstellungen geschädigt wurde. Die schwierigste Frage stellt sich jedoch dann, wenn Überzeugungen und Moralvorstellungen gleicher Art aufeinanderprallen. In solch einer Situation kommt es zu einer Kombination all der schwierigen Probleme, die wir bislang diskutierten.

Prallen die Überzeugungen beider Seiten aufeinander, ist eine Entschädigung in Geld oft nicht ausreichend, da bloßer Schadensersatz die Verletzung der Überzeugungen einer einzelnen Person nicht auszugleichen vermag. Es geht nicht um die Frage, ob man ein Recht hat, die Kosten der eigenen Überzeugungen jemand anderem aufzuerlegen (was schwierig genug ist), sondern vielmehr darum, ob man berechtigt ist, dem anderen gewissermaßen die Überzeugung selbst aufzuzwingen. Wenn ich dadurch, daß ich das tue, wovon ich überzeugt bin, die Überzeugungen eines anderen verletze und umgekehrt, dann ist Schadensersatz nicht nur nutzlos, sondern er mag die Sache noch schlimmer machen. Natürlich wachsen sich nicht alle Konflikte unter verschiedenen Überzeugungen zu solchen Größenordnungen aus. Einige der Überzeugungen betreffen relativ triviale Angelegenheiten, und der Verlierer bei einem derartigen Zusammenstoß wird den Verlust wahrscheinlich mit mehr oder weniger „Grazie" akzeptieren. Betrifft der Konflikt jedoch Überzeugungen, die in enger Verbindung mit fundamentalen Werten stehen, wird die Tatsache, daß anderen das Recht eingeräumt wird, mir ihre Überzeugungen aufzuzwingen, nahezu unerträglich. Dies ist insbesondere dann so, wenn es sich bei den Werten, die auf dem Spiel stehen, um solche wie Gleichberechtigung oder Unantastbarkeit des Lebens handelt – d.h. um Werte, an denen wir ideal auch dann noch absolut festzuhalten wünschten, wenn wir wüßten, daß wir es nicht können. Tatsächlich führt gerade die Tatsache, daß wir an ihnen nicht so absolut, nicht so ehrfürchtig festhalten können, wie wir es gerne täten, bei uns dazu, daß wir besonders vehement jede explizite Abweichung von diesen Werten zurückweisen. Solche offenen Zurückweisungen zerstören das empfindliche Gleichgewicht zwischen unseren hohen Zielen und der Praxis. Dieses Gleichgewicht ist kennzeichnend dafür, wie die Menschen mit unmöglich zu verwirklichenden – doch grundlegenden – Idealen zurechtkommen.[1] Sie verkörpern einen Fluch.

In solchen Situationen werden die Anhänger einer Überzeugung bestreiten, daß sie sich jemals an die Vorherrschaft der entgegengesetzten Überzeugung gewöhnen bzw. sich dadurch weniger angegriffen fühlen werden. Wichtiger ist jedoch ihre Behauptung, daß bei einer Anpassung an den Wandel durch sie selbst bzw. durch die Gesellschaft als Ganze gerade diese Tatsache den tiefen moralischen Niedergang dieses Gemeinwesens anzeigen würde. Gewöhnten sich die Menschen an den Verkauf von Herzen, akzeptierten sie Sklaverei und würde die „Lösung der Judenfrage" durch die Nazis zu einer unbedeutenden Angelegenheit, dann wäre diese Gesellschaft verflucht. Der einzelne, der zunächst Widerstand geleistet hatte, doch dann in seiner Opposition nachließ bzw. begann, das zu tolerieren, was üblich geworden war, wäre mitverflucht. Rebellion, Flucht oder Märtyrertum mögen akzeptable Auswege darstellen – Anpassung wäre dagegen niemals eine Lösung.[2]

In einem früheren Buch sagte ich, daß solche Konflikte die Essenz von etwas darstellen, was ich dort „tragische Entscheidungen" nannte.[3] Um mit derartigen tragischen Konflikten fertig zu werden, greifen wir oft zu einer List. Wir suchen nach Lösungen, mit denen wir die Schwierigkeit der Lage überdecken und uns dadurch die Behauptung erlauben können, daß wir an beiden miteinander im Konflikt stehenden Überzeugungen festhalten. Wir tun dies, wenn der unversöhnliche Konflikt sich allein in unserem Inneren abspielt (jeder von uns hinge sehr gern widersprüchlichen Glaubensrichtungen an). Wir tun dies aber auch, wenn es um einen externen Zusammenstoß von Überzeugungen geht (zwei oder mehrere bedeutende gesellschaftliche Gruppen halten an unvereinbaren Glaubensrichtungen fest). Schließlich tun wir es auch dann, wenn sich die Schwierigkeit aus Problemen beider Bereiche ergibt (d.h. wenn man in der Gesellschaft zwei oder mehr sich widersprechende Überzeugungen findet und bedeutende Gruppen sich darüber streiten, welche vorherrschend sein soll, während auf der alltäglichen persönlichen Ebene viele Personen in jeder der Gruppen sich danach sehnen, allen diesen widerstreitenden Überzeugungen gleichzeitig anzuhängen).

---

1 Siehe allgemein Calabresi / Bobbitt (Einl. Fn. 1).

2 Vgl. Tribe: Ways Not to Think About Plastic Trees: New Foundations for Environmental Law, 83 Yale L.J. 1315 (1974). In diesem Artikel werden die Irrtümer untersucht, die bei einer Kosten/Nutzen-Analyse zur Beantwortung der Frage, ob eine Gesellschaft natürliche Bäume durch Plastikbäume ersetzen sollte, unterlaufen können, und der Schluß gezogen, daß selbst wenn die Analye für Plastikbäume spräche und alle Irrtümer ausgeräumt wären, die echten Bäume nicht ersetzt werden sollten.

3 Siehe Calabresi / Bobbitt (Kap. 1 Fn. 1); siehe auch Calabresi: A Common Law (Einl. Fn. 3), S. 172 - 175.

Die „Lösung", zu der unsere Gesellschaft in bezug auf Euthanasie gekommen ist, stellt eine solche Ausflucht dar; davon ist eine ganz andere im Deliktsrecht in bezug auf Unfälle vorherrschende „Lösung" zu unterscheiden. Unserem Recht zufolge ist eine Tötung aus Mitleid – das sog. „mercy killing" – Unrecht und stellt weder eine Rechtfertigung noch einen sonstigen Strafausschließungsgrund bei Mord- oder Totschlagsanklagen dar.[4] Unser Geschworenensystem erlaubt es uns jedoch, „mercy killers" frei ausgehen zu lassen, ohne daß wir dabei jemals gezwungen wären zuzugeben, daß sie allein deshalb freigesprochen wurden, weil ihre Tat Euthanasie darstellte.[5] Wir machen uns dabei die Tatsache zunutze, daß Geschworene uns ihre Ergebnisse ohne Angabe von Gründen oder Erklärungen verkünden können, und verlassen uns darauf, daß die Geschworenen sich als genügend einfühlsam gegenüber der bei „mercy killings" anzutreffenden Tragödie erweisen und sich bei ihnen der gesellschaftliche Wunsch, das ganze „unter den Teppich zu kehren", widerspiegelt.[6] Zu dem in bezug auf Euthanasie bestehenden Konflikt mag es kommen, weil einige an Euthanasie glauben und den Gedanken für entsetzlich halten, einen „mercy killer" ins Gefängnis zu sperren oder gar hinzurichten, während andere meinen, daß eine vorsätzliche Tötung eines anderen ein schreckliches Unrecht darstellt und daß die Gesellschaft derartiges niemals dulden oder gar ermutigen sollte. Zu dem Konflikt mag es aber auch kommen, weil viele Menschen zugleich beide dieser Gefühle empfinden und fürchten, daß das offene Gestatten von „mercy killing" zu mehr derartigen Tötungen (und Mißbräuchen) führen würde, als sich rechtfertigen ließe – sie aber dennoch nicht diejenigen einsperren wollen, die sich trotz entgegenstehender Gesetze dazu getrieben sehen.[7] Schließlich mag der Konflikt deshalb entstehen, weil selbst einige von denjenigen, die sicher sind, daß Euthanasie moralisch richtig oder falsch ist, mit den Gefühlen derjenigen, die nicht mit ihnen übereinstimmen, sympathisieren und sich nur zu gerne in der Lage wüßten, diesen Gewicht beizumessen.

Wir überlassen die Entscheidung solcher Fälle deshalb den Geschworenen – die regelmäßig freisprechen. In jedem Einzelfall mag der Freispruch auf der Grundlage von zeitweiliger Unzurechnungsfähigkeit oder irgendeines anderen „akzeptierten" Schuldausschließungsgrundes oder eines sonstigen Einwands der Verteidigung (z.B. dem Bestreiten des Kausalzusammenhangs

---

[4] Siehe Repouille v. United States, 165 F.2d 152 (1947); People v. Roberts, 178 N.W. 690 (1920).

[5] Siehe Sherlock: For Everything There is a Season: The Right to Die in the United States, 1982 B.Y.U.L. Rev. 545, 569 - 570; Survey: Euthanasia: Criminal, Tort, Constitutional, and Legislative Considerations, 48 Notre Dame Law. 1202, 1213 - 1215 (1973).

[6] Siehe Calabresi / Bobbitt (Einl. Fn. 1), S. 57 - 64.

[7] Vgl. Black: Mr. Justice Black, The Supreme Court, and the Bill of Rights, Harper's Magazine, Febr. 1961, S. 63; Calabresi: A Common Law (Einl. Fn. 3), S. 173 - 174.

zwischen dem Tod und der Handlung des Täters) erklärbar sein.[8] Der Freispruch braucht nicht deshalb erfolgt zu sein, weil der Angeklagte aus Mitleid bzw. Gnade handelte, denn die Geschworenen offenbaren uns ihre Gründe nicht. Infolgedessen können wir das eine haben, ohne das andere lassen zu müssen, indem wir sowohl die Euthanasie verbieten als auch „mercy killer" straffrei ausgehen lassen. Dies stellt natürlich eine Lüge dar, weil wir etwas wollen und bekommen, von dem wir formell bestreiten, daß wir es wollen. Doch es handelt sich um eine Lüge, die allein deshalb recht gut funktioniert, weil die Geschworenengerichte recht gut funktionieren.

Bei Unfällen bedienen wir uns einer anderen Art der Täuschung, die auch recht gut funktioniert. Wir wollen, daß einige Leute (Autofahrer, Hersteller von gefährlichen Produkten, Straßenkonstrukteure) die Menschenleben berücksichtigen, die gerettet würden, wenn sie einen teureren, doch sichereren Weg, sicherere Vorgehensweise oder Vorrichtung wählten. Aber wir wollen für Menschenleben keine Preise festsetzen. Möge uns Gott davor behüten, offen auszusprechen, daß die Vorrichtung „X" wert ist, installiert zu werden, weil sie mit „Y" Dollar weniger kostet, als ein Menschenleben wert ist, während die Installation der Vorrichtung „Z" nicht lohnt, weil sie mit „Y" + 10 Dollar mehr kostet, als ein Leben wert ist.[9] Und doch führen wir dadurch, daß wir (in vielen Fällen) verlangen, daß Opfer finanziell entschädigt werden, Geldwerte in das System ein. Diese schaffen allerdings nur begrenzte Anreize für ein vorsichtigeres Verhalten, ohne eine offene Preisfestsetzung für Menschenleben erforderlich zu machen. Aus Gründen, auf die ich hier nicht näher einzugehen brauche, scheint diese Ausflucht, die sich auf Marktpreise und Anreize verläßt (statt wie die bei der Euthanasie benutzte Ausflucht von einer staatlichen Einrichtung, den Geschworenen,

[8] Siehe z.B. Nassau Man Freed In „Mercy Killing", N.Y. Times, 19. Okt. 1938, S. 46, Spalte 1; Carol Paight Acquitted As Insane At Time She Killed Ailing Father, N.Y. Times, 8. Febr. 1950, S. 1, Spalte 2; Jury Frees Son In Mercy Death Of Sick Mother, Chicago Tribune, 25. Jan. 1969, S. 1, Spalte 1; People v. Wiener, Crim. No. 58 - 3636 (Cook Co. Ct. Ill. 1958) [ein Teil des Gerichtsprotokolls wird in Williams: Euthanasia and Abortion, 38 U. Colo. L. Rev. 178, 184 - 187 (1966) abgedruckt].

[9] Vgl. Grimshaw v. Ford Motor Co., 119 Cal. App. 3d 757 (1981). In diesem Fall sprachen die Geschworenen dem Kläger, dessen Ford Pinto nach einem Auffahrunfall in Flammen aufgegangen war, Schadensersatz in Geld in Höhe von $ 125 Millionen (später auf $ 3,5 Millionen herabgesetzt) als sog. „punitive damages" aufgrund eines Konstruktionsfehlers an dem Pkw zu. Die Ford Motor Co. berief sich darauf, daß eine von ihr angestellte Kosten/Nutzen-Analyse ergeben habe, daß eine Konstruktionsänderung bei dem Wagen nicht erforderlich sei, da der Vergleich der Kosten für die konstruktive Risikoverminderung eines Brandes bei Auffahrunfällen und der Kosten, die durch Verletzungen und Todesfälle entstünden, eine Änderung nicht rechtfertige. Es mag gerade diese Kosten/Nutzen-Analyse gewesen sein, an der die Geschworenen Anstoß nahmen. Vgl. Wheeler: The Public's Costly Mistrust of Cost-Benefit Safety Analysis, Nat'l L. J., 13. Okt. 1980, S. 26. Es ist jedoch auch möglich, daß Ford nicht die richtige Kosten/Nutzen-Analyse durchgeführt hatte. Wahrscheinlich haben die Geschworenen aber einfach an der Tatsache Anstoß genommen, daß die Preisfestsetzung für Menschenleben hier allzu offensichtlich erfolgte.

abzuhängen), wieder einmal auf eine akzeptable Weise zu funktionieren und einen erbitterten gesellschaftlichen Konflikt zu vermeiden.

Einige Täuschungen funktionieren, während andere – obgleich sehr ähnlich in ihrer Struktur – es nicht tun. Ein Beispiel für eine Täuschung, die nicht funktionierte, ist meiner Meinung diejenige, die Justice Powell im Bakke-Fall benutzte.[10] Der dortige Konflikt entwickelte sich zwischen dem Glauben an rassische Quotenregelungen – d.h., dem Willen, positive Wiedergutmachungen an Mitglieder von Gruppen, die in der Vergangenheit aus rassistischen Gründen diskriminiert worden waren, zu leisten – und der Vorstellung, daß die Verfassung farbenblind sein sollte und Begünstigungen bzw. Benachteiligungen aufgrund der Rassenzugehörigkeit oder ähnlicher „Eigenschaften" nicht zulassen sollte. Justice Powell, der die Urteilsbegründung für den Supreme Court schrieb, benutzte eine Ausflucht, die strukturell eine nahe Analogie zu der bei der Euthanasie benutzten Ausflucht darstellte. Er sagte in der Tat, daß man Studenten nicht auf der Grundlage der Rassenzugehörigkeit zum Medizinstudium zulassen kann (dies entspricht bei den Euthanasiefällen der Feststellung, daß „mercy killing" ungesetzlich ist).[11] Auf der anderen Seite stelle „Vielfalt" einen völlig akzeptablen Grund für die Auswahl von Erstsemestern dar – sich auf sie zu berufen, sei praktisch durch die Verfassung geschützt (wie die Berufung auf Unzurechnungsfähigkeit bei einem Mord).[12] Zulassungsentscheidungen seien durch Gremien der Falkultät zu treffen, die uns über die Grundlage ihrer Entscheidungen (wie die Geschworenen in Strafprozessen) nichts zu sagen brauchen.[13] Justice Powell schien damit anzudeuten, daß wir, solange derartige Gremien uns nicht berichten, was sie tun bzw. warum sie es tun, nominell an dem Standard einer farbenblinden Verfassung festhalten können und doch die wünschenswerte Quotenregelung bei der Zulassung Farbiger erreichen können.

Unglücklicherweise sind die Euthanasiefälle und die Fälle der Quotenregelung weder substantiell noch formell vergleichbar. Infolgedessen mag das, was in dem einen Zusammenhang eine wünschenswerte oder effektive Ausflucht sein mag, in dem anderen Zusammenhang keines von beiden sein. Das Konzept der Vielfalt weist nicht dieselbe Vorgeschichte auf wie die Berufung auf Unzurechnungsfähigkeit und wurde in der Tat in der Vergangenheit von Universitäten auf bösartige Weise zu Diskriminierungen auf der Grundlage von Rassen- und Religionszugehörigkeit eingesetzt.[14] Außerdem

[10] Regents v. Bakke, 438 U.S. 265 (1978); siehe Calabresi: Bakke as Pseudo-Tragedy, 28 Cath. U.L. Rev. 427 (1979).

[11] Bakke, 438 U.S. at 310.

[12] Ebd. S. 311 - 312.

[13] Ebd. S. 318 - 319.

[14] Wobei von den „großen Drei" der Ivy League besonders gewissenhaft vorgegangen wurde. Siehe allgemein Synnott, M.: The Half-Opened Door: Discrimination and Admissions at Harvard, Yale, and Princeton, 1900 - 1970, 1979.

ist ein Komitee zur Zulassung von Studenten nicht auf die gleiche Weise wie ein Geschworenengericht zusammengesetzt. Ein Geschworenengericht (oder zumindest eine Reihe solcher Gerichte) ist ein relativ repräsentatives Gremium. Die Wertmaßstäbe, die es unausgesprochen anlegt, tendieren dazu, diejenigen der Gesellschaft zu sein.[15] Eine Universitätszulassungskommission ist hingegen, da sie kaum jemanden repräsentiert – außer vielleicht die Universitätsverwaltung –, eine sehr gefährliche Gruppe, wenn man sie mit der Macht ausstattet, versteckte, auf Ausflüchte gegründete Entscheidungen zu treffen. Es waren tatsächlich gerade solche Komitees, die in der Vergangenheit das Konzept der Vielfalt auf eindeutig bösartige und diskriminierende Weise einsetzten.[16] Aus diesen und anderen Gründen kritisierte ich die in Bakke angewandte Ausflucht und äußerte die Vermutung, daß sie sich nicht nur als falsch, sondern wahrscheinlich auch als ineffektiv erweisen würde – wie sie es dann auch tat.[17]

Wann immer es möglich ist, sollte man natürlich nach einer Lösung solcher tragischen Konflikte suchen, die nicht auf eine Täuschung angewiesen ist, wobei die Erlangbarkeit einer derartigen möglicherweise „ehrlichen" Lösung zwangsläufig unsere Meinung darüber, ob eine mögliche Ausflucht positiv zu bewerten ist, beeinflußt. Gewöhnlicherweise baut solche eine ehrliche Lösung auf der Tatsache auf, daß viele Leute auf beiden Seiten des Konflikts hin- und hergerissen sind und gerne beides zugleich hätten. Die mögliche Lösung versucht, den Konflikt zunächst zu erkennen und beiden Überzeugungen einiges Gewicht beizumessen, dann jedoch bei dem Zusammenstoß zu vermitteln, indem sie den Umfang der Vorherrschaft jeder der beteiligten Überzeugungen begrenzt.[18] Solch eine Vorgehensweise mag deshalb funktionieren, weil eine teilweise Dominanz einer Überzeugung akzeptabel sein mag, wenn jede Seite (auch wenn nur unterbewußt) etwas Sympathie für die Position der anderen empfindet. Dem Recht kommt manchmal die Funktion zu, den Versuch zu unternehmen, einen grundlegenden Konflikt zu verbergen und uns über Ausflüchte zu erlauben, an widerstreitenden hohen Zielen festzuhalten. Zu anderen Zeiten, in anderen Konfliktsituationen, muß das Recht versuchen, Strukturen zu errichten, die es uns gestatten – in Anerkennung der tiefempfundenen Überzeugungen anderer (die wir partiell zufälligerweise teilen) – offen unseren eigenen tiefempfundenen Überzeugungen weniger Gewicht beizumessen. Diese zuletzt genannte Vorgehensweise ist insbesondere dann wünschenswert, wenn die zu errichtende Struktur auch auf mögliche zukünftige Veränderungen oder Neuerungen

---

[15] Calabresi / Bobbitt (Einl. Fn. 1), S. 57 - 58.

[16] Siehe oben Fn. 14.

[17] Siehe oben Fn. 10; siehe auch Calabresi: Bakke: Lost Candor, N.Y. Times, 6. Juli 1978, S. 19, Spalte 1.

[18] Solche eine Lösung war meiner Meinung nach in Bakke möglich; siehe Calabresi, oben Fn. 10, S. 432 - 444.

achtet, die uns tatsächlich gestatten mögen, den Konflikt in der Zukunft beizulegen – d.h. beiden Überzeugungen volles Gewicht beizumessen.

Eingedenk dessen möchte ich einige Seiten darauf verwenden, mich dem dornenreichsten der im heutigen Amerika existierenden „Überzeugungskonflikte“ zuzuwenden: der Diskussion um die Abtreibung. Ich möchte dabei sehen, ob einige der zuvor in diesem Buch (wie auch schon in Tragic Choices) diskutierten Dinge bei den Überlegungen, wie man mit diesem Problem umzugehen hat, für uns hier hilfreich sein können. Daß es dabei um den Konflikt von besonders tief empfundenen Überzeugungen geht, sollte offensichtlich sein. Gerade die Tatsache, daß die Parteigänger jeder Seite soviel von ihrer Zeit darauf verwenden, einander als „scheinheilige Eiferer“ zu bezeichnen, macht dies deutlich. Dieses Verhalten legt nahe, daß sowohl die sich selbst als „Wahlfreiheitsbefürworter“ („pro-choice“) wie die sich als „Lebensbefürworter“ („pro-life“) bezeichnenden Gruppen durchaus Grund für die Behauptung haben, daß die jeweils andere Gruppe versucht, ihnen ihre Weltanschauung – ihre tief empfundenen Überzeugungen – zum Nachteil der eigenen Überzeugungen und Weltanschauung aufzuzwingen. Beide Gruppen beabsichtigen, etwas zu tun, das (abgesehen von allem physischen Leid, das dadurch bewirkt werden mag) aufs tiefste die Überzeugungen und Werte der anderen verletzen wird.

Eine Erkenntnis aus unserer vorhergehenden Diskussion mag darin bestehen, daß diese Art, einander zu titulieren, unangebracht ist. Es ist weder falsch noch ungewöhnlich, wenn Menschen wünschen, daß ihre Überzeugungen geschützt und akzeptiert oder zumindest als vernünftig und berechtigt anerkannt werden. Die Tatsache, daß die Überzeugung auf einer Religion fußt oder dies nicht tut, ist dabei von keiner großen Bedeutung. Wenn unser Recht insoweit überhaupt in eine bestimmte Richtung tendiert, dann dazu, solche Überzeugungen als „vernünftig“ zu behandeln, die, wenn sie nicht auf einer Religion fußten, wahrscheinlich nicht derart geschützt würden. Dies ist eine der Schlußfolgerungen, die die Behandlung, die Minelda, Mrs. Eider und auch das entspannte Ehepaar erfuhren, meiner Meinung nach nahelegt.[19] Demzufolge sollte die Tatsache, daß jemand für Abtreibung eintritt, weil er davon überzeugt ist, daß das Leben – gemäß seinem religiösen Glauben – mit der Entbindung beginnt, bzw. gegen die Abtreibung eintritt, weil er – wieder gemäß seinem Glauben – davon überzeugt ist, daß es bereits mit der Empfängnis entsteht, das Argument weder bestärken noch entkräften.[20]

---

[19] Siehe oben Kap. 3 Fn. 4, Kap. 3 Fn. 27, Kap. 3 Fn. 31 mit dem jeweils zugehörigen Text.

[20] Dieses Argument wurde – wenn auch mit geringem Erfolg – in den folgenden Fällen geführt: Women's Services v. Thone, 483 F. Supp. 1022 (1979), aff'd 636 F.2d 206 (1980), vacated and remanded, 452 U.S. 911 (1981), aff'd 690 F.2d 667 (1982), vacated and remanded 103 S. Ct. 3102 (1983); Akron Center for Reproductive Health,

Ebenso sollte es vom vorhergehenden Kapitel her klar sein, daß selbst dann, wenn die Unterstützung von Abtreibung bzw. der Widerstand dagegen allein auf Moralvorstellungen basierte, diese Positionen dadurch weder bestätigt noch entkräftet würden. Demzufolge ist die von einem Abtreibungsbefürworter, der die Abtreibung nicht deshalb unterstützt, weil er irgendeine physische Schädigung befürchtet, die eine Schwangerschaft bei einer Frau bewirken mag, sondern weil er Anstoß an allen Gesetzen nimmt, die an das Sexualleben von Männern einerseits und Frauen andererseits eine ungleiche Belastung knüpfen, geführte Argumentation nicht ipso facto unzulässig. Dementsprechend kann auch ein Abtreibungsgegner nicht schon einfach deshalb abgewiesen werden, weil er die Abtreibung nicht wegen der dem Fötus angetanen Gewalt, sondern deshalb bekämpft, weil er an dem bloßen Konzept der Abtreibung Anstoß nimmt. Moralvorstellungen bilden oft die Grundlage unseres Rechts und bleiben diese selbst dann, wenn ihre ursprünglichen Anhänger in dem Falle, daß die Rechtsordnung in der Zukunft das erlaubt, was heutzutage diese Moralvorstellungen verletzen würde, zukünftig insoweit gefühllos würden oder sich weniger angegriffen fühlten. Dies ist es, was wir aus der Tatsache, daß Verkäufe von Körperteilen nicht gestattet sind, lernen können.

Tatsächlich legt das vorherige Kapitel nahe, daß manchmal der beste Weg, dem Aufeinanderprallen von Moralvorstellungen zu begegnen, darin besteht, einen Weg zu finden, bei dem der „Stein des Anstoßes" erhalten bleibt und damit gewissermaßen auch die Moralvorstellungen, die in dem Konflikt „den kürzeren ziehen", beibehalten werden. D.h. der Verlierer mag eher bereit sein, den Verlust zu akzeptieren, wenn Verlieren nicht bedeutet, daß die Gesellschaft gegenüber den Werten, denen er anhängt, gefühllos werden wird. Wenn diese Werte in möglichst vielen anderen Zusammenhängen gewahrt und bestärkt werden, mag der Verlust in dem konkreten Kontext eher tolerabel sein. Intolerabel wird der Verlust hingegen sein, wenn er bedeutet, daß die Gesellschaft dahin gelangen wird, diejenigen Ideale, die der Verlierer als fundamental in Ehren hält, als unbedeutend oder wertlos anzusehen.

Aus diesen und anderen zuvor diskutierten Gründen können wir auch schließen, daß die Urteilsbegründung des Supreme Courts in Roe v. Wade (einer Entscheidung, in der die meisten der die Abtreibung verbietenden Gesetze für verfassungswidrig erklärt wurden) – was auch immer man über das Ergebnis dieses Falles denken mag – höchst unglücklich war.[21] Man kann die Entscheidung als einen Versuch verstehen, den tiefgehenden Wertkonflikt durch einfache bzw. komplexe Ausflüchte zu lösen. Und während

---

Inc. v. City of Akron, 479 F. Supp. 1172 (1979), modified, 651 F.2d 1198 (1981), aff'd in part, rev'd in part. 103 S. Ct. 2481 (1983).

[21] Roe v. Wade, 410 U.S. 113 (1973).

ich nicht sagen kann, daß diese notwendigerweise falsch ist,[22] erweisen sich die Ausflüchte in diesem Fall bestenfalls als ineffektiv bei dem Versuch, den Konflikt „unter den Teppich zu kehren“, und schlimmstenfalls als geeignet, ihn heftig zu verschärfen.

Die simple Ausflucht (die der Urteilsbegründung des Gerichts wirklich nicht gerecht wird) würde uns eindringlich nahelegen, das als nichtexistent zu betrachten, was nicht zu sehen ist (nämlich den Fötus). Dieser Schachzug kann nicht von Erfolg gekrönt sein; er ist einfach nicht überzeugend. Wenn eine Ausflucht einen tiefen Wertkonflikt „übertünchen“ will, muß sie hinreichend komplex sein und genügend Plausibilität aufweisen, so daß sie nicht von jedem, der den Konflikt zu erhalten wünscht, leicht als Farce bloßgestellt werden kann. Die Ausflucht muß ein wenig Wahrheit enthalten, selbst wenn sie nicht völlig wahrheitsgemäß ist. Das Geschworenengericht bewährt sich bei Euthanasiefällen, weil es viele Gründe dafür gibt, Geschworene (ausgewählt, wie sie sind, und mit der Erlaubnis ausgestattet, ohne die Angabe von Gründen entscheiden zu können) einzusetzen, die nichts mit unserem Wunsch zu tun haben, Geschworenengerichte dafür zu benutzen, den „mercy killings“ inhärenten Konflikt von Werten abzuschwächen. Bei Rechtsstreitigkeiten nach Unfällen funktioniert die Preisfestsetzung von Sicherheit über die Opferentschädigung, ohne daß wir dazu gezwungen würden, eine Preisfestsetzung für Menschenleben zu akzeptieren, weil es uns nicht nur um die Erreichung von Sicherheit geht, sondern wir auch die Unfallopfer entschädigen wollen. Die Tatsache, daß wir uns, wenn Kompensation unser einziges Ziel wäre, nicht unseres existierenden Systems bedienen würden, macht unser Insistieren darauf, daß unser einziges Ziel in der Kompensation besteht, zu einer Ausflucht. Die Tatsache, daß wir wirklich entschädigen wollen, macht sie zu einer realisierbaren.[23]

Im Falle der Abtreibung erweist sich die simple Ausflucht als zu transparent. Sie wird zu einem Ansporn zum Konflikt, indem sie Abtreibungsgegner zu dem Versuch veranlaßt aufzuzeigen, daß die Ausflucht eine Farce darstellt. Dementsprechend wurden Gesetze verabschiedet, die von einer Frau, die kurz vor einer Abtreibung steht, verlangen, Farbfotos eines Fötus zu betrachten – als ob es nötig wäre, sie oder die Gesellschaft davon zu überzeugen, daß das, was nicht sichtbar ist, tatsächlich außergewöhnlich lebendig erscheinen kann.[24] Die nachfolgende – angesichts der ursprünglichen Entscheidung in Roe v. Wade verständliche – Aufhebung dieser Gesetze durch die Gerichte vermochte weder die Ausflüchte aufrechtzuerhalten

---

[22] Siehe meine Diskussion über „Uses and Abuses of Subterfuge“ in Calabresi: A Common Law (Einl. Fn. 3), Kapitel 14.

[23] Siehe Calabresi / Bobbitt (Einl. Fn. 1), S. 73 - 74.

[24] Siehe Federal Judge Blocks Utah Abortion Law, N.Y. Times, 17. Okt. 1981, S. A 20, Spalte 6.

noch den dahinterstehenden Konflikt zu besänftigen.[25] Derselbe Ansatz des „was nicht sichtbar ist, existiert nicht" führt Abtreibungsgegner dazu, Föten tragend herumzulaufen, um zu demonstrieren, daß sie wirklich wie Neugeborene ausschauen.[26] Mit anderen Worten: es führt zu einem (auf die Bloßstellung der Ausflucht ausgerichteten) Verhalten, das selbst provokativ ist und kaum hilft, auf eine in sich geschlossene gesellschaftliche Lösung hinzuwirken.[27]

Das Gericht wendete in der Tat eine komplexere – doch sogar noch unglücklichere – Methode an, dem zugrunde liegenden Konflikt auszuweichen. Das Gericht sagte nicht, daß ein Fötus nicht lebendig ist, und deutete nicht an, daß die Metaphysik derjenigen, die glauben, daß Leben mit der Empfängnis entsteht, unzutreffend ist. Es vermied die Frage, wann Leben beginnt, indem es sagte, daß dies eine Frage sei, zu der es nichts sagen könne. Das Gericht führte dann jedoch weiter aus, daß im Sinne unserer Verfassung ein Fötus (zumindest bis zur eigenständigen Lebensfähigkeit) keine Person darstelle.[28] Diese letzte Erklärung ist in einer Rechtsordnung wie der unseren höchst problematisch.

Zunächst einmal war diese Erklärung von dem Standpunkt aus, den das Verfassungsrecht in den meisten anderen Zusammenhängen einnimmt, wohl unzutreffend. D.h. diese Erklärung ignorierte völlig die Gravitationswirkung anderer Rechtsgebiete. Unser Recht hat einem Fötus seit Jahrhunderten auf bedeutenden Gebieten Anerkennung und Schutz gewährt. Es ist zum Beispiel recht zweifelhaft, ob (vor der Entscheidung Roe v. Wade) ein einzelstaatliches Gesetz, das einem ungeborenen Fötus das Erbrecht verweigert hätte, verfassungskonform gewesen wäre. Sehr wahrscheinlich hätte solch ein Gesetz die Verfassungsbestimmung über „gleichen Schutz" des vierzehnten Verfassungszusatzes verletzt.[29] (Wieder einmal beschäftige ich mich hier nicht mit dem Ergebnis von Roe v. Wade; ich beschäftige mich vielmehr allein mit der spezifischen Erklärung, die das Gericht in Roe v. Wade abgab, daß ein Fötus unter unserer Verfassung nicht geschützt sei.)

Der Föten traditionell gewährte Schutz geht – wie viele unserer verfassungsrechtlichen Vorstellungen – auf frühes englisches Recht zurück. Es

[25] Ebd.

[26] Siehe Birth Control Parley Shaken as Protestors Display Two Fetuses, N.Y. Times, 16. Febr. 1979, S. B 7, Spalte 6.

[27] Es ist bei weitem wahrscheinlicher, daß dies zu höchst emotionalen und politische Uneinigkeit schaffenden Schauprozessen führen wird. Siehe Note: Obstructionist Activities at Abortion Clinics: A Framework for Remedial Litigation, 8 N.Y. U. Rev. L. & Soc. Change 325, 336 - 342 (1979).

[28] Roe v. Wade, 410 U.S. 113, 158 (1973).

[29] U.S. Const., Amend. XIV, § 1. Vgl.: Levy v. Louisiana, 391 U.S. 68 (1968); Glona v. American Guaranty and Liability Ins. Co., 391 U.S. 73 (1968); Weber v. Aetna Casualty and Surety Co., 406 U.S. 164 (1972).

stammt aus der Zeit, als im englischen Sachenrecht eine Familie ihr Eigentum an Grund und Boden verloren hätte, wenn eine Lücke im Grundeigentum der Familie entstanden, wenn zu irgendeinem Zeitpunkt kein Erbe zur Übernahme des Eigentums vorhanden gewesen wäre. Unter derartigen Umständen wäre das Eigentum an andere, entferntere Verwandte oder an die Krone zurückgefallen.[30] Damit stellte sich die Frage: Was würde geschehen, wenn ein männlicher Grundeigentümer starb, während seine Frau schwanger war? Es schien eine Lücke im Familieneigentum (bzw. genauer: dem praktisch eigentumsgleichen Nutzungsrecht an dem der Krone gehörenden Land) vorzuliegen, so daß das Land eigentlich an andere zurückfallen mußte. Gegen Ende des 17. Jahrhunderts wäre dies als die logische Folge erschienen.[31] Trotzdem entschied der große englische Richter Baron Turton, daß der Fötus insoweit als lebende Person zu betrachten sei und – solange wie er nicht in der Folgezeit ohne Erben stürbe (d.h. lebend geboren wurde und lange genug lebte, um selbst Söhne zu haben) – das Familieneigentum nicht verloren wäre.[32] Dies führte zu dem folgenden Trinkspruch, der früher einmal den meisten Jurastudenten geläufig war: „Wir füllen unsere Becher auf Baron Turton, der ohne jede Frage, trotz eindeutiger und klarer Rechtslage, lieber einem kleinen Fötus zur Hilfe lief, als daß er sich auf den langweiligen Charlie Fearne berief."[33]

Seit den Zeiten von Baron Turton wirkte die Gravitationskraft des Rechts in der Richtung, dem Fötus (zumindest in einigen Zusammenhängen) Schutz durch unser Recht zukommen zu lassen. Als das Deliktsrecht langsam weniger „schädigerorientiert" wurde und sich die Regreßmöglichkeiten der Opfer erweiterten, begann man dementsprechend, Eltern Schadensersatz für die deliktische Tötung ihrer Föten zu gewähren. Auch pränatale Verletzungen eines Kindes wurden nach und nach als schadensersatzpflichtig anerkannt.[34] Obwohl das Gericht in Roe v. Wade, als es seine irrige (und auf das Ergebnis bezogen unnötige) Erklärung abgab, diesen Gravitationssog ignorierte, hat ironischerweise die bloße Tatsache, daß solch eine Erklä-

---

[30] Siehe Casner, J. / Leach, B.: Cases and Text on Property, 1951, S. 358f.

[31] Siehe die spätere Beschreibung in der berühmten Abhandlung von Charles Fearne: An Essay on the Learning of Contingent Remainders and Executory Devices, 8. Aufl., London 1824, S. 308 - 309.

[32] Reeve v. Long, 3 Lev. 408 (1695).

[33] In der Version von Casner, J. / Leach, B.: Cases and Text on Property, 1951, S. 359, Fußnote 11, lautet der Trinkspruch: „Let's fill the cup to Baron Turton, who though the law was clear and certain, would rather help a little fetus, than round our Charlie Fearne's treatise!"

[34] Die geringere Besorgnis des Deliktsrechts um den Schädiger wurde vielfach kommentiert. Eine klassische Erörterung des Themas ist Gregory: Trespass to Negligence to Absolute Liability, 37 Va. L. Rev. 359 (1951). Infolge dieser Entwicklung waren die Gerichte zunehmend bereit, Kindern (und ihren Eltern) Schadensersatz für vor der Geburt erlittene Verletzungen zumindest dann zuzusprechen, wenn das Kind lebensfähig und lebendig zur Welt kam. Siehe dazu im allgemeinen Dooley, James: Modern Tort Law, Band 1, 1982, §§ 14.02.50 - 14.04.

rung abgegeben wurde, unvermeidbar selbst Gravitationskraft ausgeübt. Und zwar hat diese Erklärung zu der Tendenz geführt, daß diejenigen Entscheidungen zum Deliktsrecht, die in einem nicht die Abtreibung betreffenden Kontext Föten Rechte zusprachen, unterminiert werden, obwohl diese Entscheidungen aus der Perspektive des modernen Deliktsrechts durchaus sinnvoll sind.

Obwohl also eine Entscheidung zur Abtreibung für diese Fälle eigentlich ziemlich irrelevant hätte sein sollen, hat die Erklärung des Gerichts in Roe v. Wade, daß Föten im Sinne des 14. Verfassungszusatzes keine Personen sind, die Erlangung von Schadensersatz für die Verletzung und die Tötung von Föten um einiges schwieriger gemacht.[35] Außerdem hat diese Erklärung – in einem mit freiwilligen Abtreibungen völlig unzusammenhängenden Kontext – zu der Entscheidung geführt, daß sich jemand, der einen Fötus tötet, weder eines Mordes noch eines Totschlags schuldig machen kann.[36] Die Erklärung des Gerichts in Roe v. Wade wird wahrscheinlich auch weiterhin für Verwirrung in diesen Rechtsgebieten sorgen. Weil sich das Gericht dafür entschied, die von der etablierten Auffassung ausgehende Gravitationskraft, nach der in bestimmten Zusammenhängen der Fötus klar von unserem Recht geschützt wurde, zu ignorieren und statt dessen eine Erklärung abzugeben, von der es glaubte, daß sie helfen würde, dem der Abtreibungsproblematik anhaftenden schwierigen Konflikt auszuweichen, hat es auf anderen Rechtsgebieten schlechtem Recht Vorschub geleistet. Absurderweise verhielt sich das Gericht so, als ob das Recht einer Frau, eine Abtreibung vornehmen zu lassen, von der Bereitschaft des Rechts abhing, (a) den „Eltern" einer ungeborenen Leibesfrucht, die durch einen fahrlässigen Autofahrer getötet wurde, Schadensersatz zu verweigern, und (b) einen Schlägertyp, der eine schwangere Frau in den Bauch schoß, leicht davon-

---

[35] Siehe hierzu auch Justus v. Atchison, 565 P.2d 122 (1977). Aber siehe Missouri Court Rules that a Fetus is a Person, N.Y. Times, 18. Aug. 1983, S. C 11, Spalte 1 – mit einer Diskussion des Falles O'Grady v. St. Joseph's Hospital, 654 S.W.2d 904 (1983). Missouri ist interessanterweise bei der Verabschiedung von Gesetzen, die eine Anerkennung der Bedeutung des Lebens von Föten bewirken und die Anwendbarkeit von Roe v. Wade beschränken wollen, sehr aktiv. Siehe z. B. Planned Parenthood v. Danforth, 428 U.S. 52 (1976); Friedman v. Ashcroft, 584 F.2d 247 (1978), aff'd 440 U.S. 941 (1979); Planned Parenthood v. Ashcroft, 655 F.2d 848 (1981), supplemented 664 F.2d 687 (1981), cert. granted 102 S.Ct. 2267 (1982).

[36] In einer Reihe jüngerer Entscheidungen wurde entschieden, daß Handlungen, die zur Tötung eines Fötus führen (z. B.: das Schlagen der Mutter, das zu schnelle Fahren im betrunkenen Zustand) keine Tötung eines Menschen darstellen; People v. Greer, 37 Ill. Dec. 313, 402 N.E.2d 203, 79 Ill.2d 103 (1980); State v. Larsen, 578 P.2d 1280 (1978); State v. Brown, 378 So.2d 916 (1979); State v. Gyles, 313 So.2d 799 (1975); ein fünf Monate alter Fötus wurde unter einem texanischen gesetzlich geregelten Fall der Nothilfe nicht als „Person" anerkannt: Ogos v. State, 655 S.W.2d 322 (1983). Vgl. aber auch People v. Apodaca, 76 Cal. 3d 479 (1978). Im übrigen war in einer Reihe von Entscheidungen, die vor Roe v. Wade ergangen waren, entschieden worden, daß das Töten eines Fötus keinen Mord darstellt. Siehe z. B. Keeler v. Superior Court of Amador County, 420 P.2d 617 (1970); State v. Prude, 24 So. 871 (1899).

kommen zu lassen, da in beiden Fällen „keine Person getötet worden war". Zumindest Baron Turton wußte es besser!

Statt eine Entscheidung zu schreiben, die auf anderen Rechtsgebieten die Werte, gegen die das Gericht im Zusammenhang mit der Abtreibung entschied, stärkte und bestätigte, wählte es also einen Weg, zu seinem Ergebnis zu gelangen, der fast darauf angelegt schien, diese Werte zu schwächen. Was das Gericht tat, war aber noch viel schlimmer als dieses Durcheinanderbringen des Rechts – als dieses bewußte Ignorieren und Unterminieren dessen, was im Recht als solide und wachsende Tendenz erschienen war. Als das Gericht erklärte, daß Föten im Sinne des 14. Verfassungszusatzes keine Personen seien, sagte es nämlich zu einer großen und politisch aktiven Gruppe: „Eure Metaphysik ist kein Teil unserer Verfassung." Dies ist in einer pluralistischen Gesellschaft bei weitem schlimmer (und gefährlicher) als die Erklärung, die das Gericht zu vermeiden suchte, nämlich: „Es tut uns leid, dies sagen zu müssen – doch Eure Metaphysik ist unzutreffend. Ein Fötus lebt nicht." Das Gericht sagte, daß es nicht von Bedeutung sei, ob ein Fötus lebt (ob Eure Metaphysik korrekt ist). Ein Fötus ist in keinem Fall durch unsere Verfassung geschützt.

Solch eine Erklärung abzugeben, ist ungefähr das Schlechteste, was das oberste Gericht der Vereinigten Staaten auf dem Gebiete widerstreitender Überzeugungen tun kann. Es läßt sich nämlich durchaus über den Wahrheitsgehalt von Überzeugungen streiten; und so wären, wenn das Gericht einfach verneint hätte, daß Föten leben, unerfreuliche Streitigkeiten über Metaphysik die Folge gewesen. Die Frage, ob Föten leben, wäre erbittert debattiert worden (wie es ohnehin geschah),[37] doch sie wäre innerhalb der Grenzen der Verfassung diskutiert worden. Der Streit wäre unter Bürgern desselben Gemeinwesens unter derselben akzeptierbaren Verfassung ausgetragen worden, wobei die Bürger versucht hätten, einander in einer letztlich unüberprüfbaren metaphysischen Frage – die Frage, ob ein Fötus lebt – zu überzeugen.

Als das Gericht statt dessen proklamierte, daß es auf den Wahrheitsgehalt der Überzeugung nicht ankommt, daß die Überzeugungen der Abtreibungsgegner zum Beginn des Lebens, ob zutreffend oder nicht, nicht mit unserer Verfassung – unserer Rechtsordnung – vereinbar sind, machte dies die Verfassung mit einem Schlag für die Anhänger dieser Überzeugungen unannehmbar. Das Gericht erklärte gegenüber höchst defensiven Gruppen, die zu einem bedeutenden Teil in jüngster Zeit eingereiste Immigranten umfas-

---

[37] Z.B. Ramsey, Paul: The Morality of Abortion, in: Lably, Daniel (ed.): Life or Death: Ethics and Options, 1968, S. 60; Shulder, D. / Kennedy, F.: Abortion Rap, 1971, S. 107 - 115; Barr, S.: A Woman's Choice, 1977, S. 253 - 254; Harrington: Human Life and Abortion, 17 Cath. Law. 11 (1971); Noonan, J. T.: A Private Choice: Abortion in America in the Seventies, 1979, insbes. Kapitel 7 u. 15; Dorsen: Crushing Freedom in the Name of Life, 10 Hum. Rights 19 (Spring 1982).

sen, daß ihre höchsten Überzeugungen, ihre Metaphysik, keine Bestandteile unseres Rechts sind, wie es durch seine grundlegendste Aussage – die Verfassung – verkörpert wird. In der Tat erklärte es diesen Gruppen, daß ihre Überzeugungen nicht akzeptierbar sind, daß sie an unserem gesellschaftlichen Konsens (unabhängig davon, ob sie zufälligerweise zutreffen oder nicht) keinen Anteil haben. Es erklärte ihnen so dramatisch, wie in einer juristischen Urteilsbegründung überhaupt möglich, daß sie selbst jetzt, selbst nach dem Durchlaufen aller anderen Assimilationen, solange keine wahren Amerikaner sein konnten, wie sie an ihren Überzeugungen festhielten. Dies erwies sich als katastrophal, da es die Zweifel bestärkte, die die Abtreibungsgegner bereits über die volle Akzeptanz ihrer Überzeugungen in der amerikanischen Gesellschaft hatten. Es vergegenwärtigte ihnen darüber hinaus, wieviele ihrer Werte und ihrer kulturellen Traditionen aufzugeben, der Schmelztiegel von ihnen verlangt hatte, um akzeptiert zu werden.

Eine derartige Erklärung erweist sich fast immer als verkehrt – selbst wenn sie nur gegenüber Minelda oder Mrs. Eider abgegeben wird, selbst wenn es sich bei der Gruppe, die vom Establishment ausgeschlossen wird, um eine relativ kleine handelt. Sie hat die Wirkung, die Anhänger der betreffenden Überzeugung auszugrenzen, sie außerhalb des Schutzes der Verfassungsbestimmung über die Nichtetablierung zu stellen. Eine derartige Erklärung behandelt die Überzeugungen dieser Anhänger, als seien sie „ungeachtet ihres Wahrheitsgehalts unvernünftig", als seien sie solche eines „absonderlichen Kultes" und nicht einmal eine Religion. Dies stellt, wie ich bereits früher sagte, eine Aufforderung zur Revolte dar, eine Aufforderung zu verlangen, daß die Verfassung entweder geändert wird, um die Überzeugungen zu integrieren, oder aber daß sie als Pakt mit dem Teufel verbrannt wird.[38] Ist die Gruppe klein genug, mag diese Aufforderung mit der Ächtung der Gruppenangehörigen und letztlich mit der Zerstörung der Gruppe enden. Oder es mag zur Folge haben, daß die Gruppe ihre geächteten Überzeugungen praktisch aufgibt (wie es etwa bei fast allen Mormonen in bezug auf die Polygamie geschah). Beides sollte in einer pluralistischen Gesellschaft zumindest beunruhigend sein. Ist die Gruppe groß, leitet solch eine Erklärung praktisch immer eine Periode von tiefgehenden Unruhen ein, bei denen die ausgeschlossene Gruppe verzweifelt versucht, die Verfassung derart neu zu bestimmen, daß sie nicht länger ihre Überzeugungen, sondern statt dessen die entgegengesetzten Überzeugungen ausschließt.

Gerade dies geschah nach der Dread Scott Entscheidung, und es scheint sich bei dem Konflikt über Abtreibungen zu wiederholen.[39] Die Zeit für

---

[38] Siehe z.B. Ely: The Wages of Crying Wolf: A Comment on Roe v. Wade, 82 Yale L.J. 920 (1973).

[39] Siehe Dread Scott v. Sanford, 60 U.S. (19 How.) 393 (1857). In dieser Entscheidung führte das Gericht aus, daß weder die Verfassungsbestimmungen auf Schwarze anwendbar waren, noch es in der Macht irgendeines Einzelstaates stand, Schwarzen

einen Kompromiß ist abgelaufen. Wenn es um die Entscheidung geht, ob die eigenen Überzeugungen oder die eines anderen von unserem Recht als akzeptabel anerkannt werden, wird man natürlich kämpfen, daß die Entscheidung zugunsten der eigenen Überzeugungen ausfällt und die des anderen von den im Gemeinwesen akzeptablen Überzeugungen ausgeschlossen werden. Es ist in diesem Zusammenhang interessant, daß vor der Entscheidung des Supreme Court in Roe v. Wade eine einzelstaatliche Gesetzgebung nach der anderen begann, Abtreibungen zu gestatten. Einige Gesetze der Einzelstaaten gingen dabei sogar so weit wie Roe v. Wade. Obwohl es auch sehr starken Widerstand gegenüber diesen Veränderungen gab, war nichts von einer verzweifelten Schlacht bei der Debatte zu spüren.[40] Nach Roe v. Wade verschob sich alles, und die nachfolgende Gesetzgebungsgeschichte war von einem nahezu fanatischen Druck in Richtung des Verbots der Abtreibung gekennzeichnet – und zwar selbst für solche Situationen, in denen bereits vor der Entscheidung eine Abtreibung praktisch überall rechtlich erlaubt war.[41]

Es scheint so zu sein, daß zumindest einige der Abtreibungsgegner zwar widerwillig Ergebnisse akzeptieren können, die nicht mit ihren Überzeugungen übereinstimmen, daß sie jedoch nicht die Erklärung akzeptieren können, daß ihre Überzeugungen selbst wertlos und indiskutabel seien. Nachdem einmal diese einseitige Erklärung in Roe v. Wade abgegeben worden war, schien der einzige Weg zur Bestätigung der Tatsache, daß die dahinterstehende Überzeugung und ihre Anhänger Teil des Gemeinwesens waren, darin zu bestehen, diese Überzeugung und ihre praktischen Konsequenzen eindeutig im Recht zu verankern. Aus diesen Gründen also war die

Bürgerrechte zu gewähren. Dies führte zu einer starken Bewegung, die eine Verfassungsänderung verlangte. Abtreibungsgegner versuchen ebenfalls, eine Verfassungsänderung zu erreichen; siehe Foes of Abortion Beaten in Senate on Amendment Bid, N.Y. Times, 29. Juni 1983, S. A 1, Spalte 1. Eine der Lehren, die man aus diesen Entwicklungen ziehen kann, besteht darin, daß die Legitimität einer repräsentativen Demokratie zwar nicht notwendigerweise negiert, aber doch zumindest erodiert wird, wenn ein bedeutender Teil der Bevölkerung vom „Boden" der Verfassung „vertrieben" wird.

[40] Siehe z.B. N.Y. Penal Law § 125.05 (3) (McKinney 1975) (verabschiedet 1970), wonach eine Abtreibung innerhalb von 24 Wochen nach der Empfängnis erlaubt ist. Siehe auch Williams: The Power of Fetal Politics, Saturday Review, 9. Juni 1979, S. 12 mit einer Beschreibung der Mobilisierung und Verbitterung auf der Seite der Abtreibungsgegner nach der Entscheidung Roe v. Wade.

[41] Vor der Entscheidung in Roe v. Wade war in Rhode Island Abtreibung und Abtreibungsberatung nur zum Schutz des Lebens der Mutter erlaubt. Direkt nach der Entscheidung verabschiedete der Gesetzgeber in Rhode Island Gesetze, die nicht nur ausdrücklich feststellten, daß der Fötus „Person" i.S. des 14. Verfassungszusatzes ist, sondern auch drastische Strafen für eine Abtreibung zum Schutz des Lebens der Mutter einführten. Diese Gesetzgebung wurde umgehend vor Gericht aufgehoben – Doe v. Israel, 358 F. Supp. 1193 (1973), cert. den., 416 U.S. 993 (1974). In 31 weiteren Staaten wurden in der Folgezeit gesetzgeberische Versuche unternommen, die Erlangbarkeit einer Abtreibung zu erschweren. Siehe Witherspoon: The New Pro-Life Legislation: Patterns and Recommendations, 7 St. Mary's Law Journal 637, n. 31 at 646 (1976).

Urteilsbegründung in Roe v. Wade ein weit von einer erfolgreichen List oder einem erfolgreichen Ausweichmanöver entferntes Desaster. Es öffnete Wunden, von denen man wünschte, daß sie geschlossen worden wären. Die Entscheidung machte es für die gegensätzlichen Ansichten unmöglich, miteinander zu leben, und schuf eine Situation, bei der es schien, als müsse sich die eine Seite gegenüber der anderen letztlich durchsetzen. Und während es sich dabei um die vom Gericht unterstützte Seite handeln mag, werden die Verlierer ihren Ausschluß zum Schaden unserer pluralistischen Gesellschaft nicht so bald vergessen (ebensowenig wie sie ihre Behandlung als späte Immigranten vergessen haben).[42]

Und doch war die Frage, zu der sich das Gericht äußerte, eine verfassungsrechtliche. Hätte das Gericht in Roe v. Wade nicht die Initiative ergriffen, so hätte es damit riskiert, eine andere bislang schlechtbehandelte Gruppe – die Frauen – auszugrenzen. Die Frauen hatten die Hauptlast der Antiabtreibungsgesetze, die nicht nur ihren Zugang zu Sex beschränkten, sondern ihnen auch die oft katastrophalen Konsequenzen illegaler Abtreibungen auflud, zu tragen. Außerdem sind Frauen traditionell in unserer Gesellschaft diskriminiert worden.[43] Bei der Abtreibungsproblematik geht es auch um einen tiefen Konflikt von Überzeugungen unter Gruppen, die sich selbst als historisch schlecht behandelt betrachten. Insoweit umfaßte – und umfaßt noch immer – die Abtreibungsproblematik einen tragischen Konflikt von Idealen, der nicht durch bloße Untätigkeit aufzulösen war. Sich so verhalten zu haben, als ob sich unsere Verfassung nicht um die Wirkung von Antiabtreibungsgesetzen auf Frauen sorgte, wäre genauso schlimm gewesen, wie die Erklärung abzugeben, die das Gericht abgab.

In solch einer Situation ist es bei weitem besser, unsere komplexen und widerstreitenden metaphysischen Überzeugungen als das zu akzeptieren, was sie sind. Es ist essentiell anzuerkennen, daß jede dieser Überzeugungen einen Teil unseres fundamentalen Rechts ausmacht und für dieses Recht bedeutsam ist. Da diese Überzeugungen im Konflikt stehen, muß man eine Lösung suchen, bei der – obwohl eine Sammlung von Idealen und Überzeugungen in dem konkreten Fall gewinnen wird (das läßt sich nicht verhindern) – der Sieger die Ideale, Überzeugungen und Werte (ja, sogar die Metaphysik) der verlierenden Gruppe nicht als ungültig oder als außerhalb unseres Rechts zurückweisen wird. Weil derartige Lösungen sowohl die obsiegende wie die unterlegene Metaphysik respektieren, weisen sie auf eine Zeit, zu der es möglich sein mag, beiden Sammlungen von Überzeugungen gleich-

---

[42] Siehe Novak, M.: The Rise of the Unmeltable Ethnics, 1971, Kapitel 14.

[43] Wie Schwarze forderten Frauen einen Verfassungszusatz, um das Wahlrecht zu erlangen. Diese Tatsache und die Implikationen, die sie für die Frage der rechtlichen Gleichbehandlung hat, machen die Abtreibung zu einer Frage, bei der zwei Ordnungen konstitutioneller Werte miteinander in Widerstreit treten. Siehe Calabresi: Bakke as Pseudotragedy, 28 Cath. U. L. Rev. 427 (1979).

zeitig Raum zu bieten. Selbst wenn eine solche Zeit niemals kommt, dienen solche Lösungen doch dazu, die Last der unmittelbaren Ergebnisse auf uns alle zu verteilen, statt sie nur den Verlierern aufzubürden. Derartige Lösungen signalisieren den Verlierern, daß die Gesellschaft nicht gefühllos oder ihrem Schicksal gegenüber gleichgültig zu werden wünscht.

Wir müssen eingestehen, daß das, was getan werden muß, etwas ist, das zu tun wir nicht wünschen, von dem wir aber nicht verhindern können, daß wir es tun. Wir müssen tief bedauern, daß wir angesichts des bestehenden hoffnungslosen Konflikts zwischen zwei fundamentalen Wertordnungen unvermeidbar der einen Wertordnung mehr Gewicht zukommen lassen müssen, so sehr wir auch hassen, eine der beiden zu schwächen. Nur auf diese Weise vermögen wir die Verantwortung in einem gewissen Umfang auf unser aller Schultern zu laden. Bestreiten wir dagegen, daß irgend etwas von Wert geopfert wird, und sagen, daß unser Gemeinwesen der unterlegenen Überzeugung kein Gewicht beimißt, tragen wir bedeutend zu dem Schaden des Verlierers bei. Wir sagen nicht einfach, daß wir uns nicht darum sorgen, den Versuch zu unternehmen, mit einer anderen Technologie oder unter veränderten Bedingungen die Werte in der Zukunft miteinander in Einklang zu bringen; gerade durch unsere Erklärung unterminieren wir den unterlegenen Wert mehr als nötig wäre, und verstärken dadurch die Kränkung für den Verlierer. Indem wir bestreiten, daß wir angesichts des Verlusts von etwas von Wert in unserem Recht Skrupel oder Bedauern empfinden, konzentrieren wir zudem das Gefühl des Verlustes auf diejenigen, deren Ansichten und Werte sich nicht durchsetzten.

Lösungen, die das Bestehen eines Konflikts unter grundlegenden Werten eingestehen, sind unter den puristischen Anhängern einer bestimmten Metaphysik und Überzeugung selten akzeptierbar. Doch selbst diesen gegenüber werden sich wahrscheinlich solche Lösungen als weniger verletzend erweisen als die Erklärung, daß es auf ihre Werte nicht ankäme. D.h. eine Erklärung wie die folgende: „Eure Ansichten bedeuten etwas und sind achtbar. Sie sind Teil unseres Rechts und werden bei vielen Gelegenheiten bestätigt und gewahrt. In diesem konkreten Fall vermögen sie sich jedoch nicht durchzusetzen“ – ist viel weniger ausgrenzend und für die Zukunft unserer Gesellschaft vielversprechender als die Erklärung, daß unser Recht Eure Metaphysik als wertlos ausschließt.

Darüber hinaus werden solche Lösungen wahrscheinlich dann besonders erfolgreich sein, wenn die Tatsache, daß wir eine pluralistische Gesellschaft sind, bedeutet, daß sich die meisten Anhänger einer Metaphysik auch stark von anderen Überzeugungen angezogen fühlen. Die Anerkennung der verschiedenen miteinander im Konflikt stehenden Werte spiegelt also unseren eigenen inneren Konflikt wider. Wie die Gesellschaft wollen wir das eine haben und das andere nicht lassen. Obwohl wir wissen, daß wir nicht an beiden Idealen festhalten können, würden wir dies gerne tun. Es ist einfach zu sehen, warum Leute, die so empfinden, Verständnis für ein Ergebnis aufbringen können, das, obwohl es mit einer anderen Gewichtung enden mag, als sie selbst sie vorgenommen hätten, dieselben Qualen aufdeckt, die sie selbst empfinden, wenn sie ein Ideal, an dem sie gerne festhielten, aufgeben oder Abstriche davon zulassen müssen. Unter diesen Umständen mögen sie Ergebnisse akzeptieren, die sie tief bedauern.

Lassen Sie mich genauer beschreiben, wie eine solche Vorgehensweise in der Abtreibungssituation hätte aussehen können. Nehmen Sie an, daß wir das Problem der Abtreibung in etwas ganz anderem gesehen hätten als in dem Konflikt zwischen der Überzeugung, daß das menschliche Leben (bzw. dessen rechtlicher Schutz) mit der Entbindung bzw. mit der eigenständigen Lebensfähigkeit beginnt, und der Überzeugung, daß es mit der Empfängnis beginnt. Nehmen Sie an, wir beschrieben den Konflikt zutreffender als einen zwischen solchen Werten und Überzeugungen, die – gelegentlich selbst auf Kosten von (noch nicht voll entwickelten) Menschenleben – der Gleichheit (von Männern und Frauen in bezug auf die Beteiligung an Sex) den Vorrang einräumen würden, und solchen Werten und Überzeugungen, die der Erhaltung von (selbst nicht voll entwickeltem) Leben den Vorrang vor der Gleichheit geben würden. Würden, wenn wir das Problem auf diese Weise betrachteten, die meisten unter uns fühlen, daß wir an beiden Werthierarchien festhalten würden (sofern wir es könnten)? Oder würden wir statt dessen leichtherzig den Wert der einen Wertordnung negieren und bestreiten, daß sie irgendein rechtliches Gewicht haben sollte? Ich glaube, die meisten von uns gäben jeder der beiden Wertordnungen einiges Gewicht und Anerkennung. Doch ist dies eine zutreffende Beschreibung des Konflikts um die Abtreibung? Ich denke ja. Zunächst ist es fair zu sagen, daß die meisten derjenigen, die dem ungeborenen Leben Vorrang einräumen würden, anerkennen (oder es zumindest vor Roe v. Wade taten), daß Föten nicht ganz das gleiche sind wie voll entwickelte Menschen oder auch nur Neugeborene. D.h. vor den Gerichtsentscheidungen über die Abtreibung gab es kein großes Aufhebens um die (in praktisch jedem Einzelstaat bestehenden) Gesetze, die Abtreibungen zum Schutz des Lebens der Mutter gestatteten. Diese Gesetze gestatteten solche Abtreibungen selbst äußerst spät während der Schwangerschaft und wurden, obwohl sie vom Standpunkt reiner Antiabtreibungsmetaphysik als nicht annehmbar gelten mußten, ohne irgendwelche größeren Konflikte akzeptiert.[44] Das Leben der Frau wurde allgemein im Recht – wenn nicht sogar in der Moral – für bedeutender als das Leben des Fötus gehalten. Da keine entsprechende Präferenz in bezug

---

[44] Siehe Wellington: Common Law Rules and Constitutional Double Standards: Some Notes on Adjudication, 83 Yale L.J. 222, 308 - 309 (1973). Zum Standpunkt der katholischen Kirche siehe Callahan, D.: Abortion: Law, Choice and Morality, 1970, Kapitel 12.

auf das Leben von Frauen und Neugeborenen existierte (mir ist kein amerikanischer Rechtssatz bekannt, nach der die Tötung eines Neugeborenen zur Erhaltung der Gesundheit der Mutter erlaubt ist), scheint es fair zu extrapolieren und zu sagen, daß unser Recht eine relativ unumstrittene Unterscheidung zwischen Neugeborenen und ungeborenem Leben traf.[45]

Umgekehrt würde ich vermuten, daß die meisten derjenigen, die der Gleichheit des Zugangs zu Sex Vorrang über die Lebenswerte einräumen, die man mit Föten assoziiert, anerkennen, daß ein Fötus – und insbesondere ein voll entwickelter Fötus – mehr ist als eine bloße Ei- oder Samenzelle. Auch gibt es darüber keinen Streit, daß Empfängnisverhütung sehr viel wünschenswerter als Abtreibung ist, daß Abtreibungen zu einem frühen Zeitpunkt der Schwangerschaft wünschenswerter sind als zu einem späten und daß es eine schlechte Idee ist, Abtreibung unkritisch als eine Methode der Empfängnisverhütung einzusetzen.[46] Darüber hinaus scheinen diese Standpunkte auf mehr gegründet zu sein als dem, was für die beteiligten Frauen vorzugswürdig ist. Mit anderen Worten: die Behauptung, daß dem ungeborenen Leben einige Werte anhaften, scheint (selbst unter denjenigen, die diesen Werten oft keinen Vorrang vor anderen einräumen würden) einige Anerkennung zu finden.

Zugestandenermaßen gibt es Puristen auf beiden Seiten: zum einen diejenigen, die meinen, daß ein Fötus „überhaupt nichts" ist, und zum anderen diejenigen, die selbst Abtreibungen, die während des ersten Schwangerschaftsmonats wegen einer Gefährdung des Lebens der Frau nötig werden, verbieten würden.[47] Doch es gibt genug Hinweise sowohl im Recht wie in der Praxis der Vergangenheit, die mir mit einem hinreichenden Maß an Sicherheit die Feststellung gestatten, daß die meisten Menschen in unserer pluralistischen Gesellschaft gerne das eine hätten und das andere nicht ließen. Zumindest bevor Roe v. Wade das Schlachtfeld absteckte – doch wahrscheinlich auch noch heutzutage –, würden die meisten von uns einerseits an solchen Werten, die Abtreibungen als etwas Unerwünschtes erscheinen ließen, und andererseits zugleich an solchen Werten, die einige der Konsequenzen eines Abtreibungsverbots zu etwas Unerwünschtem erklärten, festhalten wollen. Die meisten Menschen würden es gerne sehen, wenn Frauen der gegenüber Männern gleichberechtigte und gleichermaßen unbelastete Zugang zu Sex gewährt und zugleich das Leben des Fötus geschützt würde.

Einige mögen bezweifeln, daß der dem ungeborenen Leben gegenüberstehende Wert in dem Wert der Gleichheit besteht. Andere Werte – wie „pri-

[45] Siehe Wellington, a.a.O. (Fn. 44).

[46] Siehe oben Fn. 44 sowie Kap. 3 Fn. 18. Siehe auch Model Penal Code § 207.11 (Tentative Draft No. 9, 1959); Callahan (Fn. 44), S. 496 - 501; Sarvis, B. / Rodman, H.: The Abortion Controversy, 2. Aufl. 1974, Kapitel 8.

[47] Siehe z.B. Gordon, L.: Woman's Body, Woman's Right, 1976; Schulder, D. / Kennedy, F.: Abortion Rap, 1971, S. 20 - 36; siehe auch oben Fn. 44.

vacy" und das Recht am eigenen Körper – wurden bereits erwähnt. Ich meine jedoch, daß die meisten der allein auf diese Rechte abstellenden Erklärungen zur Abtreibungsproblematik irreführend sind. Unser Recht kennt kein gleichbleibendes Muster verfassungsmäßiger Rechte an unserem eigenen Körper oder auf „privacy" in sexuellen Angelegenheiten, die Regelungen durch den Staat auszuschließen scheint. Wo irgendwelche substantiellen gegenläufigen Interessen existieren und wo der Eingriff durch die behördlichen Regelungen auf eine nichtdiskriminierende Weise erfolgt, obsiegen die Rechte an unserem eigenen Körper und die Rechte auf „privacy" in sexuellen Angelegenheiten deshalb regelmäßig nicht. Tatsächlich scheint sich das jeweils gegenläufige Interesse selbst dann durchzusetzen, wenn es allein auf Moralvorstellungen begründet ist. Wie bereits erwähnt, sind Verkäufe von Herzen und Körperteilen nicht erlaubt.[48] Gesetze gegen homosexuelle Handlungen unter einwilligenden Erwachsenen wurden (selbst wenn sie in eindeutiger Weise ausschließlich auf Moralvorstellungen gestützt worden waren) absurderweise regelmäßig für verfassungsgemäß gehalten.[49] Wird gegen diese zuletzt genannten Gesetze vorgegangen, so scheint der Angriff ebensoviel auf die diesen Gesetzen anhaftende Diskriminierung abzustellen wie auf alle anderen durch sie verletzten Rechte.[50] Ich sage nicht, daß man keine Rechtsprechung der sexuellen „privacy" haben kann – oder haben sollte –, die ein Recht auf Abtreibung auf diesen Begriff stützt. Ich sage nicht einmal, daß man keine entsprechende Rechtsprechung in bezug auf den Verkauf von Körperteilen haben könnte. Ich sage einfach, daß wir eine derartige Rechtsprechung nicht haben und sie insbesondere nicht zur Zeit der Entscheidung Roe v. Wade bestand.[51] Wir haben dagegen eine höchstentwickelte Rechtsprechung zum Problem der Gleichheit, und diese Rechtsprechung bezieht bereitwillig fundamentale Interessen wie Sex und die Verfügungsmacht über den eigenen Körper in die Forderung mit ein, daß der Staat in bezug auf diese keine ungerechte Diskriminierung betreibt. In dieser Hinsicht spiegelt sich in der die Abtreibung betreffenden verfassungsrechtlichen Problematik die allgemeine Struktur unserer Verfassung wider. Von den vielen Rechten, die von Philosophen für fundamental erachtet werden, genießen nur relativ wenige direkten Schutz durch die Verfassung. Die meisten sind einer Regelung durch Gesetze unterworfen, die von

---

[48] Siehe oben Kap. 4 Fn. 8 und dazugehöriger Text.

[49] Siehe z.B. Doe v. Commonwealth Attorney, 403 F. Supp. 1199 (1975), aff'd mem. 425 U.S. 901, reh'g denied, 425 U.S. 985 (1976). Siehe auch State of Ohio ex rel. Grant v. Brown, 313 N.E.2d 847 (1974), cert. dismissed, 420 U.S. 916 (1975).

[50] Siehe z.B. Gay Law Students Association v. Pacific Telephone & Telegraph, 595 P.2d 592 (1979); Doe v. Doe, 284 S.E.2d 799 (1981).

[51] Vgl. Griswold v. Connecticut, 381 U.S. 479 (1965). Bei dieser Entscheidung wurde ein staatliches Verbot von Verhütungsmitteln für verfassungswidrig erklärt und diese Entscheidung teilweise auf das später in Roe v. Wade aufgegriffene „privacy"-Argument gestützt. Diese Urteilsbegründung war jedoch nicht unumstritten; siehe das Sondervotum von Justice Black – 381 U.S. at 507 - 509.

ordnungsgemäß gewählten Volksvertretern verabschiedet wurden. Fast alle diese Rechte sind jedoch mit einem verfassungsrechtlichen Schutz gegen legislative Maßnahmen ausgestattet, die sie auf eine ungerecht diskriminierende Weise begrenzen würden. Wenn Gruppen, die keinen vollen Zugang zum Gesetzgebungsverfahren haben, die meiste Last eines diese Rechte beschränkenden Gesetzes zu tragen haben, interveniert die Verfassung des öfteren, um die ungleiche Belastung zu untersagen.[52]

Für mich besteht der Kern der Argumentation für die Abtreibung in einer Argumentation für Gleichheit. Es ist eher eine Argumentation für gleichen Schutz durch die Verfassung („equal protection") als eine Argumentation für die Wahrung des rechtmäßigen Verfahrens („due process"). Es ist eine Debatte zwischen den Rechten der Frau und denen des ungeborenen Lebens. Die Argumentation für das Recht auf Abtreibung basiert auf der Vorstellung, daß ohne ein solches Recht die Frauen den Männern rechtlich nicht gleichgestellt sind. Die Ungleichheit besteht in bezug auf den unbelasteten Zugang zu Sex, d.h. in bezug auf sexuelle Freiheit. Diese Argumentation für ein Recht auf Schwangerschaftsunterbrechung geht davon aus, daß (a) die die Abtreibung untersagenden Gesetze durch die Tatsache suspekt werden, daß sie die Last des Erhaltens von ungeborenem Leben (bei im übrigen unterstellter sexueller Freizügigkeit) allein den Frauen aufladen und daß (b) solche Gesetze verfassungsgemäß wären, wenn Männer die gleiche Last zu tragen hätten. Zu sagen, daß – träfe das zuvor Gesagte zu – wenige solcher Gesetze von den gesetzgebenden Körperschaften verabschiedet würden, stellt natürlich keinen überzeugenden Einwand gegen meine Position dar. Ganz im Gegenteil, denn gerade dies ist es, um was es bei den verfassungsrechtlichen Ideen der Gleichheit geht. Gleichheitssätze in Verfassungen dienen dazu, solche Gesetze aufzuheben, die von einer dominanten Gruppe verabschiedet wurden und die unproportional eine mit Mißfallen betrachtete Gruppe belasten – Gesetze, die oft nicht verabschiedet würden, wenn ihre Last gleichermaßen auf alle verteilt wäre.[53]

Ich glaube nicht nur, daß es, was die Fälle anbelangt, sachgerecht ist, die Abtreibungsdebatte in Begriffen der Gleichheit zu fassen, sondern ich denke auch, daß uns diese Betrachtungsweise helfen mag, besser den im Konflikt stehenden Werten zu begegnen. Diese Sichtweise hilft uns, Gerichtsentscheidungen zu erklären, die andernfalls seltsam erscheinen würden, und

---

[52] Siehe z.B. Ely, J.: Democracy and Distrust, 1980; Sunstein: Public Values, Private Interests, and the Equal Protection Clause, 1982 Sup. Ct. Rev. 127 (1983). Die Rechtsprechung zum Gleichheitssatz der Verfassung ist derart entwickelt, daß auf der Geschlechtszugehörigkeit basierende Klassifikationen durch den Supreme Court einem „erhöhten", „mittleren" und „strengen" Prüfungsmaßstab unterzogen wurden. Blattner: The Supreme Court's „Intermediate" Equal Protection Decisions: Five Imperfect Models of Constitutional Equality, 8 Hastings Const. L.Q. 777, 791 - 794 (1981).

[53] Sunstein, a.a.O. (Fn. 52), S. 127.

gewährt eine Orientierung für zukünftige Fälle. Was noch wichtiger ist: sie lenkt die Argumentation auf Begriffe, die die meisten von uns verstehen und mit denen sie sympathisieren. Die mit dem Leben verknüpften Werte und die Gleichberechtigung von Männern und Frauen sind Ideale, von denen sich die meisten von uns angesprochen fühlen und die wir deshalb selbst dann respektieren können, wenn sie letztlich auf eine Weise gewichtet werden, mit der wir nicht übereinstimmen.

Die Sache hat jedoch einen Haken. Die das Leben und die die Gleichheit betreffenden Werte werden gleichermaßen in der Abtreibungsdebatte auf eine irgendwie abgeschwächte Weise präsentiert. Auf der einen Seite geht es nicht um die allgemeine Gleichstellung von Männern und Frauen, sondern eher um die Gleichheit in bezug auf den Zugang zu Sex – die Gleichstellung in bezug auf sexuelle Freiheit. Auf der anderen Seite geht es nicht um das Leben allgemein, sondern um ungeborenes Leben. Diejenigen, die nicht auf einen dieser abgeschwächten Werte ansprechen, werden den Konflikt offensichtlich als einseitig empfinden. Ich werde später argumentieren, daß dieser Faktor, der meine Position nicht zu schwächen vermag, uns hilft, die heutige Abtreibungsdebatte zu erklären, und uns sogar sagt, warum einige Gesetze, die eine Schwangerschaftsunterbrechung erlauben, weniger kontrovers zu sein scheinen als andere.

Man mag jedoch fragen, ob eine derartige Argumentation die Gewichtung nicht auf unfaire Weise zu Lasten der Abtreibung verschiebt. Räumen wir in unserem Recht nicht immer dem Leben Vorrang vor allen anderen Werten ein? Angesichts der Diskussion über das Geschenk der bösen Gottheit im ersten Kapitel lautet meine Antwort auf diese Frage nicht überraschend: Wir sind weit davon entfernt, dem Leben immer Vorrang einzuräumen. Während es seltsam erscheinen mag, darauf hinzuweisen, daß in unserem Recht irgendein Wert höher steht als das Leben, bewerten wir tatsächlich – trotz unseres Wunsches, am Leben (zumindest mit unseren Worten) wie an einer unbezahlbaren Perle festzuhalten – häufig andere Dinge höher. Wir tun dies selten offen, weil wir uns dabei unwohl fühlen, aber wir tun es allzu oft. Manchmal bildet das, was wir Freiheit nennen, den Wert, den wir dem Leben vorziehen. Manchmal lassen wir aber auch Menschen sterben, um die Autonomie des einzelnen zu erhalten. Weiter erlauben wir manchmal (wie bei Autounfällen) den Verlust von Menschenleben, weil wir Kosten niedrig halten oder die Bequemlichkeit durch schnellere oder einfachere Fortbewegung steigern wollen. Darüber hinaus opfern wir auch in anderen Situationen aus allen diesen und weiteren Gründen tatsächlich Menschenleben.[54]

[54] Dabei sieht es so aus, als ob es bei den meisten der Fälle, in denen wir Menschenleben opfern, um Unterlassungen geht. Dies trifft jedoch in dieser Allgemeinheit nicht zu. So handelt es sich z.B. beim Entsenden von Truppen in ein Gefecht mit Sicherheit um positives Tun und nicht um Unterlassen. Im übrigen hatte bereits Oliver Wendell Holmes vor langer Zeit darauf hingewiesen, daß es nicht darauf ankommen sollte, ob

Schließlich mögen wir sogar für den Fall, daß die Last der Rettung von Menschenleben auf unfaire oder diskriminierende Weise allein durch eine benachteiligte Gruppe zu tragen wäre, die Opferung von Menschenleben als einen konstitutionellen Imperativ verlangen.

Das amerikanische Recht kennt keine allgemeine Pflicht, sich wie ein „guter Samariter" zu verhalten und das Leben anderer Menschen zu retten. Wenn ich jemanden ertrinken sehe und ihn mit geringem oder keinem Kostenaufwand für mich selbst retten kann, so trifft mich keine allgemeine Verpflichtung, dies zu tun.[55] Ich halte diese Regelung für befremdlich und falsch. In vielen anderen Ländern mit einer hochentwickelten Rechtskultur, wie z.B. in Italien, herrscht zudem eine andere Regelung.[56] Als Judge Richard Posner noch Professor in Chicago war, stimmte er nicht mit mir überein und ging so weit anzudeuten, daß Rechtsordnungen, die allgemeine Rechtspflichten zur Hilfeleistung aufstellten, dazu tendierten, entweder faschistisch oder kommunistisch zu sein. (Er „erklärte" eine entsprechende Rechtspflicht in Vermont unter Hinweis auf die Tatsache, daß dieser Staat die dritthöchste Steuerrate aller amerikanischen Staaten hätte.)[57] Ich habe die Argumentation Posners zu diesem Punkt und insbesondere seine Kommentare über Faschismus etc. nie verstanden.[58] Abgesehen von dieser Argumentation hatte Posner jedoch recht, als er sagte, daß unsere Rechtsordnung lieber einige Menschen unnötigerweise sterben läßt, als den anderen Rechtspflichten zur Hilfeleistung aufzuerlegen!

Ich nehme an, daß der Grund dafür darin besteht, daß wir nicht in die individuelle Autonomie oder Freiheit eingreifen wollen – und zwar selbst dann nicht, wenn es um die Rettung von Menschenleben geht. Wenn nicht mehr dahintersteckt, muß ich bekennen, daß ich diese Regel nicht mag. Ich

tatsächlich ein Tätigsein oder ein Untätigsein vorliege, sondern auf die Eindeutigkeit der Entscheidung, die in der Handlung oder der Unterlassung zum Ausdruck komme. Holmes, O. W.: The Common Law (1881), Howe Ausgabe 1963, S. 76 - 78.

[55] Siehe Winfield: Cases on the Law of Torts, 4. Aufl. 1948, S. 404; Harper / James, a.a.O. (Kap. 2 Fn. 1), S. 1046 - 1047; Regan: Rewriting Roe v. Wade, 77 Mich. L. Rev. 1569, 1569 - 1570 (1979).

[56] Siehe z.B. Art. 593 Italienisches Strafgesetzbuch von 1930. Minnesota verabschiedete kürzlich eine Strafbestimmung über unterlassene Hilfeleistung. Good Samaritan Law, ch. 319, H. F. No. 380, 1983 Minn. Law. 2329 (to be codified as Minn. Stat. § 604.05). Diese Bestimmung gibt darüber hinaus Anlaß zu Spekulationen darüber, ob mit dieser Strafvorschrift zugleich eine allgemeine, auch im Zivilrecht zu beachtende Rechtspflicht geschaffen wurde. In Vermont existiert eine entsprechende Strafvorschrift. Vt. Stat. Ann. tit. 12, § 519 (1973).

[57] Landes / Posner: Altruism in Law and Economics. 68 Am. Econ. Rev. 417, 421 (Papers and Proceedings Issue, May 1978).

[58] Obwohl die im italienischen Strafgesetzbuch verankerte Rechtspflicht zur Hilfeleistung in ihrer jetzigen Fassung zur Zeit des Faschismus formuliert wurde, fand sich eine entsprechende Bestimmung bereits im italienischen Strafgesetzbuch von 1889, die ihrerseits auf eine alte toskanische Polizeianordnung zurückgeht. Siehe Rudzinski: The Duty to Rescue: A Comperative Analysis, in: Ratcliffe, J. M. (ed.): The Good Samaritan and the Law, 1981, S. 91, 98.

zöge eine Regel vor, die von uns allen verlangte, gute Samariter zu sein. Doch stellen Sie sich für einen Moment eine andere Regel vor, eine, die nur für Frauen oder Schwarze die Pflicht begründete, Ertrinkende zu retten. Solch eine Regel wäre nicht nur anstößig, sondern sicherlich auch verfassungswidrig.[59] Dies mag natürlich an der völligen Willkür bei der Wahl der belasteten Gruppe liegen. So läßt sich ohne weiteres sagen, daß andere Personen Ertrinkende genauso retten können und sich somit die Wahl von Schwarzen bzw. von Frauen als unfair erweisen würde. Hierbei mag es sich jedoch um eine vorschnelle Antwort handeln. Stellen Sie sich ein Gesetz vor, das von Frauen (als den einzigen dazu geeigneten Menschen) verlangte, daß sie sich Embryos implantieren ließen und sie austrügen, wann immer eine schwangere Frau dies nicht kann. Die Wahl der Kategorie wäre nicht länger willkürlich. Dabei ist es egal, ob die individuelle „Samariterin" durch Los ermittelt wird oder nicht. Sie mag aufgrund der Ähnlichkeit der Blutgruppen ausgewählt werden. Wäre ein solches Gesetz rechtmäßig? Dies erscheint unwahrscheinlich.

Kontrastieren Sie solch ein Gesetz mit einem anderen, bei dem die Kategorie des erzwungenen „guten Samariters" nicht selbst eine Klassifikation (wie bei Frauen oder Schwarzen) mit sich bringt, die unser Verfassungsrecht als „suspekt" oder „nahezu suspekt" einstuft und zum Gegenstand einer sehr strengen Überprüfung macht.[60] Denken Sie über die Rechtmäßigkeit eines Gesetzes nach, nach dem immer dann, wenn jemand eine Niere oder Knochenmark als Transplantat benötigte, der am besten geeignetste Spender (derjenige mit der engsten Gewebeübereinstimmung) die Niere oder das Knochenmark beizusteuern hätte, d.h. für die Rettung des Lebens eines Mitmenschen zu leiden hätte. Wäre dies rechtmäßig? Vielleicht, da keine bösartige Diskriminierung im Spiel ist. Entscheidend ist jedoch, daß kein derartiges Gesetz bislang verabschiedet wurde und wohl auch nicht verabschiedet werden wird – und zwar gerade deshalb nicht, weil es nicht diskriminierend ist.[61] Da alle von uns die Last zu tragen hätten, ziehen wir es vor, eher andere sterben zu lassen, als die Lebensrettung zu erzwingen. Erzwungene

---

[59] Die nachfolgende Argumentation wurde maßgeblich von Regan (Fn. 55) beeinflußt.

[60] Gesetze, die einzelne Menschen auf der Grundlage von Geschlechts- oder Rassenzugehörigkeit klassifizieren, sind Gegenstand einer strengeren Überprüfung, wobei allerdings ein weniger strenger Standard für geschlechtsbezogene als für auf die Rassenzugehörigkeit bezogene Klassifizierungen angelegt wird; siehe oben Fn. 52.

[61] Siehe oben Fn. 53. In der Entscheidung McFall v. Shimp, 10 Pa. D & C 3d 90 (1978) wies das Gericht das Begehren des an einer seltenen Knochenmarkserkrankung leidenden Klägers zurück, den bestgeeignetsten Spender zur Verfügungstellung eines Knochenmarktransplantats zu zwingen. Dabei stand fest, daß der Eingriff für den Spender mit geringem Risiko und nur einem Quentchen von Schmerz verbunden war. In Head v. Colloton, 331 N.W.2d 870 (1983) lehnte es das Gericht ab, eine Klinik zur Nennung des Namens eines geeigneten Knochenmarkspenders zu verpflichten. Ein an Leukämie erkrankter Patient hatte das Gericht darum ersucht, um den potentiellen Spender persönlich bitten zu können, sein Leben durch die Spende zu retten.

Lebensrettung läßt sich leichter in Gesetzesform bringen (und ist deshalb in Anbetracht der Verfassung „suspekt"), wenn benachteiligte Gruppen gezwungen werden, die Lebensrettung vorzunehmen.

Stellen Sie sich vor, daß es sich unter Geltung desselben Gesetzes, d.h. unter einem Gesetz, das von potentiellen Organspendern verlangt, den Bedürftigen zur Verfügung zu stehen, herausstellte, daß diejenigen, die über rezessive Sichelzellenanämiegene verfügten, weit und breit die besten Spender wären.[62] Lassen Sie uns annehmen, daß es sich damit durch eine merkwürdige Laune des Schicksals bei denjenigen, die zur Organspende gezwungen würden, fast ausnahmslos um die Menschen handelte, die unsere Gesellschaft als „Schwarze" bezeichnet. Lassen Sie uns weiter annehmen, daß ohne solche Transplantate diejenigen, die die Organe benötigten, mit Sicherheit sterben würden. Wäre ein Gesetz, das von Schwarzen verlangt, Organe zu spenden, um identifizierbare Menschenleben zu retten, verfassungsgemäß? Es wäre sicherlich unrechtmäßig.

Es wäre nicht deshalb nichtig, weil wir das Leben des Organempfängers nicht hoch einstuften, sondern weil wir manchmal andere Dinge höher bewerten als das Leben. Wir wahren diese anderen Werte (wie Autonomie) um ihrer selbst willen, und wir wahren sie (sogar durch unsere Verfassung) insbesondere dann, wenn diejenigen, die gezwungen würden, diese Werte aufzugeben, einer von unserer Gesellschaft traditionell diskriminierten Gruppe angehören. Im einfachen Recht ziehen wir dem Leben oft andere Werte vor. Erforderten lebensrettende Maßnahmen sowohl einen Eingriff in andere bedeutende Werte wie die vorrangige Belastung der Angehörigen mißfallender oder diskriminierter Gruppen, so mögen wir außerdem durch unsere Verfassung gehindert sein, lebensrettendes Verhalten zu erzwingen.[63]

Ein ziemlich dramatisches Beispiel des Vorziehens anderer Werte über den Wert des Lebens war die Supreme Court Entscheidung Cooper v. Aaron aus dem Jahr 1958.[64] In den öffentlichen Schulen Little Rocks im Staate Arkansas sollte die Rassentrennung aufgrund einer gerichtlichen Anordnung aufgehoben werden. Der Gouverneur von Arkansas weigerte sich jedoch zuzustimmen. Die Bundesregierung entsandte Truppen, um die Anweisung des Gerichts durchzusetzen. Von da an bemühte sich auch die Schulbehörde, die Rassenintegration zu verhindern. Man berief sich darauf,

---

[62] Bei Sichelzellenanämie handelt es sich um eine vererbliche Bluterkrankung, die gewöhnlicherweise, jedoch nicht unweigerlich bei Schwarzen auftritt. Siehe Pschyrembel, W.: Klinisches Wörterbuch, 254. Aufl. 1982, S. 1104.

[63] Denken sie z.B. an die eindeutige Verfassungswidrigkeit von direkt auf rassische oder ethnische Identität gestützte Haftpflichtversicherungen für Kraftfahrzeuge. Vgl. auch die Entscheidung Arizona Governing Committee v. Norris, 103 S.Ct. 3492 (1983), mit der eine einzelstaatliche Pensionsregelung aufgehoben wurde, die Männern mit der Begründung, daß Frauen in der Regel länger leben, eine höhere monatliche Pension zukommen ließ.

[64] Cooper v. Aaron, 358 U.S. 1 (1958).

daß die öffentliche Feindseligkeit gegenüber der Integration, die durch Beamte des Einzelstaates gefördert wurde und die den Einsatz von Truppen erforderte, eine Erziehung in rassisch integrierten Schulen unmöglich mache.[65] Als der Fall vor den Supreme Court kam, argumentierte der Generalanwalt der Vereinigten Staaten, J. Lee Rankin, zugunsten der Durchsetzung der ursprünglich durch ein Gericht angeordneten Aufhebung der Rassentrennung. Rankin war nicht für seine forensischen Fähigkeiten bekannt, doch er sorgte sich sehr um den Fall und hatte anscheinend den insoweit widerstrebenden Präsidenten Dwight D. Eisenhower nachhaltig zur Entsendung der Truppen gedrängt. Das Gericht befragte Rankin über die Argumentation des Einzelstaates, daß eine von Truppen durchgesetzte Integration der Erziehung in den betroffenen Schulen schade, und fragte, ob er einräume, daß diese Argumentation zutreffe. Der Generalanwalt räumte – was ihm zu großer Ehre gereicht – nicht nur dies, sondern auch ein, daß der Einsatz von Truppen wahrscheinlich Menschenleben fordern würde. Trotzdem, argumentierte er, müsse das Gericht dieser Nation und der übrigen Welt gegenüber erklären, daß es Werte wie den der Gleichheit gibt, die uns noch wichtiger als der Wert des Lebens sind! Das Gericht entschied genau in diesem Sinn und lieferte eine Urteilsbegründung, in der die Stärke und die Einmütigkeit der Ansichten aller Richter besonders betont wurden.

Was mir als besonders interessant auffällt, ist, daß die von mir gerade angeführten Beispiele und hypothetischen Situationen in ihrer Mehrzahl seltsam einfach erscheinen. Die Entscheidung, anderen Werten als dem Leben (wenn auch nicht ausdrücklich) den Vorzug zu geben, schien in diesen Fällen fast unausweichlich und nicht ernsthaft bestreitbar zu sein. Außerdem betraf nur eines dieser Beispiele (das der Implantation von Embryos) kein „voll entwickeltes" Leben. Die anderen betrafen Menschen, die durch keine noch so große Bemühung der Phantasie für etwas anderes als lebende Menschen angesehen werden konnten. In vielen der Beispielsfälle werden die auf dem Spiel stehenden Menschenleben (die Ertrinkenden und die Empfänger der Transplantate) auch klar identifizierbar und stellten damit keine unsicheren oder rein statistischen Größen dar.[66] Schließlich ging es bei zumindest einem der Fälle (dem der Aufhebung der Rassentrennung) eher um positives Tun als um Unterlassen. Und doch zog unser Recht es vor, einen anderen Wert als den der Lebensrettung zu unterstützen. Dies war insbesondere dann so – und schien sogar durch unsere Verfassung verlangt zu werden –, wenn es sich bei dem anderen Wert entweder direkt um den Wert der Gleichheit handelte oder wenn der andere Wert zwar nicht in der Gleichheit bestand, jedoch auf eine diskriminierende Art und Weise ausge-

[65] Ebd. S. 12.

[66] Manchmal treffen wir Unterscheidungen, bei denen wir tatsächliche Menschenleben den statistischen vorziehen. Siehe oben Kap. 1 Fn. 14 und dazugehöriger Text.

höhlt war. Was läßt also die Abtreibungsproblematik als so viel schwieriger erscheinen?

Die Abtreibungssituation unterscheidet sich von den anderen Fällen durch ihre Verquickung mit dem Komplex freier Entscheidungen auf sexuellem Gebiet, was deren Beurteilung für einige Leute erschwert. Bei der Frau, die eine Abtreibung sucht, handelte es sich nicht um eine zwangsweise blindlings aus einer diskriminierten Gruppe ausgewählte „gute Samariterin". Sie verhielt sich vielmehr freiwillig auf eine Weise, die es wahrscheinlicher machte, daß sie in die Position kam, die einzigste zu sein, die durch die Übernahme einer Belastung Leben erhalten konnte. Sie wurde weder einfach dazu herangezogen, eine Lebensretterin zu sein, noch wurde sie durch Los oder durch ihre Blutgruppe als Empfängerin einer Embryoimplantation ausgewählt.

Diese freie Entscheidung liegt aber nicht allen Abtreibungssituationen zugrunde. Bei Fällen der Vergewaltigung und bei den meisten Inzestfällen entschied sich die Frau nicht für ein Verhalten, das es für sie (auf irgendeine von unserem Recht anerkannte oder anerkennenswerte Weise) wahrscheinlich werden ließ, zur benötigten „guten Samariterin" zu werden.[67] In diesen Fällen wird nicht allein die Gleichberechtigung beim Zugang zu Sex gegen den Wert des Lebens abgewogen, sondern Gleichberechtigung im allgemeinen. Es sollte daher nicht überraschend sein, daß Abtreibungen in solchen Fällen der Vergewaltigung und des Inzests nicht annähernd so kontrovers wie in anderen Zusammenhängen sind.[68] Zwar sollte nach Auffassung der wirklich überzeugten Befürworter eines Vorrangs des Wertes des Lebens gegenüber dem Wert der Gleichheit Abtreibung in diesen Fällen genauso verboten sein.[69] Für die meisten Bürger obsiegt jedoch bei einem Konflikt von allgemeiner Gleichheit der Behandlung und den mit dem Leben assoziierten Werten meistens problemlos die Gleichbehandlung. Die Vorstellung,

[67] Auf das Fehlen eines Einverständnisses, das den Kern des Unrechts bei der Vergewaltigung ausmacht, trifft man auch in den meisten Inzestfällen, bei denen der Mann typischerweise älter ist und Macht über das jüngere Mädchen ausübt. Siehe Cormier / Kennedy / Sangowicz: Psychodynamics of Father-Daughter Incest, in: Bryant, C. / Wells, J. G. (eds.): Deviancy and the Family, 1973, S. 97.

[68] Der vor der Entscheidung Roe v. Wade verfaßte Entwurf eines Musterstrafgesetzbuchs durch das American Law Institute sah keine Strafbarkeit für Abtreibungen bei Vergewaltigungs- oder Inzestopfern vor. Model Penal Code, § 230.3 (2) (proposed official draft, 1962). Von den teilweise erfolgten Streichungen finanzieller Unterstützungen für Abtreibungen auf bundes- und einzelstaatlicher Ebene wurden Abtreibungen von Vergewaltigungs- und Inzestopfern ausdrücklich ausgenommen. Siehe Noonan, J.: A Private Choice, 1979, S. 115 - 116; Note: Medicaid Funding for Abortions: The Medicaid Statute and the Equal Protection Clause, 6 Hofstra L. Rev. 421 (1978).

[69] Dies ist die Position der katholischen Kirche. 1980 gaben 17% der in einer repräsentativen Meinungsumfrage befragten Amerikaner an, daß sie eine Schwangerschaftsunterbrechung bei Vergewaltigungsopfern ablehnen. Siehe Granberg / Granberg: Abortion Attitudes, 1965 - 80: Trends and Determinants, 12 Family Planning Perspectives 250 (September/October 1980), S. 252.

daß eine vergewaltigte Frau dazu verpflichtet werden könnte, das dabei gezeugte Embryo zu behalten, erscheint vielen so falsch und diskriminierend – und tatsächlich so verfassungsrechtlich fehlerhaft – wie die Vorstellung, daß Frauen gezwungen werden könnten, Implantationen von Embryos vornehmen zu lassen, oder daß Schwarze als Nierenspender verpflichtet werden könnten.

Viele Abtreibungssituationen entsprechen jedoch nicht der eben geschilderten. Bei ihnen ist der auf dem Spiel stehende Wert der Gleichheit komplexer. Dieser Wert muß an dem Recht festgemacht werden, frei und ohne ein Diskriminierungsrisiko gerade das Verhalten zu wählen, das zur Folge haben mag, daß die Frau zur einzigen greifbaren „Samariterin" wird. Mit anderen Worten, das auf dem Spiel stehende Recht ist das Recht der Frau, gleichberechtigt an Sex teilhaben zu können, ohne Lasten tragen zu müssen, die Männer nicht tragen müssen. Das Argument für die Zulassung der Abtreibung muß darin bestehen, daß eine Diskriminierung von Frauen in bezug auf das Recht, sich sexuell zu betätigen, verfassungswidrig ist und selbst dann verfassungswidrig bliebe, wenn diese Diskriminierung dazu diente, einige der mit dem Leben assoziierten Werte zu erhalten.

Gerade über diese Aussage gehen die Ansichten der Menschen aber weit und sogar erbittert auseinander. Was im Falle der Abtreibung, bei der auf beiden Seiten fundamentale Werte auf dem Spiel stehen, solche Uneinigkeit schafft, ist, daß diese Werte auf keiner der beiden Seiten in ihrer dramatischsten, unbestreitbaren Ausgestaltung präsentiert werden. In den Augen vieler ist ungeborenes Leben nicht dasselbe wie voll entwickeltes Leben. Ebenso stellt für viele gleichberechtigter und nichtdiskriminierender Zugang zu Sex nicht dasselbe dar wie das generalisierte Recht auf Gleichbehandlung. Unter diesen Umständen fällt es den meisten Beteiligten auf jeder der beiden Seiten nur allzu leicht, den Werten der anderen Seite überhaupt keine Bedeutung zuzumessen. Infolgedessen kann die Versuchung zu sagen, daß unsere Verfassung die Werte der anderen nicht anerkennt, mit all den verheerenden Auswirkungen, die ich in meiner Kritik an der Urteilsbegründung des Gerichts in der Entscheidung Roe v. Wade andeutete, überwältigend werden. Und doch spiegelt solch eine Abwertung dessen, was die andere Seite verteidigen würde, nicht unsere tiefsten Überzeugungen wider. Selbst wenn die Problematik der Abtreibung als ein Konflikt zwischen den mit dem ungeborenen Leben assoziierten Werten und der Gleichheit beim Recht, sich sexuell zu betätigen, beschrieben wird, glaube ich, daß sich viele die gleichzeitige Aufrechterhaltung beider Werte wünschten. Viele verhalten sich insoweit ambivalent, da sie, wenn dies nicht unmöglich wäre, gerne das eine hätten und das andere nicht ließen.

Betrachten Sie nun das folgende, absichtlich irreal ausgestaltete, hypothetische Beispiel. Nehmen Sie an, es gäbe in einer Gesellschaft, die von der

Sexualität so abhängig ist, wie die unsere es zu sein scheint, eine Krankheit, die unter Erwachsenen nur durch Geschlechtsverkehr übertragen werden kann. Nehmen Sie weiter an, daß die einzigen Träger dieser Krankheit Personen wären, die über eine genetische Eigenschaft verfügten, die zufälligerweise fast ausschließlich bei einer bestimmten ethnischen Gruppe, z.B. unter der jüdischen Bevölkerung, auftritt (sagen wir die asymptomatische Form eines rezessiven Syndroms wie dem Tay Sachs Syndrom).[70] Obwohl die Krankheit für die infizierten Erwachsenen harmlos wäre, würde sie sich für diejenigen neugeborenen Abkömmlinge der Krankheitsträger, die selbst an ihr erkrankten, als 100% tödlich erweisen. Die weniger als zwei Jahre alten Kinder der Krankheitsträger könnten sich ohne sexuellen Kontakt mit der Krankheit infizieren, und ein bestimmter Prozentsatz von diesen würde erkranken und sterben. Wie bei den meisten Geschlechtskrankheiten könnte die Krankheitsübertragung unter erwachsenen Krankheitsträgern zumeist – doch nicht immer – durch die Benutzung bestimmter Arten von Verhütungsmitteln (Kondomen) verhindert werden. (Mit anderen Worten, sich zu infizieren könnte – wie eine Schwangerschaft – fast immer durch den Einsatz von Verhütungsmitteln und immer durch Enthaltsamkeit vermieden werden.)

Nehmen Sie nun weiter an, daß es einen anderen Weg gäbe, durch den jemand, der zu einem Krankheitsträger geworden war, davon abgehalten werden könnte, Neugeborene zu infizieren und damit zu töten. Zu einer Infektion Neugeborener käme es nicht, wenn der Krankheitsträger eine sehr schwere und unförmige Bleitunika während der Infektionszeit – die, so lassen Sie uns annehmen, neun Monate beträgt – trüge. Nehmen Sie weiter an, daß das Tragen der Bleitunika in der Gesellschaft untrennbar mit antisemitischer Diskriminierung verbunden wäre. Eiferer würden die Anstellung von Juden für viele Arbeiten ablehnen und dies mit dem Hinweis darauf rechtfertigen, daß man niemals wüßte, wann sie über Monate hinweg nicht zur Arbeit fähig wären, weil sie die Tunika zu tragen hätten. Die Tunika und deren Träger würden als lächerlich, häßlich etc. beschrieben. Der sexuelle Hintergrund für die Notwendigkeit des Tragens einer Tunika wäre die Quelle aller möglichen Arten von Mythen und Herabsetzungen in bezug auf das Sexualleben der jüdischen Bevölkerung. Schließlich würde eine Anfälligkeit dafür, die Tunika tragen zu müssen, allgemein allen Gruppenangehö-

[70] Bei dem Tay Sachs Syndrom handelt es sich um eine seltene Erbkrankheit, die am häufigsten unter der jüdischen Bevölkerung auftritt und bei der die Erkrankten selten die frühe Kindheit überleben. Siehe Pschyrembel, a.a.O. (Fn. 62), S. 1175. Im übrigen ist die von mir im folgenden geschilderte hypothetische Situation natürlich Ausfluß reiner Phantasie. Für dieses Gedankenexperiment habe ich die jüdische Bevölkerung hauptsächlich deshalb gewählt, weil sie eine Bevölkerungsgruppe darstellt, die tatsächlich unter enormer Diskriminierung gelitten hat. Auf diese Weise soll verhindert werden, daß der Leser das Gedankenexperiment als völlig irreal empfindet und sich nicht über die Diskriminierung sorgt.

rigen zugeschrieben, ob sie unter dem Tay Sachs Syndrom litten oder nicht bzw. die angemessene Form der Verhütung benutzten. Die Eiferer würden argumentieren, daß sie nicht wissen könnten, wer aus der Gruppe gefährdet war, die Tunika tragen zu müssen und wer nicht. Wegen der zeitweiligen Notwendigkeit für einige der Juden, die Tunika zu tragen, würden also alle übrigen Juden diskriminiert werden.

Wären Gesetze, die von den Infizierten das Tragen solch einer Bleitunika verlangten, eindeutig verfassungsgemäß? Erinnern Sie sich daran, daß das Problem nicht entstünde, wenn alle Juden (aber auch nur die Juden) sich des Geschlechtsverkehrs enthielten. Außerdem wäre das Problem nicht so verbreitet, wenn alle Juden (aber wieder nur die Juden) immer bestimmte Verhütungsmittel benutzten. Die anderen Mitbürger könnten Sex zwanglos und ohne entsprechende Gefahren oder Behinderungen genießen. Würde eine Gerichtsentscheidung, daß solche Gesetze unrechtmäßig sind, die Feststellung, daß Neugeborene keine Personen sind, erfordern oder auch nur nahelegen? Das eine hätte nichts mit dem anderen zu tun. Noch bestünde irgendein Zweifel daran, daß ein ungefährliches Heilverfahren (sollte eines entwickelt werden) – das ein Überleben der Neugeborenen, ohne daß jemand die Bleitunika zu tragen brauchte oder auf andere Weise benachteiligt werden müßte, erlauben würde – zur Rettung der Neugeborenen vorgeschrieben werden könnte. Da die Lebensrettung also ohne Diskriminierung erreicht werden könnte, könnte sie klar erzwungen werden. Entsprechend würden dann, wenn die Krankheitsträger gleichermaßen aus allen gesellschaftlichen Gruppen bzw. aus Gruppen kämen, die traditionell die Gesellschaft dominierten und die keine bösartige Diskriminierung erlitten, die das Tragen einer Bleitunika vorschreibenden Gesetze mit Sicherheit aufrechterhalten werden. Wieder läge keine durch die Verfassung untersagte Diskriminierung vor.[71] Was gilt jedoch für den umgekehrten Fall, daß es sich bei den potentiellen Krankheitsträgern nicht um Juden, sondern um eine in der Gesellschaft noch stärker diskriminierte rassische Gruppe, z.B. um Schwarze, handelte? Was wäre, wenn es sich bei dieser Gruppe um Frauen handelte? Hinge der den Neugeborenen gewährte Schutz von dem mit der erzwungenen Lebensrettung verbundenen Grad an Diskriminierung ab?

Zwischen meinem hypothetischen Beispiel und den Abtreibungsfällen lassen sich allerdings viele Unterschiede erkennen. Diese Unterschiede machen die Frage der Verfassungsmäßigkeit der Antiabtreibungsgesetze zugleich einfacher und schwerer. Auf der einen Seite sind Föten keine Neugeborenen und galten im bisherigen Recht – ohne viel Streit – als etwas weniger „Lebendiges“ als Neugeborene. (Wie ich bereits zuvor bemerkte,

[71] Dies mag auch zu erklären helfen, warum die nur Männer betreffende zwangsweise Registrierung für einen möglichen Militärdienst für verfassungsgemäß befunden wurde. Siehe Rostker v. Goldberg 453 U.S. 57 (1981).

gab es in unserem Recht bislang keine Gesetze, die die Tötung eines Neugeborenen mit dem Erhalt der Gesundheit der Mutter rechtfertigten. Dennoch erlaubte praktisch jeder Einzelstaat in den Vereinigten Staaten lange vor der Entscheidung Roe v. Wade selbst späte Abtreibungen zur Rettung des Lebens der schwangeren Frau.) Auf der anderen Seite erfolgt die Tötung des Embryos bei der Abtreibung zwar offensichtlich direkter, doch nicht notwendig absichtlicher, als die Ansteckung und der dadurch bewirkte Tod des Neugeborenen in meinem hypothetischen Beispiel.[72] Außerdem besagen Entscheidungen des Supreme Courts, daß auf Rassenzugehörigkeit und ethnischer Herkunft basierende Klassifikationen und Diskriminierungen verfassungsrechtlich suspekter sind als solche, die an die Geschlechtszugehörigkeit anknüpfen. Das bedeutet, daß Gesetze, die ausschließlich Schwarze oder Juden betreffen, eher für unrechtmäßig erklärt werden als diejenigen, die ausschließlich Frauen betreffen; die letzteren sind nur „halb-suspekt". Ich befürworte diese Entscheidungen natürlich nicht, sondern gebe einfach wieder, was die gegenwärtige verfassungsrechtliche Doktrin zu sein scheint. In der Tat ist dieser Stand der Dinge einer der Gründe für den Vorschlag der Aufnahme eines Verfassungszusatzes mit einer ausdrücklichen Gleichberechtigungsklausel für Frauen („Equal Rights Amendment").[73] Ebensowenig gehe ich der tiefergehenden Frage nach, ob bestimmte Gruppen in unserer Gesellschaft mehr als andere diskriminiert wurden und welche Auswirkung die Schwere früherer Diskriminierung auf Gesetze hätte wie das Gesetz, welches das Tragen der Bleitunika vorschriebe. Tatsächlich deute ich in diesem Buch noch nicht einmal an, was der Supreme Court in dem Fall der vorgeschriebenen Bleitunika tun sollte oder in den Abtreibungsfällen hätte tun sollen.

Ich enthalte mich absichtlich der Kundgabe meiner eigenen Ansicht darüber, wie die widerstreitenden Werte der Gleichheit beim Zugang zu Sex für eine stark diskriminierte Gruppe im Vergleich zu den mit dem ungeborenen Leben assoziierten Werten zu gewichten sind. Ich tue dies, weil es mit weniger darum geht, die „richtige" Antwort abzugeben, als vielmehr eine Betrachtungsweise der Dinge aufzuzeigen, die einer Gesellschaft, die Raum für höchst unterschiedliche Überzeugungen, Moralvorstellungen und Einstellungen zu geben wünscht, angemessen ist. Ich habe daher keine Zweifel, daß mein hypothetisches Beispiel mit der Bleitunika nicht alle Leser auf dieselbe Art und Weise berühren wird. Einige werden sicherlich denken, solche Gesetze sollten aufrechterhalten werden. Andere werden demgegenüber deren Aufhebung wünschen. Fast alle werden jedoch innigst wünschen, daß beide auf dem Spiel stehenden Werte erhalten werden könnten, d.h. daß

[72] Siehe oben Fn. 44 u. 54 sowie unten Fn. 76 - 83 mit dazugehörigem Text.

[73] Z.B. Conlin: Equal Protection Versus Equal Rights Amendment – Where Are We Now?, 24 Drake L. Rev. 259 (1975). Siehe auch oben Fn. 52.

gleicher Zugang zu Sex auch für Juden erreicht (und die Begleiterscheinung der Diskriminierung beendet) werden könnte und daß die Neugeborenen trotzdem gerettet werden könnten!

Weil nahezu alle gerne beide Werte zugleich aufrechterhielten, würde eine Entscheidung, die auf diese Weise in der einen oder anderen Richtung getroffen würde, wahrscheinlich dem Glauben der unterlegenen Seite mehr Respekt erweisen – und damit weniger verletzend sein – als die Urteilsbegründung in Roe v. Wade. Eine Entscheidung, die die Werte der unterlegenen Seite als real und bedeutsam anerkennt, weist die Tendenz auf, uns davon abzuhalten, gegenüber unterlegenen Moralvorstellungen und Überzeugungen gefühllos zu werden. Auf die richtige Weise geschrieben kann die Urteilsbegründung einer solchen Entscheidung sogar zu einer Stärkung dieser Werte führen. Eine solche Entscheidung kann einen günstigen Gravitationssog ausüben und ein Meinungsklima schaffen, welches auf seiten der Gerichte und der Gesetzgeber dazu führen wird, die unterlegenen Werte in Situationen zu wahren, bei denen die obsiegenden Werte nicht auf dem Spiel stehen.[74] Dies wird den Verlierern die Hoffnung vermitteln, daß die Werte, die ihnen lieb und teuer sind, nicht letztlich von der Gesellschaft aufgegeben werden, und daß die Gesellschaft trotz der jetzigen Entscheidung nicht auf lange Sicht unmoralisch wird. Eine solche Entscheidung übermittelt den Verlierern die Botschaft, daß trotz ihrer Niederlage den von ihnen vertretenen Werten Gewicht zukommt und sie in unserer Gesellschaft selbst dann anerkannt bleiben, wenn sie sich letztlich nicht durchsetzen. Mit anderen Worten: sie behandelt die Anhänger der unterlegenen Werte wie Bürger des Gemeinwesens und nicht wie ausgegrenzte Eiferer oder nichtassimilierte Immigranten.

Ich mache damit jedoch keineswegs den Vorschlag, den gegenwärtigen Konflikt dadurch einzudämmen, daß wir die Zeit zurückdrehen und die Urteilsbegründung im Sinn eines Konflikts zwischen egalitären und mit dem Leben assoziierten Werten, bei dem die egalitären Werte obsiegen, neu schreiben. Wenn einmal die Problematik, wie es hier der Fall war, auf die Frage reduziert wurde, welche Überzeugungen durch unsere Verfassung anerkannt sind und welche nicht, ist es zur Umkehr zu spät. Der Geist ist damit aus der Flasche und kann nicht wieder hineingetan werden. Extreme Protagonisten beider Ansichten sind mittlerweile auf die Straßen gezogen,

[74] Vgl. die Entscheidung Korematsu v. United States, 323 U.S. 214 (1944), bei der die enorme Diskriminierung gegen Amerikaner japanischer Herkunft während des Krieges für rechtmäßig erklärt wurde. Die Entscheidung, die von vielen zu recht als Desaster bezeichnet wurde – siehe Rostow: The Japanese American Cases – A Disaster, 54 Yale L.J. 489 (1945) –, betonte jedoch die Bedeutung der letztlich unterlegenen Werte und formte damit die Grundlage für viele der heutigen Gerichtsentscheidungen zur Gleichbehandlung. Infolgedessen führte diese Entscheidung unter anderen Umständen als denen des Krieges zu einer Stärkung der mit der Gleichbehandlung assoziierten Werte.

und es ist unwahrscheinlich, daß sie nun dadurch versöhnlich gestimmt werden, daß man die Problematik auf eine Weise darstellt, bei der sie letztlich trotz gerechterem und respektvollem Umgang mit ihren Überzeugungen „den kürzeren ziehen" werden. An diesem Punkt ist eine solche Regelung der Dinge dazu verurteilt, als eine bloße höfliche Umschreibung für die tatsächlich getroffene anstößige und ausgrenzende Entscheidung zu erscheinen. Nun kann sich der Konflikt nur noch (auf die eine oder andere Weise) solange selbst erschöpfen, bis ein Gefüge von Moralvorstellungen in der Gesellschaft derart dominant wird, daß relativ wenige zu der unterlegenen Seite halten werden und diese somit – vielleicht zu Unrecht, aber mit relativ wenigen sozialen Spannungen – ausgegrenzt werden kann. In einer pluralistischen Gesellschaft läßt sich dies kaum als ein gutes Ergebnis bezeichnen!

Hätten wir der Vielfalt von Überzeugungen, die zu ermuntern wir vorgeben, mehr Beachtung geschenkt, hätte dies wohl vermieden werden können. Es wäre wohl auch möglich gewesen, in den Vereinigten Staaten wie in Italien, wo der Katholizismus die etablierte Religion darstellt, Abtreibungen ohne eine gleichzeitige Ausgrenzung derjenigen zu gestatten, die zutiefst davon überzeugt sind, daß Abtreibungen ein schweres Unrecht darstellen.[75] Ich hatte einmal Gelegenheit, die Abtreibungsproblematik auf diese Weise einem Senator, der für seine ablehnende Haltung gegenüber der Abtreibung bekannt war, und einem katholischen Bischof, der sich seiner engen Kontakte zur „Bewegung für das Leben" („pro-life movement") rühmte, darzulegen. (Einer der beiden ist inzwischen verstorben und der andere nicht länger im Amt. Zu ihrer Zeit waren sie jedoch dominante Figuren in der Antiabtreibungsbewegung und engagierten sich sehr bei dem Versuch, Anerkennung für die Tatsache zu erzielen, daß wir wirklich ungeborenes Leben als etwas Erhaltenswertes anerkennen.) Beide sagten mir, daß sie natürlich jedes die Abtreibung gestattende Gerichtsurteil scharf bekämpft hätten. Sie erklärten mir, daß ungeborenes Leben bei weitem wichtiger sei als sexuelle Gleichberechtigung (und dies selbst dann, wenn die Ungleichheit beim Zugang zu Sex zu anderen Diskriminierungen führe). Nichtsdestoweniger strengten sie sich an zu beteuern, daß sie sich durch eine Urteilsbegründung, die einen rechtlichen Wert des ungeborenen Lebens anerkannt hätte, auch dann nicht verletzt gefühlt hätten, wenn in dem Urteil andere – egalitäre – Werte für vorrangig erkannt worden wären.

Sie könnten natürlich gelogen haben, doch ich bezweifle das. Ich meine, sie sagten dies zum Teil deshalb, weil sie ihr Festhalten an egalitären Werten

[75] Zur starken verfassungsrechtlich garantierten Stellung der katholischen Kirche im italienischen Staat siehe Cappelletti, M. / Merryman, J. / Perillo, J.: The Italian Legal System, 1967, S. 60. Ein von der katholischen Kirche bekämpftes italienisches Abtreibungsgesetz, das bei Bestehen bestimmter Indikationen eine Abtreibung zu einem frühen Zeitpunkt der Schwangerschaft ermöglicht, wurde 1981 in einem Referendum durch die italienischen Wähler bestätigt. Siehe On Abortion, Italian Voters are Less Catholic Than the Vatican, N.Y. Times, 24. Mai 1981, S. E 3 Spalte 1.

beteuern wollten, doch mehr noch, weil das, wovon sie überzeugt waren, in einem derartigen Urteil rechtliche Anerkennung gefunden hätte. Der Senator wies sogar darauf hin, daß er aktiv ein Gesetz, das die Hinrichtung schwangerer Frauen untersagte, unterstützt hatte, weil dieses Gesetz auf eine bescheidene, fast ironische Weise seiner Überzeugung über den Wert des ungeborenen Lebens rechtlichen Rang einräumte. Auch wenn es keine praktischen Konsequenzen zeitigte, gewährte ein solches Gesetz den Überzeugungen des Senators rechtliche Anerkennung und behandelte damit ihn und seinen Glauben als Teil des Gemeinwesens. Geht es um eine Überzeugung, so scheint die Anerkennung ihrer Gültigkeit, d.h. die Anerkennung ihrer „Vernünftigkeit" in den Begriffen unseres Rechts, fast so wichtig zu sein wie die Ergebnisse.

Es gibt noch weitere Gründe, aus denen eine Urteilsbegründung in Roe v. Wade, die entschieden auf der Dominanz fundamentaler egalitärer Werte über die (auch fundamentalen) mit dem ungeborenen Leben assoziierten Werte aufgebaut hätte, gegenüber der tatsächlich erfolgten Urteilsbegründung vorzugswürdig gewesen wäre. Obwohl diese weiteren Gründe abseits der Hauptlinie dieses Buches liegen, sind sie doch nicht so irrelevant, daß ich der Versuchung widerstehen könnte, auf sie hinzuweisen. Eine derartige Urteilsbegründung hätte sich wesentlich leichter mit nachfolgenden, nahezu unvermeidbaren Entscheidungen des Gerichts vereinbaren lassen. Sie hätte zudem den Untergerichten bei komplizierten Fällen eine bessere Orientierung gegeben. Der wichtigste Unterschied aus der Perspektive dieses Buches heraus besteht jedoch darin, daß sie Aktivitäten derer, die sich dem Erhalt der mit dem Leben assoziierten Werte verschrieben haben, eher in Richtung von etwas Konstruktivem statt zur Schaffung von Uneinigkeit ermutigt hätte. Sie hätte offensichtlich Gesetze und Aktionen zur Demonstration dessen, daß Embryos leben oder lebensgleich sind, unnötig – und sogar sinnlos – gemacht. Statt dessen hätte sie eine hohe Bewertung der durch die Gruppen der Abtreibungsgegner unterstützten technischen Entwicklungen bewirkt, die uns in die Lage versetzt hätten, egalitäre wie mit dem Leben assoziierte Werte zugleich aufrechtzuerhalten.

Stünden einem Embryo in einem frühen Entwicklungszeitpunkt nach unserem Recht keine Rechte zu (und basierte hierauf die Entscheidung in Roe v. Wade), dann wäre es schwierig zu verstehen, warum der an der Zeugung des Kindes beteiligte Mann nicht verlangen kann, daß eine Abtreibung zu einem frühen Zeitpunkt selbst dann erfolgt, wenn die schwangere Frau dies nicht wünscht. Dasselbe träfe dann zu, wenn Abtreibung einfach als eine akzeptable Methode der Empfängnisverhütung verstanden würde oder wenn man eher ein verfassungsrechtlich garantiertes Recht auf die Zerstörung seiner Gene (oder Nachkommen – wie auch immer Sie sie bezeichnen möchten) hätte, als daß einen die Verpflichtung träfe, seine Nachkommen durch andere aufziehen zu lassen. Schließlich würde dies ebenfalls zutreffend erscheinen, wenn (wie einige unzweifelhaft argumentieren) Eltern selbst dann das Recht hätten, die Geburt eines körperlich oder geistig „defekten" Kindes zu verhindern, wenn es andere gäbe, die bereit wären, ein solches Kind aufzuziehen. Alle diese Rechte, den Fötus eher zu zerstören, als lediglich von ihm getrennt zu werden (selbst wenn eine Trennung unweigerlich die Zerstörung mit sich bringt), scheinen unabhängig von der Rückführung ihres Ursprungs auf eine Samen- oder eine Eizelle zu sein.[76] Ginge es bei der Abtreibungsproblematik um die Rechte an den eigenen Genen (denen selbst keine Rechte zukämen), wäre es in der Tat schwierig zu begreifen, warum der Mann nicht auch eine Abtreibung verhindern könnte, die von der Frau angestrebt wird.

Daß die Gerichte dagegen in ständiger Rechtsprechung entschieden haben, daß dem betroffenen Mann in dieser Angelegenheit keine Rechte zustehen,[77] deutet wieder darauf hin, daß der Schlüssel zur Abtreibungsproblematik nicht im ungeborenen Leben, sondern in den Gleichheitsrechten der Frauen zu suchen ist. Es geht um die Frage, ob es verfassungsgemäß ist, zum Tragen einer Bleitunika verpflichtet zu sein. Die Problematik dreht sich damit um das Recht der Frau, von dem Fötus selbst dann getrennt werden zu können, wenn die Trennung den Tod des Embryos mit sich bringt, weil sie ohne dieses Recht den Männern beim Zugang zu Sex nicht gleichgestellt wäre. In diesem Sinne glaube ich, daß der von mir befürwortete Ansatz besser mit den auf Roe v. Wade folgenden Entscheidungen in Einklang zu bringen ist als Roe v. Wade.

Der Ansatz „Gleichheit gegen Leben" würde zudem eine bessere Orientierung für schwierigere Fälle liefern. Bedenken Sie zum Beispiel folgenden Fall aus Massachusetts, der sich nach der Entscheidung von Roe v. Wade ereignete. In diesem Fall einer relativ spät vorgenommenen Abtreibung wurde dem Arzt vorgeworfen, daß der Embryo nach dem trennenden Eingriff noch lebte und der Arzt ihn dann einfach sterben ließ. Bei der Verteidigung des Arztes machte man geltend, daß dies deshalb kein Verbrechen sein könne, weil der Embryo solange keine lebende Person war, wie er den Körper der Mutter nicht verlassen hatte. Obwohl der Embryo nach der Trennung von der Mutter als ein zwischen „Leben und Tod" schwebendes „Etwas" fortbestanden haben möge, hätte er sich doch immer noch im Mutterleib befunden, so daß es sich bei dem Embryo um keine Person gehandelt hätte, als der Arzt es unterließ, dem Embryo zu helfen.[78] Mit Sicherheit war

---

[76] Vgl. Thompson: A Defense of Abortion, 1 Phil. & Pub. Affairs 47, 66 (1971). Professor Judith Thompson trifft in diesem Artikel eine scharfe Unterscheidung zwischen der Absicht einer Frau, von dem Fötus getrennt zu werden (auch wenn dies dessen sicheren Tod bedeutet), und der Absicht, den Fötus zu zerstören.

[77] Planned Parenthood v. Danforth, 428 U.S. 52, 69 (1976); Harris v. State, 356 So.2d 623 (1978).

[78] Commonwealth v. Edelin, 359 N.E.2d 4 (1976).

der beteiligte Arzt durch Roe v. Wade zu dem Glauben verleitet worden, daß das Verhalten, das ihm vorgeworfen wurde, legal war. Und doch ist seine Verteidigung, daß das, was der Staat ihm vorwarf unterlassen zu haben, kein Verbrechen darstellen könne, nur schwer zu akzeptieren und ist zutiefst problematisch. Zu dem Zeitpunkt, an dem er vermutlich das pflichtgemäße Handeln unterließ, bestand kein Grund, nicht den Versuch zu unternehmen, den Fötus am Leben zu erhalten und von einem der vielen aufnahmebereiten Ehepaare adoptieren zu lassen. (Ich unterstelle, daß in diesem Fall die Möglichkeit bestand, daß das Kind gesund zur Welt kam, da eine gegenteilige Annahme viele zusätzliche tiefgehende, faszinierende und immens problematische Fragen aufwirft, mit denen sich das Gericht überhaupt nicht befaßte.) Ich sage natürlich nicht, daß der Arzt in dem konkreten Fall hätte verurteilt werden sollen. Die strafrechtlichen Bestimmungen über Totschlag in Massachusetts waren in Verbindung mit den durch Roe v. Wade bewirkten Unsicherheiten derart unbestimmt, daß eine Verurteilung schon allein aus diesem Grund verfehlt gewesen wäre.[79] Ich sage nur, daß eine Entscheidung, die Abtreibungen aus Gründen erlaubt, die sich aus der Verfassung des Bundes ergeben, nicht automatisch implizieren sollte, daß es den Einzelstaaten verwehrt ist, abgetriebene Leibesfrüchte, die lebend geboren werden bzw. lebend geboren werden könnten, zu schützen. In derartigen Fällen ist das Recht der schwangeren Frau auf Trennung von dem Fötus nicht länger mit der Notwendigkeit der Zerstörung von Leben verknüpft, und nur eine verworrene Denkweise – und eine schlecht begründete Entscheidung des Supreme Court – würden von uns verlangen, diese beiden Komplexe wieder zusammenzufügen. Es handelt sich dabei um dieselbe Art von verworrenen Gedankengängen, die einige Gerichte dazu geführt hat, der Tötung eines erwünschten Fötus keine rechtliche Bedeutung beizumessen, sondern sie nur als einen gewöhnlichen tätlichen Angriff auf die schwangere Frau, die gerne Mutter geworden wäre, zu behandeln.[80]

Sieht man im Gleichbehandlungsproblem die eigentliche Problematik bei der Abtreibung, so ergeben sich außerdem interessante Konsequenzen für die Entscheidungen, die zum Recht von Wohlfahrtsempfängern auf finanzielle Unterstützung bei der Abtreibung ergingen. Die Lösung dieser Fälle wird einerseits sehr viel schwieriger, andererseits wird aber verständlich, warum sie so schwierig sind. Ich will damit nicht sagen, daß man bei Befolgung meines Ansatzes die Ergebnisse, zu denen die Gerichte in diesen Fällen kamen (die Feststellung der Rechtmäßigkeit der Verweigerung von finanziellen Unterstützungen für Abtreibungen), nicht mehr erzielen könnte

---

[79] Dr. Edlin wurde vom erstinstanzlichen Gericht wegen Totschlags verurteilt. Diese Verurteilung wurde vom Supreme Judicial Court of Massachusetts aufgehoben, da die Beweislage für die Annahme vorsätzlichen Handelns („wanton or reckless conduct") nicht ausreichend war.

[80] Siehe oben Fn. 36.

(allerdings wäre das Erreichen derartiger Ergebnisse viel problematischer).[81] Ich sage nur, daß dann, wenn die Abtreibungsproblematik als ein Problem der Gleichbehandlung gesehen wird – und so gesehen werden sollte, wie ich hoffe, gezeigt zu haben –, die Frage der Ausdehnung dieses Rechts auf die Armen zu einer bedeutenden Frage wird, zu welchem Ergebnis man letztlich auch immer gelangen mag. Wird die Abtreibung dagegen nur als eine Frage des Rechts eines einzelnen verstanden, sich eines ungewollten und unbelebten Körperteils zu entledigen (so wurde die Abtreibung von Roe v. Wade in gewisser Hinsicht behandelt), dann verliert die Problematik von Abtreibungen auf Wohlfahrtsunterstützung viel von ihrer Bedeutung. Warum sollte der Staat verpflichtet sein, für solch eine Entscheidung zu bezahlen? Daß die meisten Leute in Abtreibungen auf Wohlfahrtsunterstützung eine ernste Problematik sehen, legt wieder einmal nahe, daß das Gericht in Roe v. Wade das wirkliche Problem verkannte.

Ein Ansatz, bei dem der Wert der Gleichheit gegen den Wert des Lebens abgewogen wird, würde zudem – was am wichtigsten erscheint – auf eine Zeit ausgerichtet sein, zu der es möglich sein wird, beide Werte zugleich aufrechtzuerhalten. Außerdem würde er diejenige Gruppe, die mit ihrer Überzeugung gegenwärtig unterlegenen ist (die Parteigänger für den Primat des Lebens), dazu drängen, diese Zeit möglichst schnell mitherbeizuführen, anstatt zu versuchen, die andere Seite davon zu überzeugen, daß es bei dem Konflikt auch um den Wert des Lebens geht. (Wir wollen annehmen, daß das Wissen um den zuletzt genannten Punkt in unserer hypothetischen Situation bereits als sichere Erkenntnis etabliert ist.) Man kann sich eine Zeit und eine Technik vorstellen, die es möglich machen, bei einer Frau, die eine Abtreibung wünscht, den Fötus ohne Schmerzen und ohne Risiken für die Gesundheit der Frau und des Fötus zu entfernen. Man kann sich auch vorstellen, daß andere Frauen, die gern ein Baby adoptieren würden, denselben Fötus implantiert bekommen könnten und ihn austragen würden. Warum sollte unsere Verfassung bei (wirklich gefahrlosem) Gegebensein dieser Möglichkeiten den Einzelstaaten verwehren, diese Form der Trennung von Mutter und Fötus anstelle der heute üblichen Trennungsform, die die „Zerstörung" des Fötus mit sich bringt, gesetzlich vorzuschreiben? Könnte ein Frau spezielle Interessen geltend machen, aus denen sich ein Recht auf die Zerstörung ihrer Gene bzw. ihrer Nachkommenschaft ergeben und die sich von den von unseren Gerichten bereits als unerheblich angesehenen Interessen des beteiligten Mannes unterscheiden? Mit anderen Worten: Warum sollten bei Gegebensein einer solchen Technik nicht diejenigen, die den Wert der Gleichheit und den Wert des Lebens zugleich aufrechterhalten wollen, in der Lage sein, Gesetze zu verabschieden, unter denen die gleichzeitige Erhaltung beider Werte möglich ist?

---

81 Harris v. McRae, 448 U.S. 297 (1980); Williams v. Zbaraz, 448 U.S. 358 (1980); Maher v. Roe, 432 U.S. 464 (1977); Poelker v. Doe, 432 U.S. 519 (1977).

Das Recht auf Trennung der Mutter von dem Fötus könnte, weil es für die Sicherstellung des Rechts der Frauen auf ein gleichberechtigtes und unbelastetes, von jeglichen Formen der Diskriminierung freies, eigenes Sexualleben notwendig ist, vorherrschend bleiben (wie der Supreme Court es in Roe v. Wade bestimmt hatte). Es wäre jedoch nicht länger nötig, daß dieses Recht den Wert des Lebens, den andere in der Gesellschaft für mindestens ebenso wichtig wie den Wert der Gleichheit halten, unterminiert.

Es gibt natürlich viele andere Fragenkomplexe, die der Abtreibungsdebatte anhaften. Ich habe im Vorübergehen auf einige dieser Punkte hingewiesen – z.B. Fragen der Bevölkerungskontrolle, des Umgangs mit „defekten Kleinkindern" und des behaupteten Rechts (des Mannes oder der Frau?) auf die Geschlechtsbestimmung der eigenen Nachkommen.[82] Ich habe mich nicht mit diesen Fragen beschäftigt, weil sich die meisten dieser Fragen bei genauem Nachdenken genauso (und in einigen Fällen sogar noch besser) auf Kindesmord wie auf Abtreibung beziehen. Anders als das eigentliche Recht auf Abtreibung betreffen sie Probleme, die man unabhängig von der speziellen Last behandeln kann, die auf eine Frau fällt, wenn man von ihr verlangt, einen Fötus auszutragen, den auszutragen sie nicht wünscht. Diese anderen der Abtreibung inhärenten Fragen zielen letztlich auf ein Recht auf „Zerstörung" des Fötus ab, während die Abtreibung selbst – wie Professor Judith Thompson so brillant argumentierte – auf das Recht auf Trennung abzielt, selbst wenn der Trennung eine Zerstörung unmittelbar nachfolgt.[83] Ich will nicht bestreiten, daß einige in unserer Gesellschaft (und nach Roe v. Wade vielleicht viele mehr) an ein Recht auf Zerstörung glauben. Wenn sich dies so verhält, dann ist der der Abtreibung zugrundeliegende Konflikt viel tiefgründiger geworden, als er zunächst war, und prophezeit Schlimmeres für die Einheit des Gemeinwesens als selbst jemand, der so pessimistisch ist wie ich, erwarten kann. Unabhängig davon, was man für oder gegen diese Positionen vorbringen kann, sie stellen uns analytisch betrachtet vor ganz andere Probleme als die eigentliche Frage eines Rechts auf Abtreibung und sollten daher getrennt von dieser behandelt werden.

Ziel dieses Buches ist es (trotz der darauf verwendeten Zeit) nicht gewesen, die Abtreibungsproblematik umfassend zu diskutieren – geschweige denn, sie zu lösen. Deswegen brauche ich mich nicht mit all diesen anderen Fragen, die die Abtreibungsproblematik umgeben, zu befassen. Ich habe nur deshalb die unmittelbar mit der Abtreibung zusammenhängenden Fragen diskutiert, weil ich etwas über Konflikte zwischen Überzeugungen in einer pluralistischen Gesellschaft sagen wollte. Es wäre feige gewesen, dies zu tun, ohne auf den heutzutage im Vordergrund stehenden Konflikt um die

---

[82] Die ethischen Fragen, die der Einsatz von Abtreibung als Mittel der „Qualitätskontrolle" aufwirft, werden in Nolan-Haley: Amniocentesis and the Apothesis of Human Quality Control, 2 J. Legal Medicine 347 (1981) diskutiert.

[83] Thompson (Fn. 76).

Abtreibung einzugehen. Das Ziel und damit auch der Bereich der Diskussion war jedoch darauf beschränkt, etwas darüber zu lernen, wie solche Konflikte angegangen werden können. Ich glaube, daß wir diesem Ziel durch die Diskussion der Abtreibungsproblematik näher gekommen sind und daß sich aus der Analyse von Überzeugungen, Idealen und Einstellungen in den vorherigen Kapiteln nun einige Schlußfolgerungen ableiten lassen. Es sind wenige Schlußfolgerungen, und sie mögen offensichtlich erscheinen, doch wir können uns dieser Offensichtlichkeit erfreuen, weil wir eine lange Reise unternahmen, um zu diesem Ergebnis zu gelangen.

Schlußbetrachtung

Überzeugungen, Ideale und Einstellungen stellen einen integralen Teil unseres Rechts dar. Ob sie auf verbreiteten Glaubensbekenntnissen, säkularisierten Versionen früherer Glaubensüberzeugungen oder auf nichtreligiösen Überzeugungen basieren – sie formen in jedem Fall das, was in unserer Gesellschaft erwartet und was in den unterschiedlichsten Bereichen unseres Rechts als „vernünftig“ bewertet wird. Ihre Rolle in den verschiedenen Rechtsgebieten wird zum einen von den Bedürfnissen und Funktionen des betreffenden Gebietes und zum anderen von dessen Verhältnis zum übrigen Recht bestimmt (den von diesem Rechtsgebiet ausgehenden und auf es einwirkenden Gravitationskräften). Die einzelnen Rechtsgebiete haben nicht nur ihre relativ spezifischen Aufgaben zu erfüllen, sondern müssen darüber hinaus einem Schlüsselaspekt unseres Gerechtigkeitssinns entsprechen: dem Erfordernis, mit den Bedürfnissen anderer Rechtsgebiete auf angemessene Weise vereinbar zu sein. Ich habe vorwiegend ein Rechtsgebiet – das Deliktsrecht in bezug auf Unfälle – betrachtet, da ich es am besten kenne und selbst bei widersprüchlichen oder zweideutigen Entscheidungen der Vergangenheit etwas über dessen weitere Entwicklung zu sagen vermag. Ein weiterer Grund für die Beschäftigung mit dem Deliktsrecht besteht darin, daß das von ihm demonstrierte Zusammenspiel seiner eigenen Bedürfnisse mit seinem Verlangen, auf die Anforderungen des übrigen Rechts einzugehen, bei ihm besonders eindeutig zutage tritt und auch typisch für andere Rechtsgebiete ist.

Im Mittelpunkt des Deliktsrechts steht die Notwendigkeit, einen fundamentalen Konflikt unter Werten zu lösen, mit ihm zurechtzukommen – dem Verlangen, das Leben als „heilig“ zu behandeln, und dem Wunsch, dem Bedürfnis sogar, Dinge zu tun, die unsere Art zu leben bereichern, doch zugleich Menschenleben gefährden und letztlich auch fordern. Hierin liegt das Wesen des Geschenks der bösen Gottheit. Durch unseren Wunsch, das Risiko für Menschenleben möglichst zu reduzieren und zugleich nicht diejenigen zu belasten, über die uns andere Rechtsgebiete sagen, daß sie nicht benachteiligt sein sollten, wird der Konflikt noch komplexer. Unsere Verfassung drängt daher darauf, daß wir keine durch Alter, Geschlecht, Rasse oder Behinderung bestimmten Klassen von Menschen belasten oder von gesellschaftlichen Kernaktivitäten ausschließen – selbst wenn ihre volle Teilnahme an diesen Aktivitäten Menschenleben fordert. Die Verfassung drängt uns nicht dazu, zwischen weitverbreiteten und kaum verbreiteten religiösen Überzeugungen zu unterscheiden – und dies trotz der Tatsache, daß solche Unterscheidungen bei der Verminderung von Unfallkosten hilfreich sein könnten. Schließlich drängt uns die Verfassung auch zu keiner Bevorzugung religiöser Überzeugungen über nicht religiöse bzw. nichtreligiöser über religiöse.

Diese widerstreitenden Gravitationskräfte führen zu einer Reihe wackliger Kompromisse. Manchmal tritt dies relativ offen zutage (z.B. dann, wenn Opfer, deren Schaden deshalb den normalen übersteigt, weil sie unüblichen Überzeugungen anhängen, Schadensersatz erhalten, während Schädiger, die vergleichbaren Überzeugungen anhängen, zahlen müssen). Manchmal legen diese Kompromisse nur Lippenbekenntnisse zu einem Ideal ab, während sie in Wahrheit anderen Zielen dienen (z.B. dann, wenn wir kundtun, daß auf Alter, Rassen- oder Geschlechtszugehörigkeit basierende Versicherungsraten ungültig sind, doch dann Ersatzkategorien zulassen, über die entsprechende Belastungen erfolgen). Manchmal sind diese Kompromisse unschlüssig oder durch eine Ausflucht charakterisiert (z.B. dann, wenn wir [bei Opfern] unübliche religiöse Überzeugungen abnormen nichtreligiösen Überzeugungen vorziehen und wenn wir eine Unterscheidung zwischen Schutz erhaltenden religiösen Glaubensrichtungen und absonderlichen, keinen Schutz erhaltenden Kulten oder Praktiken treffen). Manchmal werden bei diesen Kompromissen unsichere Beurteilungen zwischen aktuellen Notwendigkeiten der Reduzierung von Unfallkosten und dem Wunsch zur Erhaltung oder der Entwicklung zukünftiger moralischer Sensibilitäten getroffen (z.B. dann, wenn wir für rein emotionale Schäden keinen Schadensersatz gewähren).

Bei diesen Kompromissen fallen – so wacklig und unglücklich sie auch sein mögen – bestimmte Dinge auf. Erstens ist festzustellen, daß Moralvorstellungen, Glaubensrichtungen und Überzeugungen wichtig sind und bei der Rechtsetzung berücksichtigt werden müssen. Der Versuch, sie zu ignorieren, bedeutet gewöhnlich, allein den Überzeugungen und Idealen derjenigen Gruppen Gewicht beizumessen, die traditionell in unserer Gesellschaft dominant gewesen sind (und dies selbst dann, wenn es sich wie bei der Abtreibung um relativ neue Überzeugungen dieser Gruppen handelt). Zweitens ist festzuhalten, daß Ausflüchte – obwohl oft gebraucht und oft benötigt – immer gefährlich sind, in den seltensten Fällen rational wählbar sind und nur funktionieren können, wenn sie nicht einfach Lügen darstellen. Sie müssen mit etwas ausgestattet sein, das sie von dem Verlangen abhebt, die nicht lösbaren Probleme zu überdecken. Drittens fällt auf, daß ehrliche und offene Lösungen, die klar vorzugswürdig sind, nicht immer einfach zu realisieren sind. Sie sind eher erfolgreich, wenn (a) sie den Überzeugungen aller am Konflikt Beteiligten (besonders derer, die in dem konkreten Fall unterlegen sind) Respekt erweisen, (b) der Respekt nicht nur die Überzeugung – die Moralvorstellung – der Unterlegenen erhält und stärkt, sondern die Zeit im Auge behält, wenn die obsiegende und die unterlegene Überzeugung zugleich gewahrt werden können, und (c) viele von denen, die selbst eine der umstrittenen Überzeugungen vorziehen, das Ideal der anderen Seite auch teilen oder zumindest Sympathien dafür empfinden. Der vielleicht wichtigste Punkt besteht viertens darin, daß man lange und angestrengt nachdenken sollte, bevor man Überzeugungen, die in unserer Gesellschaft weit verbreitet sind, ausgrenzt oder als wertlos behandelt. Eine Überzeugung für außerhalb der Grenzen liegend oder für vom Recht nicht anerkannt zu erklären, führt zu einem tiefen und erbitterten Konflikt, wenn die Anhänger der Überzeugung hinreichend zahlreich sind bzw. durch Märtyrertum und Umwandlung dazu werden können. Öfter führt dies jedoch zum Ausschluß und letztlich zur Eliminierung oder dem Exil der Anhänger der ausgegrenzten Überzeugungen.

Es gibt einige Überzeugungen, die unsere Rechtsordnung auf diese Weise zu behandeln wünscht, obwohl dies zu tun den Pluralismus reduziert und tiefe Konflikte schafft. Rassismus ist klar einer davon. Es gibt andere einschließlich der meisten religiösen Überzeugungen und vieler ethnischer oder kultureller Einstellungen, die zu schützen unsere Verfassungsnormen uns drängen. Wir sind verpflichtet, alles mögliche zu versuchen, um einen Ausschluß oder eine Ausgrenzung dieser Überzeugungen zu vermeiden. Konflikte unter diesen Überzeugungen sind zwar unvermeidbar, doch dürfen uns solche Konflikte nicht zu der Erklärung verleiten, daß einige von ihnen in unserem Recht bewahrt werden, während anderen die Anerkennung versagt bleibt. Wenn uns keine andere Möglichkeit bleibt, können wir versuchen, die Konflikte durch Ausflüchte zu verbergen und undeutlich werden zu lassen. Wann immer möglich, müssen wir jedoch ehrlich und offen Wege finden, die das Nebeneinanderbestehen solcher tief empfundener Überzeugungen unter Spannung ermöglichen, wobei alle als ein Teil unseres Rechts anzuerkennen sind und man den Tag (der niemals kommen mag) im Blick haben muß, an dem der Konflikt gelöst werden kann und alle diese Überzeugungen auf miteinander vereinbare Weisen aufrechterhalten werden können. Wir müssen dies nicht deshalb tun, weil wir alle wünschen sollten, an jeder dieser Überzeugungen festzuhalten, sondern weil wir nur so die Gesellschaft zu sein vermögen, die zu sein die Ideale unserer Verfassung von uns verlangen.

FSC
www.fsc.org
MIX
Papier | Fördert gute Waldnutzung
FSC® C083411

Kolibri 360 GmbH
Ferdinand-Jühlke-Straße 7
99095 Erfurt, Deutschland
produktsicherheit@kolibri360.de

Druck:
CPI Druckdienstleistungen GmbH
im Auftrag der
Kolibri 360 GmbH
Ferdinand-Jühlke-Str. 7
99095 Erfurt